O anel de Giges

Obras do autor publicadas pela Companhia das Letras

Vícios privados, benefícios públicos?
Autoengano
Felicidade
O mercado das crenças
O valor do amanhã
O livro das citações
A ilusão da alma
Trópicos utópicos
O elogio do vira-lata e outros ensaios

Eduardo Giannetti

O anel de Giges
Uma fantasia ética

4ª reimpressão

COMPANHIA DAS LETRAS

Copyright © 2020 by Eduardo Giannetti

Grafia atualizada segundo o Acordo Ortográfico da Língua Portuguesa de 1990, que entrou em vigor no Brasil em 2009.

Capa
Kiko Farkas/ Máquina Estúdio

Preparação
Márcia Copola

Índice onomástico
Luciano Marchiori

Revisão
Thaís Totino Richter
Camila Saraiva

Dados Internacionais de Catalogação na Publicação (CIP)
(Câmara Brasileira do Livro, SP, Brasil)

Giannetti, Eduardo, 1957-
   O anel de Giges : uma fantasia ética / Eduardo Giannetti. — 1ª ed. — São Paulo : Companhia das Letras, 2020.

   Bibliografia.
   ISBN 978-85-359-3395-6

   1. Civilização – Filosofia 2. Filosofia política 3. Política econômica I. Título.

20-44479   CDD-320.01

Índice para catálogo sistemático:
1. Filosofia política 320.01

Maria Alice Ferreira – Bibliotecária – CRB-8/7964

Todos os direitos desta edição reservados à
EDITORA SCHWARCZ S.A.
Rua Bandeira Paulista, 702, cj. 32
04532-002 — São Paulo — SP
Telefone: (11) 3707-3500
www.companhiadasletras.com.br
www.blogdacompanhia.com.br
facebook.com/companhiadasletras
instagram.com/companhiadasletras
twitter.com/cialetras

Sumário

Prefácio e agradecimentos............................ 7

PRIMEIRA PARTE
1. O Giges de Heródoto 15
2. O Giges de Platão 19
3. Heródoto e o Giges da história: húbris e nêmesis 23
4. Platão e o Giges da fábula: contexto 28
5. O Giges da *República*: fontes 33

SEGUNDA PARTE
6. O anel de Giges como experimento mental.......... 41
7. O desafio de Gláucon e Adimanto................. 46
8. O ideal platônico: princípios 52
9. O ideal platônico: utopia 58
10. Giges cidadão da *República*: súditos................ 62
11. Giges cidadão da *República*: guardiões.............. 66

TERCEIRA PARTE
12. O ideal platônico de perfeição humana 75
13. O que há de errado com o ideal platônico? 79
14. O ideal platônico reavaliado: soberba e autoengano.... 85
15. O ideal platônico reavaliado: conclusão 90

QUARTA PARTE
16. O reencontro de Giges e Candaules: diálogo dos mortos 99
17. Os poderes e os limites do anel: *physis* e *nómos* 106
18. A natureza infinita do dever: Cícero e o anel 113
19. O andarilho solitário prova o anel: Rousseau 120
20. A lacuna de Rousseau e o paradoxo do diário íntimo 126

QUINTA PARTE
21. A queda judaico-cristã e o Sermão da Montanha 135
22. O ideal de perfeição do cristianismo: Giges-cristão.... 143
23. O ideal platônico e o cristão: contrastes e paralelos.... 151
24. O que há de errado com o ideal de perfeição cristão? 158

SEXTA PARTE
25. O princípio de são Lucas e as janelas da consciência..... 169
26. Carteiras abandonadas, honestidade revelada 177
27. Carteiras polpudas, consciências apaziguadas 183
28. Experimentos naturais de impunidade 188

SÉTIMA PARTE
29. A descendência de Giges: ética e felicidade 197
30. O que há de errado com o Giges-sem-lei e sua prole?.... 206
31. O Giges-sem-lei à solta: que felicidade é essa? 212
32. E agora, Giges? 221

POSTSCRIPTUM: DESENREDO
33. Uma visita inesperada: diálogo dos vivos 233
34. Retrato de um Giges quando jovem................. 241
35. Devaneios do viajante solitário: coração a nu......... 250

Notas.. 269
Bibliografia 299
Índice onomástico..................................... 309

Prefácio e agradecimentos

O corpo vê-se; o coração adivinha-se. Silêncios, segredos, manobras, despistes. Que sabem os outros do que nos vai pela alma? O que sabemos, afinal, nós mesmos? Respeito às leis e costumes morais à parte, o que significa ser — não só parecer — ético? Como a certeza da impunidade mexeria com o nosso modo de ser e agir? Introduzida por Gláucon, irmão de Platão, no livro 2 da *República*, a conjectura do anel de Giges nos provoca a um duelo a um só tempo intelectual e pessoal. *Quem é quem é?*

A ideia é simples — e aberta a todos. Desde que nos damos por gente, a vida em sociedade nos faz atores; ela nos educa e afia, em atos e palavras, na arte de expor e ocultar. Imagine a existência de um anel que faculte ao seu dono o privilégio de ficar invisível ao olhar alheio: ao simples girar do engaste no dedo a pessoa desaparece e, ao retorná-lo à posição normal, ela volta a ficar visível aos olhos de todos. O anel de Giges é o salvo-conduto da invisibilidade: transparência física, nudez moral.

Um caso-limite é como uma situação corriqueira exposta a condições extremas ou vista ao microscópio — impelida a revelar meandros e desnudar segredos de outro modo ocultos. O anel nos faz espectadores de nossas vidas em circunstâncias inusuais. Livre de receio e ameaça de punição legal; liberto das amarras e inibições da opinião alheia, o que a prerrogativa da inimputabilidade revelaria sobre o caráter e a alma de cada um? O que afinal desejaríamos do fundo do coração com o anel no dedo?

Não tenho a pretensão de responder por ninguém. Ouso, contudo, arriscar: se o leitor imagina que tem a resposta na ponta da língua e que sabe verdadeiramente *quem seria* e *o que faria* de posse do anel, a leitura deste livro terá o dom de fazê-lo interrogar-se, desconfiar de si e — possivelmente — mudar de ideia. Se não for o caso, é porque falhei como autor.

O experimento mental da fábula de Giges permite abordar o comportamento humano e a ética pelo prisma do anel. O que esperar de uma pessoa comum detentora do anel? Como provavelmente reagiria e o que faria com tal poder? Humilde pastor, o Giges da fábula de Gláucon transfigurou-se: foi para a capital do reino, seduziu a rainha, assassinou o rei com a cumplicidade dela, usurpou o trono da Lídia, tentou subornar os deuses e tornou-se fabulosamente rico. A posse do anel atiçou a fera da ambição desmedida e fez visível o sonho de glória e poder adormecido em sua alma. Mas quão representativo ou generalizável é o modelo do Giges-sem-lei?

E mais: a conjectura da invisibilidade permite questionar como responderiam as diferentes tradições e escolas de pensamento ético — platônica e cristã, kantiana e utilitarista — diante do desafio do anel. Em que circunstâncias, se é que alguma, seria moralmente justificável recorrer ao manto da invisibilidade? Qual a relação entre ética e felicidade? Como busco mostrar no livro, a prova do anel ajuda a explicitar e analisar o que há de errado com os ideais de perfeição e plenitude humana das principais correntes e tradições da ética ocidental.

O desafio, porém, não se restringe a saber o que os demais fariam (o previsível) ou a conceber o que deveriam idealmente fazer (o desejável). O teste da fábula se aplica às terceiras pessoas, mas cobra respostas de cada um. Ele nos provoca a abordar o anel pelo prisma da vida: não com as antenas de uma fria curiosidade ou simples exercício teórico, mas como *questão pessoal*.

Liberdade para quê? Se eu puder agir sem medo de represália ou ameaça de punição; se puder despir o que há de falso e ator em mim e aposentar a elaborada persona sob a qual me protejo ao cumprir as exigências da vida em sociedade, preservar a estima dos que me são queridos e exercer meu papel na divisão do trabalho, o que virá à tona e se revelará sobre quem sou realmente?

Um registro fiel do que nos vai pela mente requer mais que sinceridade; requer trabalho, autodisciplina e, sobretudo, coragem moral. Nas pegadas de Rousseau, embora por outras vias, não me esquivei da encrenca. O diálogo e o devaneio em primeira pessoa do Postscriptum ("Desenredo") se propõem a responder ao desafio. Se não há nada nele que não tenha sido vivido, também não há nada que seja igual ao vivido.

Quem tem um projeto, o projeto o tem. *O anel de Giges* é fruto de longa e obstinada gestação. O primeiro contato que tive com a fábula de Platão remonta a meados dos anos 1980, quando o meu trabalho de doutorado sobre o papel dos intelectuais e das ideias filosóficas na política e na mudança social (publicado no Brasil como

O mercado das crenças) inevitavelmente me levou a mergulhar na *República*. A semente germinou. Esboços preliminares do que viria a ser este livro passaram a frequentar meus cadernos de estudo a partir de janeiro de 2000. Em leituras, conversas e intermitências ruminativas passei a manter o radar de pesquisador em estado de alerta para as possibilidades de desenvolvimento dos temas, problemas e desdobramentos suscitados pela conjectura do anel. Trabalho de formiga.

A passagem dos anos, porém, fez surgir a questão: *até quando?* Ao revisitar, no início de 2019, décadas de apontamentos, referências e ideias embrionárias, senti que o projeto amadurecera. Hora de agir. Transferi-me para Tiradentes, no interior de Minas Gerais, e dediquei um ano sabático à tarefa de burilar e redigir o *Anel*. A primeira versão completa do texto ficou pronta na exata semana de março de 2020 em que a catástrofe da Covid-19 aportou de vez em solo brasileiro. A quarentena forçada da pandemia — na cola do meu isolamento voluntário em Minas — incitou-me a investir infinitamente na revisão da escrita e na incorporação de críticas e sugestões recebidas.

Palavras não pagam dívidas, mas permitem expressar gratidão. A longa gestação deste livro torna impraticável nomear a todos que apoiaram e inspiraram a realização do projeto — a lista resultaria a um só tempo embaraçosamente longa e ainda assim omissa.

Sinto-me feliz, contudo, em poder registrar meu agradecimento aos amigos e amigas que generosamente se dispuseram a ler e comentar — em alguns casos mais de uma vez — os sucessivos manuscritos e revisões do texto: André Lara Resende, Christine M. W. da Fonseca (Chris), Cristina Franciscato, Fernando Moreira Salles, Hélio Schwartsman, Joel Pinheiro da Fonseca, Jorge Sabbaga, Luiz Fernando Ramos (Nando), Luiz Schwarcz, Márcia Copola, Marcos Pompéia, Maria Cecília L. G. dos Reis (Quilha), Otávio Marques da Costa, Persio Arida e Roberto Viana. Como procuro sustentar no *Anel*, toda a filosofia do mundo não vale uma boa amizade.

*

Os números entre colchetes referidos no texto remetem ao capítulo do livro em que o tema abordado será (ou foi anteriormente, conforme o caso) desenvolvido; assim, por exemplo, [29] lê-se: (como será visto no capítulo 29 abaixo). As fontes das citações no texto, referências e pontos técnicos ou laterais ao fio central do argumento encontram-se nas notas no final do volume.

PRIMEIRA PARTE

1
O Giges de Heródoto

Nudez e castigo: Lídia, século VII a.c. Nos parágrafos iniciais de *As guerras persas*, o historiador grego Heródoto narra a trama do golpe palaciano que derrubou a dinastia Heráclida em Sardes, capital da Lídia, um reino situado a leste da península grega, na Ásia Menor, onde hoje fica a Turquia.

Candaules, o monarca lídio, era apaixonado por sua esposa, mas não só isso: ele a venerava como a mais bela e formosa entre as mulheres do mundo. O seu enlevo pela rainha não cabia em si e ele mal suportava carregar, sem confidente, a glória de sua indizível felicidade. Entre os guardas pessoais de Candaules havia um favorito, Giges, a quem o rei confiava as questões mais secretas do reino e para quem costumava louvar os encantos da amada. As palavras, contudo, não bastavam. Realizado em definitivo ele só poderia julgar-se quando Giges a mirasse por si mesmo, despojada de vestes, véus e adereços, conforme a natureza a esculpira, e assim se persuadisse do que lhe dizia. Somente a visão da rainha nua faria jus à sua beleza e convenceria o favorito da justeza do seu fascínio. Os ouvidos são menos inclinados a crer do que os olhos.

Candaules traça um plano: propõe a Giges que venha

em total sigilo espiar a rainha despir-se naquela noite. Assegura-lhe não haver risco, pois arranjará tudo de modo a evitar suspeita, ocultando-o detrás da porta entreaberta do quarto onde dormem. Giges, no entanto, recusa o convite com palavras firmes, alegando a imoralidade do ato: "Recorde-se que a mulher, quando tira a túnica, despe-se também do pudor; devemos acatar a lição dos nossos pais e antepassados, que sabiam distinguir o certo do errado: *cuide cada um do que é seu*, diz a máxima; afianço-lhe, Alteza, que prezo a rainha como a mais formosa de todas as mulheres". Se ele partilhava de fato o entusiasmo do rei por sua amada é algo incerto; mas Giges demonstra estar ciente da gravidade do que lhe fora proposto.

O rei ouve, mas não cede; o convite se torna uma ordem — Giges não tem escolha. Na hora combinada, a rainha segue o rei até o aposento e, enquanto ele se deita, ela deposita suas vestes, uma a uma, na poltrona ao lado da porta. O favorito pode então contemplar de perto os dotes da rainha desnuda até que ela por fim dirige-se compassadamente ao leito, de costas para ele, enquanto ele se esgueira com todo o cuidado pela fresta da porta sem se deixar notar.

Executado à risca, o plano do rei transcorreu sem sobressalto. Exceto por um detalhe, mas capital: sem alarde, a rainha notou a presença do intruso no quarto. E mais: ela não apenas percebeu que fora observada por Giges, como logo juntou os pontos e adivinhou o papel do marido na trama. Insultada e humilhada em ponto sensível — ao contrário do que ocorria com os gregos civilizados, como pontua Heródoto, o tabu da nudez tinha entre os lídios um caráter sagrado, contemplar era o mesmo que possuir, e o olhar profano não maculava menos o pudor feminino que a boca ou as mãos —, a rainha não se furtou a agir. A raiva e o furor de vingança, encerrou-os por ora no coração; insone, consumiu a noite a cismar e urdir sua desforra.

Na manhã seguinte, a rainha ordena que tragam Giges à sua presença. Acostumado aos frequentes chamados, o guarda real obedece sem nada suspeitar. A rainha então lhe oferece de forma resoluta duas opções: assassinar o rei, desposá-la e assumir o trono *ou* ser executado naquele mesmo instante. Profundamente aturdido, Giges roga clemência e implora ser poupado de tão cruel escolha. Em vão. A rainha não transige e ele, forçado a optar, por fim decide permanecer vivo. "Apunhale o rei esta noite", ela determina, "no aposento onde me viu nua, assim que ele adormecer."

Oculto pela mesma porta da noite fatídica, Giges toma o punhal das mãos da rainha e cumpre a sentença de morte do rei. Em seguida, recebe a viúva como esposa e usurpa o trono da Lídia. O assassinato de Candaules põe fim a uma dinastia familiar com mais de meio milênio de existência em vinte e duas sucessões ininterruptas.

O caráter violento do golpe, entretanto, provoca reação. Indignados com a ruptura da ordem dinástica, os súditos fiéis a Candaules iniciam um levante. A negociação com os partidários de Giges leva a uma trégua e as partes firmam um acordo para solucionar o impasse: o oráculo do deus Apolo, em Delfos, seria consultado e a resposta, fosse qual fosse, seria acatada como a palavra final sobre o futuro soberano da Lídia.

O oráculo confirma Giges, mas não sem antes profetizar que o castigo pelo crime se abateria sobre a nova dinastia após cinco sucessões hereditárias. Uma vez entronado, Giges expressa a sua gratidão ao oráculo cobrindo-o de tesouros e prendas valiosas. Excetuando Midas, o lendário rei da Frígia, ele se torna o primeiro soberano "bárbaro" (do ponto de vista grego) a fazer oferendas a Delfos.

Em seu longo e não mais contestado reinado, não parece descabido supor, o assassino de Candaules aplacou a culpa e o temor de castigo pelo crime cometido transformando-os em dívida e suborno dos deuses. À sanha imperialista do rei Creso [29], seu fabulosamente rico, soberbo e não menos desafortunado quinquaneto, coube o destino de dar cumprimento à já esquecida profecia.

2

O Giges de Platão

As concepções da melhor vida variam ao infinito, mas a aspiração de vivê-la é universal dos humanos. Como, porém, alcançá-la? E qual o lugar da ética nessa busca? Dizer *eu posso* não é o mesmo que dizer *eu devo*. Por que fazer o que é certo? Por que acreditar no que é verdadeiro? Por que ser honesto mesmo quando inexiste ônus, mas só vantagens, em não sê-lo? E que tipo de bem é a *justiça*? Algo em si valioso, a ser invariavelmente cultivado em nossas ações, sem importar circunstâncias e consequências? Ou algo instrumental, valioso apenas na medida em que traz benefícios e recompensas aos que a praticam (ou dão a impressão de fazê-lo)?

A tradição filosófica originária do iluminismo grego do século V a.C. — o século de Sócrates e Demócrito, Eurípides e Tucídides — questionou a moral transmitida pelas gerações passadas, calcada nos costumes e na religião, e buscou fundamentar a ética na razão: o objetivo era mostrar que o nosso bem-estar ou plenitude não só é promovido, como não pode prescindir da conduta ética pautada por um exame crítico, racional e rigoroso da moral herdada.

O reexame das crenças e valores pessoais, de um lado,

e das normas e instituições coletivas de outro visava sacudir a letargia ética em que homens e mulheres transitavam pela vida, alheios ao que havia de melhor em si, como sonâmbulos de sua própria existência, e assim despertá-los para o desafio de *outra vida* — uma vida à altura da mais ampla e genuína felicidade ao seu alcance.

Entre os defensores da tese da convergência entre ética e felicidade (ou plenitude humana) no mundo grego, Platão ocupa lugar preeminente. A fábula do anel de Giges narrada por Gláucon (irmão mais velho de Platão) no segundo livro da *República* é apresentada no diálogo como o desafio supremo proposto a Sócrates — um caso-limite radical — diante da insistente alegação do filósofo de que o *ser justo*, no sentido mais amplo da "completa virtude em nossas relações com os demais", é um bem em si, ou seja, um bem indissociável da melhor vida, e isso mesmo que se retirem da pessoa justa todas as vantagens externas que a posse dessa qualidade normalmente proporciona, como, por exemplo, "a reputação, as honrarias e os presentes dela derivados" ou, ainda, o apreço e a confiança dos demais.

Quem é quem é? Giges, um modesto camponês, servia como pastor nas terras do soberano da Lídia. Certo dia ocorre uma tempestade e o solo em que pastoreava o rebanho se rompe sob o efeito de um terremoto, abrindo uma fenda gigantesca. Cheio de espanto mas também curioso, ele desceu pelo vão aberto e encontrou, entre outros artefatos notáveis, um cavalo de bronze, oco por dentro, flanqueado por janelas. Ao espiar por uma das aberturas laterais, viu um cadáver de tamanho anormal, inteiramente nu, exceto por um anel de ouro no dedo. Giges arrancou-

-lhe o anel e retornou à superfície. Alegre com a prenda inesperada, enfiou a joia no dedo e seguiu sua rotina.

Dias depois, entretanto, ele compareceu à assembleia dos pastores, onde se fazia um balanço mensal dos rebanhos, e constatou uma descoberta espantosa. Ao rodopiar distraído o anel no dedo, girou o engaste para dentro, em direção à parte interna da mão, e percebeu que isso o tornava invisível, uma vez que todos ao redor passavam a agir e a falar dele como se lá não estivesse.

Perplexo, ele girou o engaste de volta para a posição normal e tornou-se outra vez visível. Ainda incrédulo diante da descoberta, testou várias vezes o poder do anel e o efeito não falhou em se repetir: ao girar o engaste para dentro, ele desaparecia e, ao girar para fora, reaparecia aos olhos de todos.

Os passos seguintes foram reveladores. Giges se fez eleger como delegado enviado à corte de Sardes a fim de despachar com o rei; cortejou e seduziu a rainha servindo-se do poder do anel (a fábula não dá maiores detalhes); e, com a ajuda e a cumplicidade dela, assassinou o monarca e usurpou o trono.

Adultério, regicídio, golpe de Estado: a tríplice transgressão da ordem moral conclui a parte expositiva do desafio elaborado por Gláucon, principal interlocutor de Sócrates no diálogo, à tese socrática de que é insensato e contraproducente agir de forma injusta, uma vez que *ser justo* é do melhor interesse de cada um e condição necessária da melhor vida.

O anel da invisibilidade atiçou a fera da ambição desmedida e tornou visível o sonho de glória, preeminência e poder adormecido na alma do humilde pastor — *sua visão* da vida plena. Como outros mitos, parábolas e alegorias espalhados como dádivas nos diálogos de Platão, a reencarnação fabular de Giges na *República* serve a um propósito definido. Por que ser justo nas relações com os outros quando se pode não sê-lo e, ao mesmo tempo, desfrutar todas as vantagens disso sem nenhum custo? Quem era — quem é — *quem será Giges?*

3
Heródoto e o Giges da história: húbris e nêmesis

Narrar é selecionar; selecionar é avaliar; avaliar é criticar. Da eleição do episódio a ser narrado às inumeráveis escolhas da composição narrativa, toda narração traz a marca do narrador. O que muda é a natureza e o grau da interferência do autor no relato.

O ideal moderno da objetividade narrativa cobra do historiador uma postura de máxima isenção e discernimento crítico em seu trabalho: os fatos e as evidências relevantes devem ser buscados e ponderados; as hipóteses explicativas precisam ser explicitadas e (quando possível) empiricamente testadas. A estrutura narrativa não deve ser algo imposto de fora pelo historiador, como um esquema preordenado ao qual os fatos, por mais recalcitrantes, se curvem e amoldem, mas deve sempre buscar obedecer, na medida do possível, à lógica interna e à dinâmica espontânea dos acontecimentos.

Primeiro historiógrafo do mundo antigo, no período de transição entre a cultura da era arcaica de Homero e de Hesíodo e o iluminismo grego, Heródoto não praticava a arte da história segundo o cânone moderno da máxima objetividade — não era esse o seu escopo e seria ingênuo anacronismo *nosso* exigir ou esperar que fosse.

PRIMEIRA PARTE

Ao contar a história das guerras entre gregos e persas, ele construiu uma narrativa baseada em fatos e numa vasta pesquisa de fontes e testemunhos, porém com propósitos morais e teológicos definidos.

O princípio fundamental que norteia, passo a passo, a elaborada reconstrução dos acontecimentos é a existência de uma lei reguladora que zela pela justa medida e pune qualquer forma de excesso nos afazeres humanos. A cada transgressão dos limites, fruto da arrogância, imoderação, ganância ou audácia excessiva (*húbris*), correspondia uma ação corretiva capaz de restaurar um certo equilíbrio no mundo por meio de punições, reveses e calamidades (*nêmesis*).

O pano de fundo da narrativa é o temor arcaico do "ciúme dos deuses" e o fio condutor do enredo é a animosidade divina provocada pelos humanos todas as vezes que violam e atropelam os ditames da moderação e da prudência, transgredindo os limites da condição mortal. Daí que "a felicidade entre os homens", como ele alerta na introdução da obra, "jamais permanece por longo tempo no mesmo sítio". Na sempre renovada oposição entre húbris e nêmesis, Heródoto põe a arte da história a serviço de uma missão pedagógica: ela é a teologia moral ensinando através de exemplos.

O Giges de Heródoto pertence a este mundo. Ao contrário de outros personagens lendários da cultura grega, como Tântalo, Ariadne ou Sísifo, todos ainda envoltos nas brumas e legendas de um passado mítico, Giges habita *o mundo histórico*: ele não frequenta os cumes do Olimpo nem descende de alguma divindade imortal; os limites cronológicos do seu reinado são datados (685-657 a.C.); sua psicologia e conduta são inteligíveis em termos humanos (não possui dons ou poderes sobrenaturais); e alguns dos seus feitos como governante são razoavelmente atestados.

Todavia, no universo em que Giges se move na narrativa de Heródoto, ou seja, a cultura grega arcaica, é da vontade dos deuses e do destino inexorável que depende o curso dos acontecimentos. Os personagens humanos deliberam, hesitam e agem como lhes parece adequado, mas são forças sobre-humanas, insondáveis e alheias à vontade dos simples mortais, que presidem o desenrolar da trama e afinal determinam o rumo da história. Os deuses não pisam no palco nem se fazem visíveis em cena, mas dirigem o espetáculo. Os personagens atuam como atores de um enredo que se urde às suas costas e que ultrapassa qualquer veleidade humana de controle ou comando.

A confiança é a mãe da traição. A húbris manifesta de Candaules — sua felicidade insolente, o orgulho exibicionista e o insulto ao pudor da rainha pela violação do tabu da nudez — despertou a cólera e o ciúme dos deuses e decretou a nêmesis do último rei heráclida. Guarda fiel e depositário da irrestrita confiança do monarca lídio, Giges se tornou o instrumento da justiça divina frente aos excessos do rei. A trama em que está enredado se urde à sua revelia. Ela o arrasta rumo a um caminho que ele nunca escolheu — o sacrilégio supremo do regicídio — mas que o destino lhe impõe.

Apesar da enormidade do crime, em nenhum momento ele revela má-fé ou ambição desmedida de poder. Se agiu como agiu, Heródoto nos dá a entender, foi porque não teve escolha: devia absoluta obediência ao seu amo e o ultimato da rainha não oferecia outra saída a não ser *matar* ou *morrer*.

Sua estrita adesão à moralidade herdada e aos preceitos religiosos nos instantes decisivos não deixa margem a dúvida: Giges alerta o rei sobre a gravidade do ato pretendido e busca dissuadi-lo do plano invocando a sabedoria dos antepassados; ao ser intimado pela rainha, prostra-se diante dela e suplica clemência; atormentado pelo crime cometido, ele demonstra piedade e, confirmado no trono, não mede esforços em expiar a culpa por meio de preces e oferendas de ouro e prata aos "deuses flexíveis", abertos à barganha com os mortais. A moralidade de Giges, portanto, a começar pelo fato de que presumivelmente graças a ela conquistou a confiança do rei, foi peça-chave na engrenagem do trágico desfecho.

E, no entanto, *húbris* é *húbris* — e não passa sem *nêmesis*. Regicida embora à revelia, o crime de Giges também não fica impune. Como profetizou o oráculo, a violação da lei moral que funda a nova dinastia lídia foi punida na quinta geração da casa Mermnada com a queda e desgraça de Creso.

No mundo arcaico do Giges de Heródoto, prevalecia a crença na "herança da culpa": a noção de que a dívida moral dos pais e antepassados era herdada por seus filhos e descendentes, como acontece com a dívida financeira. Ao gabar-se diante de Sólon, o legislador e poeta ateniense em visita ao reino da Lídia, como o homem mais rico e feliz do mundo, Creso deixou de contabilizar a dívida contraída por sua linhagem familiar em função dos crimes que alçaram Giges ao poder.

Deuses credores, mortais devedores. Se no mundo cristão o credor divino, na figura de Jesus Cristo, deixou-se sacrificar pelos homens em nome da salvação da humanidade devedora, no mundo grego arcaico eram os deuses credores que tinham a prerrogativa de punir e executar os devedores mortais por seus excessos, insolências e violações da lei moral.

4

Platão e o Giges da fábula: contexto

Cinquenta e cinco anos separam os nascimentos de Heródoto e Platão. Nesse breve intervalo, a era arcaica deu lugar à era clássica, e a cultura grega deu ao mundo, em rápida e espantosa florescência, algumas das mais brilhantes conquistas do intelecto humano em todos os tempos.
 Sob o impacto do movimento ascendente do pensamento racional, todas as crenças, normas e formas de vida sancionadas pela tradição, a religião estabelecida e a moral do costume foram submetidas a escrutínio e postas em xeque: Hipócrates inaugurou a medicina experimental baseada em evidências; Demócrito concebeu a filosofia atomista e o método analítico ou corpuscular (a microestrutura explica a macroestrutura e a interação de partículas é a causa de todas as coisas); Tucídides libertou a historiografia do jugo da moral e da vontade caprichosa dos deuses; Eurípides trouxe o indivíduo autônomo e soberano, porém eivado de conflitos mentais, para o centro da dramaturgia trágica; e Sócrates deu início à reflexão ética na história da filosofia ocidental por meio da dialética (a arte da esgrima dialógica) e da maiêutica (a arte de partejar pensamentos).
 Platão pertence a este mundo. Formado na juventu-

de por uma intensa convivência com os ensinamentos e o exemplo de vida de Sócrates (seu indisputado mestre e figura dominante em toda a sua obra, inclusive nos diálogos em que ele claramente extrapola e usa o nome do seu mentor na defesa de ideias que traem o Sócrates histórico), a relação de Platão com o impulso racionalista da geração de intelectuais que o precede, de um lado, e o legado da era arcaica que, apesar de atacado por todos os lados, permanecia vivo nas crenças e valores dos cidadãos comuns, de outro, é um tema repleto de nuances e de extraordinária complexidade. Alguns pontos relevantes, no entanto, ligados à ética platônica — e ao contexto específico da provocação dirigida por Gláucon a Sócrates com a fábula de Giges —, merecem destaque.

Como filho dileto e herdeiro do iluminismo grego do século V a.C., Platão jamais deixou de ser, entre outras coisas, um racionalista: a dialética e a razão eram as mais poderosas armas capazes de produzir conhecimento verdadeiro e de pautar as ações na vida prática, ainda que o teor do seu pensamento ético e político tenha mudado e se tornado mais pessimista em pontos decisivos no decorrer dos anos. Da mais rarefeita teoria da física à mais concreta norma legal, não importa qual fosse o objeto da investigação, tudo que se crê ou se decide fazer deveria ser examinado e, na medida do possível, racionalmente justificado. Com raras exceções (como as doutrinas da reencarnação, da divindade dos astros celestes e da imortalidade da alma), o que não sobrevivesse ao crivo exigente da dialética e da razão perderia o direito de cidadania no reino do pensar e do agir.

Daí que Platão rejeite de forma clara diversas crenças essenciais da cultura arcaica — pilares que sustentavam o universo histórico de Heródoto —, como, por exemplo, a noção de que os deuses (se existem) podem ser subornados por sacrifícios e regalos; a ideia de "herança da culpa" entre gerações; e, o mais importante, a crença na existência de uma ordem moral na vida coletiva sancionada por leis sobre-humanas insondáveis e garantida pela sempre renovada oposição entre húbris e nêmesis.

Embora associada, em alguns diálogos, a elementos de natureza mítica-religiosa, a veia racionalista e altamente corrosiva da moral herdada vinculada à figura histórica de Sócrates — "a mosca irritante" a instigar os cidadãos a "cuidar da alma" até sua prisão e condenação pelo tribunal de Atenas sob a alegação de impiedade e subversão da juventude — continuou a pulsar com todo o vigor na obra do seu principal discípulo.

Uma pergunta, porém, se impõe: destruídas as bases da moral herdada e da fé tradicional, o que sucede? O que pôr no lugar? Embora destituídas de fundamentos e incapazes de sobreviver ao ataque corrosivo da razão, as crenças morais e religiosas da cultura arcaica cumpriam um importante papel na convivência humana, pois eram elas que, por bem ou por mal, refreavam os impulsos antissociais, a ambição desmedida e as paixões destrutivas dos cidadãos comuns. Da sua vigência e credibilidade dependiam, em essência, a coesão da ordem social e o respeito às normas e leis reguladoras da vida em sociedade. Ruim com elas, o que poderia ser sem elas?

O risco inerente ao projeto racionalista era o de que, livres das amarras da fé religiosa e da moral herdada, os cidadãos se entregassem à satisfação irrefreada de suas taras recalcadas e paixões inconfessas e, como resultado, a convivência humana degenerasse em caos e conflito. Como evitar a ameaça de que a emancipação moral prometida pela razão levasse ao colapso dos padrões éticos de conduta, à anarquia generalizada e, por fim, ao surgimento daqueles a quem chamamos tiranos?

"Toda emancipação do espírito é perniciosa se não vier acompanhada de um maior autocontrole": a sentença goethiana vai ao cerne do problema central da ética platônica. Pois, mais que ninguém no mundo grego, Platão estava alerta para o perigo inerente ao esgarçamento das normas e tabus da cultura arcaica provocado pelo antimoralismo racionalista do século V a.C.

Os exemplos vivos dessa ameaça estavam à sua volta, em Atenas, na figura de líderes políticos movidos por uma ambição desmedida e por uma pugnacidade sem freios como Cálicles, Crítia (primo de Platão) e Alcibíades (ex-pupilo de Sócrates). E mais: o temor do colapso encontrava amplo respaldo em sua análise da frágil, complexa e movediça constituição do psiquismo humano.

Platão era um racionalista, mas nem por isso deixou de frequentar com desassombro o subsolo da consciência. Exemplo disso, entre muitos, é a observação de que "em cada um de nós, mesmo naqueles que parecem mais comedidos, existem desejos terríveis por seu caráter selvagem e sem leis, e que se deixam revelar pelos sonhos". A noção de uma fera subterrânea alojada no psiquismo humano — tema retomado e aprofundado por Schopenhauer e Nietzsche e, na psicologia moderna, pela psicanálise — tem em Platão um claro precursor.

Como aponta de forma aguda o filósofo inglês Bernard Williams: "Platão está todo o tempo ciente das forças — do desejo, da sedução estética, da exploração política — contra as quais os seus ideais são uma reação; os diálogos preservam um sentido de urgência e da insegurança social e psicológica do ético". Na psicologia platônica, a mente humana é um ambiente hostil às virtudes éticas, como justiça, moderação e compromisso com a verdade, e o seu pensamento é marcado pela busca permanente e, por fim, quase desesperada (o contraste entre a *República* e as *Leis*, obra tardia, é eloquente) de algum novo esquema ainda não experimentado — plano de governo, constituição ideal, reforma educacional, astúcia imaginativa — capaz de enraizar a ética em nossas almas e dar-lhe vigência em nossas vidas.

O Giges da *República* pertence a este mundo. Ele é um pastor como qualquer outro, obediente aos costumes e à moral tradicional, mas que graças à descoberta do anel se liberta das amarras que o tolhem. Ele adquire a liberdade de agir como bem entende e a prerrogativa de fazer o que deseja, sem medo de represália. Que razão poderia ter ainda para ser justo? Para ter um comportamento ético, mesmo quando não precisa temer a lei, a reprovação alheia ou a justiça divina?

O argumento central da *República* procura responder a esse desafio: mostrar que faz sentido para uma pessoa ser justa nas suas ações e relações com os outros, e isso não porque a justiça (ou a reputação dela) lhe proporciona vantagens externas e recompensas — o que é em grande medida verdadeiro —, mas porque, como a saúde do corpo, trata-se de um bem em si, indispensável para alcançar a felicidade e a vida plena.

5

O Giges da *República*: fontes

Quem foi Giges? Entre os historiadores da Antiguidade, o relato de Heródoto tornou-se o mais influente, mas não foi o único. O historiador Nicolau de Damasco, tutor dos filhos de Cleópatra e Marco Antônio no Império Romano no século I a.c., alega basear-se numa fonte original do século V a.C. — uma obra do historiador lídio Xanthos, contemporâneo de Heródoto — para dar outra versão dos fatos. Embora as datas e o desfecho coincidam, o enredo da trama assume feições radicalmente distintas.

Na versão de Nicolau de Damasco, Giges era um oficial do exército lídio suspeito de longa data de tramar contra a casa real. O assassinato de Candaules ocorreu depois que a rainha acusou-o de tentar seduzi-la. O apoio político granjeado por Giges antes do crime deu-lhe condições de tornar o golpe vitorioso. Fragmento de um livro desaparecido, o relato não só faz do episódio uma intriga palaciana banal, como retira da figura de Giges qualquer vestígio de lealdade e decência moral. Quanto ao texto do historiador lídio que teria servido como fonte primária da versão dada por Nicolau, escrita quatro séculos mais tarde, infelizmente dele não restou nenhum registro.

PRIMEIRA PARTE

Giges assassinou Candaules e se tornou rei da Lídia, mas o que se passou ao certo no caso não há como precisar; apenas a descoberta de novas evidências ou pistas confiáveis permitiria eventualmente esclarecer os reais antecedentes do crime. É mais que plausível supor — é altamente provável — que Heródoto não prime por um estrito compromisso com a verdade dos fatos ao contar a história de Giges. Ao contrário do que era sua prática historiográfica nas *Guerras*, aqui ele não explicita as fontes do relato (exceto as informações do oráculo de Delfos sobre as prendas do regicida), nem compara testemunhos e versões do episódio tendo em vista escolher a que lhe parecesse mais crível ou verossímil, como em outras passagens do livro.

Além disso, sua liberalidade com os fatos é reconhecida. Ele admite por vezes não acreditar necessariamente na veracidade das histórias que narra — elas seriam apenas "o que se dizia" ou relatos incertos — e, em pelo menos um episódio crucial, fabrica uma situação falsa a fim de obter o máximo efeito dramático. O encontro pessoal entre o rei Creso e Sólon, na capital lídia, é cronologicamente impossível, pois, quando o poeta e legislador grego viajou pela Ásia, após a promulgação das reformas constitucionais em Atenas, Creso não havia subido ao trono nem podia gabar-se de ser o homem mais rico e feliz do mundo pelo simples motivo de que era apenas um jovem adolescente.

Não seria surpresa, portanto, se Heródoto tivesse de igual modo ficcionalizado em grande medida o relato da ascensão de Giges ao trono — servindo-se, quem sabe, de uma versão formulada pelo próprio regicida edulcorando o crime —, com o intuito de conferir colorido dramático à sua narrativa e realçar o propósito moralizante da trama.

Seja qual for, porém, o grau de veracidade do Giges de Heródoto, uma coisa parece segura: o Giges da *República* foi concebido a partir dele e dialoga com ele. Embora Platão não faça referência ao autor das *Guerras* (ou qualquer outra fonte histórica ou literária da fábula), o parentesco entre os dois Giges é inequívoco.

Os pontos de contato externos são evidentes: nos dois casos trata-se de pessoas comuns a serviço de um rei ao qual são de início obedientes e leais; a rainha não é compelida ou agredida pelo rival do marido, mas se torna sua cúmplice e se dispõe a ajudá-lo no crime; o regicídio leva ao surgimento de uma nova dinastia e situação de poder. É plausível supor que Platão não se refira a Heródoto nem se preocupe em dar mais detalhes sobre a figura de Giges ao expor a fábula porque presumia a familiaridade com o relato do historiador por parte dos leitores da *República*.

Mas o elo decisivo entre os dois Giges é o recurso da invisibilidade. O tabu da nudez feminina e masculina era uma norma sagrada entre os lídios: o contato visual equivalia ao contato carnal. Ao intimar a Giges que se ocultasse no quarto a fim de ver a rainha nua, Candaules ordena-lhe que viole a interdição e renegue o tabu sem ser visto. O recurso à invisibilidade daria a ele a imunidade necessária — pelo menos aos olhos da rainha e dos humanos mortais — para transgredir sem risco de represália ou sanção.

O estratagema, porém, fracassa tragicamente. A rainha ultrajada flagra o esquema e exige drástica reparação. O Giges de Heródoto escapa vivo do apuro, mas isso não o exime da culpa e da punição pelo ato. Premido pelo xeque-mate da rainha, ele não se oferece em sacrifício — como uma ética heroica ou socrática ("é preferível ser vítima de uma injustiça a cometê-la") talvez recomendasse —, mas agrava o seu infortúnio moral ao se tornar um regicida à revelia. O empenho em se purificar do mal e obter o favor dos deuses é índice da culpa que o consome. A nêmesis divina que se abate sobre o rei Creso coroa a tragédia.

A questão da nudez não surge como problema no Giges de Platão. Aos olhos gregos, como o relato de Heródoto deixa transparecer, não havia nada de errado com ela do ponto de vista moral; além do culto estético da representação da nudez em vasos e esculturas, o *gymnasium*, por exemplo, termo cuja raiz é o grego *gymnos* ("nu"), era um local público onde jovens se reuniam para fazer exercícios físicos e eram vistos despidos, o que escandalizava os visitantes não gregos tocados pelo pudor arcaico-oriental da nudez.

Nas mãos do gênio mitopoético de Platão, todavia, a situação descrita por Heródoto foi abstraída do seu colorido local para se transformar numa fábula de alcance universal: uma conjectura filosófica em que a possibilidade de ficar imune às punições decorrentes da violação não apenas de uma ou outra, mas de *toda e qualquer* norma legal-moral-religiosa, repentinamente se oferece a uma pessoa comum. O anel não está sujeito a falhas operacionais, como no malogrado plano de Candaules, e ele generaliza a opção de tornar a iniquidade e a injustiça inimputáveis.

Se "o comportamento é um espelho em que cada um exibe a sua imagem", o anel de Giges permite anular a divisão entre o espaço interno da psique e a superfície polida socialmente projetada: ele ergue o véu das pulsões ocultas no interior da alma e permite que aflore o verdadeiro caráter — o outro lado do espelho. De posse do anel, sem se deixar inibir ou reprimir pelos outros quando isso lhe aproveita, Giges está apto a se desvencilhar não só do pudor da nudez física mas, o que é decisivo, do pudor da nudez moral. Ser quem é. Sem máscara ou rebuço.

SEGUNDA PARTE

6

O anel de Giges como experimento mental

Gedankenexperiment: "experimento mental". O termo foi cunhado pelo filósofo da ciência e físico austríaco Ernst Mach em 1897, mas o procedimento remete às origens da filosofia e ciência gregas.

Um exemplo paradigmático do uso da técnica do experimento mental no mundo grego é o muito debatido paradoxo de Zeno. Aquiles de pés ligeiros jamais ultrapassará a tartaruga numa corrida se ela simplesmente sair com algumas léguas de vantagem à sua frente na largada. Pois, quando Aquiles cruzar o ponto de onde originalmente partiu a tartaruga, ela, por sua vez, já terá se deslocado um pouco adiante em relação ao ponto de partida e, desse modo, avançado à frente dele; o mesmo ocorre quando Aquiles larga de novo a certa distância atrás da tartaruga, e assim sucessivamente ad infinitum. Embora o intervalo entre os dois se torne menor a cada rodada, ele será sempre positivo. Aquiles, é natural supor, ultrapassará em algum momento a tartaruga, mas a lógica desafia o senso comum.

Na história da ciência, o mais consagrado experimento mental foi a demonstração feita por Galileu de que a queda dos objetos se dá sempre à mesma velocidade, não importando suas massas: o objeto A é mais pesado que B; se um objeto mais pesado cai mais depressa que um mais leve, então A + B amarrados caem mais devagar que A sozinho, pois B freia a queda de A; ocorre, porém, que A + B juntos formam um terceiro objeto, C, que é mais pesado que A e, portanto, deveria cair mais rápido que ele! O experimento prova pela *redução ao absurdo* (uma vez que A + B não pode ao mesmo tempo cair mais devagar e mais depressa que A) a tese defendida. Galileu não precisou subir ao topo da torre para mostrar empiricamente o que era verdadeiro ou falso — bastou a força do pensamento lógico para demonstrá-lo.

A fábula do anel de Giges pertence a um ramo particular da família dos experimentos mentais. Não se trata de uma provocação à lógica ou demonstração dedutiva, mas de um exercício ou conjectura ética; o objetivo não é produzir um veredicto ou obter uma prova conclusiva, mas suscitar uma reação, provocar o pensamento e abrir caminho para uma investigação exploratória e reflexiva.

Apesar de nascer claramente de uma adaptação criativa do Giges de Heródoto e de dialogar com ele, o Giges de Platão não depende de nenhuma referência externa para ser lido e compreendido. A fábula fica de pé e fala por si. O fio do argumento que ela deflagra e põe em marcha na *República* dispensa o conhecimento do contexto histórico específico e da trama episódica que a envolve.

Como outros experimentos mentais em filosofia — o que aconteceria se ninguém cumprisse promessas, se o mundo fosse seguramente acabar em seis meses ou se existisse uma pílula da felicidade que nos permitisse viver em êxtase subjetivo enquanto cumprimos os afazeres do dia a dia? —, a conjectura platônica não tem pretensão de realismo.

O poder do anel introduz um evidente toque mágico na situação descrita e a ideia de um observador invisível, se levada per absurdum ao pé da letra, violaria as leis da ótica: a visão requer que as lentes oculares inflictam a luz a fim de que se forme uma imagem na retina; uma lente invisível, porém, teria o mesmo índice de refração que o ar e não seria capaz de curvar a luz; uma retina perfeitamente translúcida não absorveria a luz. Ao ficar invisível, portanto, Giges estaria ao mesmo tempo cego, o que sem dúvida — se prevalecesse a exigência deslocada e pueril de um cândido realismo — retiraria grande parte do atrativo do anel.

O que a fábula permite, contudo, e daí a sua relevância como experimento mental, é isolar e dar visibilidade de forma aguda à questão do lugar e do papel específico da ética na busca da felicidade ou plenitude humana. O que sobra da ética e da adesão às normas morais dada a completa inimputabilidade proporcionada pelo anel? Aí reside o fulcro da conjectura platônica.

O detentor do anel, como qualquer mortal, não escapa à pergunta: "o que fazer de minha existência? como alcançar uma vida que seja objetivamente, do meu ponto de vista, a mais digna de ser vivida?". A função da fábula é afastar qualquer razão para ser ético — justo e honesto nas relações com os outros — que seja oriunda da reputação de sê-lo e das vantagens e benefícios pessoais que isso traz.

Por que e até que ponto poderia fazer sentido para

uma pessoa abrir mão de satisfazer algum desejo que ela pode realizar sem nenhum risco de opróbrio ou punição? Se o anel confere o poder de transgredir as normas legais e morais impunemente, em nome do quê privar-se ou recusar alguma coisa a si mesmo? Que razões restam ainda, se alguma, para acatar as leis ou curvar-se ao olhar da opinião — esse olhar agudo e judicial ao qual estamos todos submetidos nas relações interpessoais — quando elas não mais nos ameaçam ou alcançam?

Nada surge do nada. Embora abertas à crítica e sujeitas à revisão, as leis e a moral herdada não existem à toa: elas respondem a necessidades humanas e se desenvolveram visando garantir a proteção mútua e promover as possibilidades de cooperação na vida social.

Os indivíduos aceitam refrear seus impulsos e limitar suas ações desde que isso resulte em benefícios, como a maior segurança pessoal contra a violência de terceiros, e permita colher as vantagens da existência de uma ordem social, como o respeito a direitos de propriedade, a divisão do trabalho e a execução de contratos. Como assinala Adam Smith ao analisar a centralidade das regras da justiça na gramática da convivência humana, "se houver alguma sociedade entre ladrões e assassinos, eles precisam ao menos se abster de roubar e assassinar uns aos outros". No acordo implícito — o "contrato moral" — que define as exigências elementares do convívio na vida prática, como observa Protágoras no diálogo platônico que leva o seu nome, "todos se beneficiam da justiça e da disposição benigna de uns com os outros".

O problema, contudo, é que nem todos podem estar dispostos a contribuir sua cota de autocontenção e de sacrifício das paixões antissociais em obediência aos termos do acordo. Por que não desfrutar da adesão geral ao contrato moral e, ao mesmo tempo, sempre que houver a chance de fazê-lo sem grande risco de ser pego, explorar situações que permitam obter vantagens pessoais, ainda que isso implique tratar os outros de forma iníqua, desrespeitosa ou maligna?

A fábula do anel de Giges põe em relevo a questão e lhe dá especial visibilidade. Se o problema do chamado *free rider* ("aproveitador oportunista") é real nos mais diversos contextos da vida prática (do sindicato ao condomínio residencial e da empresa privada ao órgão público); se ele existe em condições normais de temperatura e pressão — "cada um de vós em separado tem a alma astuta da raposa, mas todos juntos sois como um tolo de cabeça oca", lamentava Sólon acerca dos seus conterrâneos atenienses —, que dirá no caso-limite do Giges de Platão?

O detentor do anel pode contar, em suas ações e projeto de vida, com a existência de uma ordem moral pública razoavelmente confiável. Ao mesmo tempo, ele não corre o menor risco de desprezo, ostracismo social ou prisão ao burlar as regras do acordo tácito e não contribuir sua cota de autocontenção e sacrifício em obediência ao que é vantajoso para todos. O desafio é mostrar por que, mesmo assim, seria racional para ele e no seu próprio interesse pautar suas ações pela ética.

7

O desafio de Gláucon e Adimanto

O que esperar de Giges, isto é: o que esperar de uma pessoa comum detentora do anel? A pergunta encerra duas questões distintas. Pois uma coisa é indagar o que seria *provável* esperar de alguém de posse do anel: como uma pessoa comum reagiria caso dispusesse de tal poder? Trata-se de uma questão de ordem empírica e que remete a algum tipo de premissa ou noção prévia acerca da psicologia moral daquela pessoa ou do agrupamento humano do qual ela seria representativa. O comportamento do pastor Giges na fábula, depois da descoberta do anel, oferece uma resposta específica e concreta a uma questão desse tipo.

Coisa inteiramente distinta, no entanto, é indagar o que seria *desejável* esperar de alguém com o anel: como deveria agir do ponto de vista ético a pessoa que tivesse tal poder? Trata-se aqui de uma questão de ordem filosófica e que remete a algum tipo de definição, concepção ou abordagem mais ou menos fundamentada sobre como é melhor viver: sobre o que é certo e errado na vida prática; sobre o que é digno de aprovação ou condenação em nossas ações e relações com os outros; e sobre o que pode tornar plena e feliz a vida humana. Sócrates e

O DESAFIO DE GLÁUCON E ADIMANTO

Jesus Cristo, exemplos extremos, abriram mão da possibilidade de fuga e optaram pela morte voluntária a fim de não trair o seu ideal de vida e justiça. Um samurai nipônico prefere o haraquiri à perda da honra. O Giges de Heródoto, diante do ultimato da rainha, não foi pelo mesmo caminho.

Gláucon e Adimanto, irmãos mais velhos de Platão, são os principais interlocutores de Sócrates na *República*. Ao terminar a exposição da fábula de Giges no livro 2, Gláucon apresenta respostas às duas questões suscitadas pelo anel e provoca Sócrates a rebatê-las. Ele propõe uma generalização da situação descrita na fábula para dois tipos de pessoas — as justas e as injustas — e em seguida argumenta que o comportamento delas representa o senso comum ou "a opinião da maioria" sobre o ideal de vida e de felicidade de qualquer pessoa que porventura viesse a gozar dos privilégios conferidos pelo anel.

Suponha a existência de dois anéis, propõe ele; um oferecido à pessoa justa e o outro, à injusta: o que seria *previsível* esperar de cada uma? A diferença entre elas, ele sugere, desapareceria por completo.

A pessoa justa de posse do anel, como qualquer outra, não teria o discernimento e a força de vontade férrea para resistir às tentações do momento e persistir agindo de forma ética; ela não mais manteria suas mãos longe dos bens dos outros homens quando estivesse ao seu alcance "dirigir-se ao mercado e tomar para si sem medo o que desejasse, entrar nas casas e dormir com a mulher que lhe apetecesse e libertar da cadeia e matar quem lhe aprouvesse como se fosse um deus entre os homens". O anel revelaria, em suma, a perfeita equivalência entre a pessoa justa e a injusta, e isso demonstra que ninguém é justo por vontade, mas apenas por constrangimento e medo de punição. A pessoa justa, portanto, não passaria de uma injusta enrustida: tíbia, tolhida e acuada. Desprovida do poder de ser o que é no fundo. A posse do anel transtorna sua vida e a transforma no Giges-sem-lei.

    Mas não é só. A equivalência revelada pelo anel pressupõe uma concepção da melhor vida. Por que a pessoa justa, na conjectura de Gláucon, deixa de sê-lo e iguala seu padrão de conduta ao da injusta? Porque é assim que ela entende o seu autointeresse, ou seja, o seu ideal de uma existência feliz e bem-sucedida. Ser justo ou parecer justo? A melhor vida é aquela que judiciosamente combina o melhor de dois mundos: todas as vantagens de *parecer* justo e ter uma reputação ilibada, de um lado, mas sem nenhum compromisso de *sê-lo* na prática, de outro. E nisso, justamente, a pessoa habilidosamente injusta é mestre.

    Na opinião da maioria, como relata Gláucon, seria "loucura" e "rematada tolice" para alguém abster-se de fazer mal aos vizinhos ou apropriar-se dos seus bens se lhe fosse dado o abono de agir sem risco de punição, mesmo que em público essa mesma maioria desaprove com veemência tal tipo de conduta por receio de sofrer algo parecido ("para a maior parte dos homens", observa La Rochefoucauld, "o amor à justiça é somente o medo de sofrer injustiça").

    A pessoa injusta, olhos de lince, nunca perde a chance de ser inescrupulosa ou desonesta quando a brecha oportuna se oferece, mas cuida melhor do que ninguém de sua lisa reputação. "Só um louco não desejará parecer honesto", no dizer de Protágoras, dando voz à opinião da maioria. Eis a elaborada persona sob a qual todos, sem exceção, se protegem.

Enquanto a pessoa *verdadeiramente* justa, caso ela exista, se empenharia em ser — sem cuidar de parecer ou não — honesta, a injusta faz o oposto: ela se esmera na injustiça, porém sempre atenta e minuciosamente cuidadosa em parecer honesta. Munida de uma reputação acima de qualquer suspeita e de uma aura pessoal cativante, alicerçada no domínio da sedução verbal e da arte retórica, ela colherá para si todas as vantagens da virtude — cargos públicos de alto escalão, acesso às famílias da melhor sociedade, um bom casamento, ótimas parcerias de negócios — sem precisar por isso abrir mão de sua costumeira — e pontualmente lucrativa — desonestidade.

E se, todavia, por um acaso ou deslize, ela vier a ser pega em delito e levada aos tribunais, contará com poderosos aliados — sua aguçada retórica (capaz de fazer a injustiça passar por justiça), advogados de primeira, amigos em altos postos — que não falharão em obter-lhe — de maneira correta se for possível, mas de qualquer maneira — a absolvição. Quanto à ira dos deuses e o receio da herança da culpa pelos descendentes (se a pessoa acredita nisso), a fortuna amealhada por uma carreira bem-sucedida na fraude e na astúcia permitirá a ela fazer sacrifícios e oferecer regalos aos "deuses flexíveis" a fim de granjear o perdão pelos erros e transgressões.

Diante disso, Gláucon pergunta: que razões permaneceriam ainda para preferir a justiça tacanha a uma hábil e astuciosa injustiça, quando não só o senso comum mas até pessoas cultas, como sofistas, políticos e poetas, nos asseguram que podemos alcançar uma vida feliz e bem-sucedida, na qual nossos desejos serão amplamente satisfeitos, desde que saibamos ocultar os nossos desvios e canalhices sob um verniz de irretocável respeitabilidade? Por que Giges abriria mão de realizar o que sempre sonhou?

Em nenhum momento do diálogo, Gláucon e Adimanto (o outro irmão de Platão que intervém na conversa para reforçar a argumentação do primeiro) se declaram a favor da "opinião da maioria" ou contra ela. Desorientados e indecisos, eles afirmam estar apenas sustentando o ponto de vista dominante e desafiando Sócrates a convencê-los do contrário.

Luz refletida ou *luz própria*? Valor instrumental ou intrínseco — como entender o lugar e o papel da ética na melhor vida? Uma defesa consistente do valor da justiça não pode simplesmente se ater aos efeitos e benefícios externos que ela proporciona, pois, nesse quesito, a injustiça bem calculada leva a melhor: "um crime bem-sucedido e feliz é chamado virtude", como resume o verso de Sêneca. Ela precisa ir além e mostrar que a ética tem luz própria, não apenas refletida; ela precisa revelar "o efeito que a justiça e a injustiça têm em si mesmas sobre as vidas dos que as possuem quando habitam suas almas, ocultas dos deuses e dos homens"; ela precisa demonstrar que "a injustiça é o pior mal e, a justiça, o maior bem que uma alma pode abrigar", sejam quais forem os seus efeitos externos.

Pois, quando todos estiverem persuadidos desde cedo em suas vidas de que isso é verdadeiro, concluem Gláucon e Adimanto, ninguém precisará ficar de olho em seus vizinhos a fim de prevenir que lhe façam mal ou causem dano, mas ficará sempre atento à sua própria alma, praticando espontaneamente o bem e evitando abrir-lhe as portas para o pior dos males, que é cometer alguma injustiça. Por que alguém deveria ser ético e praticar a justiça caso estivesse de posse do anel? Eis o desafio que os irmãos de Platão propõem a Sócrates.

8

O ideal platônico: princípios

A ética lida com o que pode ser diferente do que é. A resposta de Sócrates ao desafio de Gláucon e Adimanto ocupará praticamente todo o restante da *República* (cerca de quatro quintos da obra) e será tudo menos direta. O propósito central do livro, como Sócrates enfatiza na conclusão do diálogo, é mostrar que, ao contrário da "opinião da maioria" e do juízo dos poetas (Homero e Hesíodo são nomeados), "a justiça é, em si mesma, a coisa melhor para a alma, e que esta devia praticar a justiça, sem importar as consequências, quer fosse possuidora do anel de Giges, quer não".

O desenrolar do argumento extrapola em muito o campo estrito da ética, abarcando teoria política, psicologia e pedagogia, num caminho que levará Platão a formular o seu ideal de perfeição humana e sua concepção de uma sociedade ideal — a primeira utopia da filosofia ocidental. O objetivo é mostrar que a aderência às normas da ética e da justiça por parte de cada indivíduo não é uma restrição imposta de fora nem alheia à sua aspiração de uma vida plena, mas é um bem intrínseco e condição necessária de sua felicidade.

O que esperar de Giges? Sócrates não rejeita em

nenhum momento o realismo da previsão de Gláucon sobre a equivalência entre a pessoa justa e a injusta de posse do anel. Que o senso comum assim represente a felicidade e a melhor vida é ponto pacífico entre eles: Giges não é uma aberração. O que está em jogo é a origem dessa concepção e a sua validade ética.

A questão é: as pessoas são como são — propensas à ganância, à lascívia e a uma ambição desmedida de preeminência e poder — porque *são assim* ou porque *ficaram assim*? Como chegaram a representar para si mesmas os interesses e os valores que se revelam quando o anel lhes faculta agir sem o constrangimento do olhar alheio e medo de punição? A parte empírica da resposta de Gláucon — a vida como ela *vem sendo* — não predefine a perspectiva ética: a vida como ela *pode e deve ser*.

O contexto histórico-prático do diálogo é relevante. O fim do século V a.C. assinala um período de conturbação incomum em Atenas, marcado por instabilidade política, violentos conflitos de classe e quase três décadas de enfrentamentos militares com cidades vizinhas. Ao mesmo tempo, a maré ascendente da crítica racionalista ligada à campanha iluminista provocava a erosão das normas da cultura arcaica baseada na moral herdada e na religião tradicional. A exacerbação das disputas políticas, a incerteza e o temor de uma queda na tirania pediam respostas.

O desafio era prevenir o colapso das regras e exigências elementares da convivência civilizada e encontrar formas de alicerçar em bases racionais o acordo moral frente à desagregação da ordem e ao declínio da cultura arcaica. Apesar de não explicitado no diálogo, a elaborada construção teórica da *República* tem como pano de fundo essa dimensão prática. Daí o sentido de urgência.

A fábula do anel coloca o problema ético no plano individual — Giges escolhe o que imagina ser melhor para si. O passo decisivo da estratégia argumentativa de Platão foi deslocar a questão do plano microindividual para o macrossocial.

Ao responder o desafio de Gláucon, Sócrates (ou o que Platão põe em sua boca) não busca uma saída individual, caso a caso, para sustentar o seu ponto de vista. Ele defende que o âmago do problema só pode ser elucidado por meio de um correto entendimento da relação entre a alma ou psique individual — o que nos faz quem somos — e a estrutura da sociedade em que essa constituição da psique se molda. O Giges da fábula não é uma fatalidade. Outra forma de vida é possível — e, mais que isso, imperativa. Mas ela depende da ação política transformadora tendo em vista a criação de uma ordem social em bases radicalmente novas.

A principal inovação da *República* foi o projeto de integrar psicologia e política. O fulcro do argumento é a ideia de que a psique individual é uma réplica em miniatura da estrutura da sociedade. Existe uma correspondência biunívoca — isomorfismo — entre as partes e o todo, ou seja, entre os elementos constitutivos da alma individual (micro) e da ordem social (macro).

A estrutura tripartite da *sociedade*, de um lado, é definida pelas relações entre três classes fundamentais: os governantes, os militares e os produtores. Na comunidade ideal platônica cada uma dessas categorias se atém à função que lhe é própria — governar com sabedoria, prover a segurança com coragem e produzir riqueza com temperança — e para a qual se encontra habilitada por suas aptidões naturais e por uma educação apropriada. É a sociedade justa, ou seja, organizada segundo os princípios da justiça tanto em suas relações internas (entre as diversas classes) como nas externas (em suas interações com as demais sociedades).

A estrutura tripartite da *alma*, por sua vez, é analogamente definida pelas relações entre os seus três componentes básicos: o intelecto racional, a combatividade e os apetites do corpo. Eles expressam a mesma força, ou impulso vital, chamada Eros, porém canalizada por distintos condutos aos seus diversos fins. Na psique ideal platônica cada um desses elementos cumpre a função que lhe é própria — buscar a sabedoria, situar-se socialmente e satisfazer as demandas do corpo — e mantém uma relação harmoniosa com os demais.

Na alma bem constituída cabe ao intelecto a função de governar com autoridade e sabedoria o elemento combativo (o gosto pela preeminência), seu auxiliar, e os apetites corporais (inclusive o desejo de amealhar riqueza), seus súditos. Como o único capaz de discernir o bem e alcançar uma visão abrangente e não enganosa da melhor vida, ao intelecto está reservado o lugar de soberano na organização da alma e o papel de dirigir e coordenar os seus três elementos constitutivos visando a realização de uma vida plena e feliz. A pessoa justa é aquela em cuja estrutura psíquica se afirmam os princípios da justiça nas relações internas (entre as partes da alma) e externas (com as demais pessoas).

Ocorre, porém, que numa sociedade corrompida —

governada por políticos hipócritas e demagogos, eivada de conflitos internos e guerras com os vizinhos, carente de padrões educacionais adequados — são poucos os que escapam da corrupção reinante. Mesmo os raros "temperamentos filosóficos", lamenta Sócrates, sujeitos à pressão de familiares e amigos e contaminados pelos pseudovalores vigentes, acabam se deixando seduzir por miragens de riqueza, fama e prazer ou são tomados pela cobiça de poder e pelo furor de se distinguir.

Na dialética entre as partes e o todo, a psicologia individual reproduz em letras minúsculas a ordem execrável da sociedade existente ao passo que esta, por sua vez, se perpetua e alimenta dos falsos valores e crenças — o desprezo pelo conhecimento, o gosto pela preeminência e o hedonismo crasso — dos indivíduos que a constituem. As partes são, cada uma em separado, a contrapartida em miniatura do todo. E, todas juntas, sua condição de existência.

O que está em jogo no ideal platônico é a obtenção de um ordenamento justo tanto na organização interna da sociedade como na constituição da psicologia individual. Em ambos os casos isso vai depender da conquista de uma proporção equilibrada entre os elementos constitutivos de cada uma e de uma hierarquia correta e bem assentada entre eles.

O fundamental é que, de um lado, a soberania na sociedade esteja em mãos de governantes sábios que detêm o saber necessário da arte de governar e a visão do bem comum — os reis-filósofos ou guardiões — e que, de outro, a autoridade no âmbito da psique individual seja exercida pelo intelecto segundo princípios racionais e

O IDEAL PLATÔNICO: PRINCÍPIOS

de modo a orientar, harmonizar e manter sob rédea curta os apelos insinuantes da autoafirmação competitiva e dos prazeres dos sentidos.

A prevalência da justiça no ideal platônico está firmemente ancorada na soberania — coletiva e individual — da razão. O Giges da fábula, adúltero e regicida, carrega o pântano dos seus rancores e frustrações na alma. Ele personifica a opinião e o sentimento da maioria na sociedade corrompida em que veio ao mundo e à qual pertence. O ser pessoal destila e concentra o ser social.

9

O ideal platônico: utopia

A *República* é veículo de uma utopia — um projeto de salvação em que Sócrates figura como arquiteto de uma nova sociedade, livre de vícios e injustiça, e médico da alma enferma. Detalhes e digressões à parte, a tradução do ideal platônico em ação política transformadora assenta em dois pilares centrais: a fusão entre poder político e sabedoria, corporificada na figura do rei-filósofo ou guardião, e uma profunda reforma do sistema educacional.

Como garantir que a classe dos governantes — a cabeça e a bússola do Estado — deixe de ser monopolizada por dirigentes ineptos e corrompidos, afeitos à hipocrisia e ao abuso da arte retórica, e passe a cumprir de forma justa e competente a função de gerir a coisa pública visando o bem comum?

A resposta era a troca da guarda: "A menos que os filósofos tornem-se o régio poder em suas cidades ou que aqueles que ora são chamados de reis e governantes passem a ter genuíno desejo de sabedoria; a menos, ou seja, que o poder político e a filosofia se deem as mãos, ao passo que as diversas naturezas que hoje se dedicam à política ou à filosofia, uma excluindo a outra, sejam forçosamente impedidas de fazê-lo, não haverá trégua no infortúnio para as cidades, meu caro Gláucon, e nem, creio eu, para toda a humanidade". Selecionada por aptidão natural e mérito, em vez de berço ou riqueza, e exaustivamente preparada para sua função, a elite de guardiões (homens e mulheres) estaria habilitada e gozaria de ampla liberdade para "moldar o caráter da vida pública e privada segundo sua visão do ideal". Todo poder aos que *sabem*.

O outro pilar é a educação. A remodelagem das leis e instituições vem acompanhada da remodelagem da psicologia moral. O objetivo é moldar a estrutura da psique de modo a garantir o bom governo da alma, ou seja, a absoluta primazia das faculdades racionais do intelecto sobre as pulsões não-racionais: o furor de se distinguir, a aquisitividade possessiva e o clamor dos prazeres mundano-sensoriais. O programa educacional dos guardiões, é claro, recebe especial atenção (quase a metade da *República* é dedicada a ele), mas nenhuma classe de cidadãos fica de fora do plano.

O exemplo mais drástico e revelador do ponto a que Platão se dispõe a chegar no seu intento de remodelar as almas é a proposta, atribuída a Sócrates no diálogo, de que *todas* as crianças com idade inferior a dez anos sejam compulsoriamente separadas dos pais biológicos e de seus familiares a fim de receber uma educação digna desse nome, ministrada por professores especializados e concebida segundo princípios racionais. O propósito da medida era evitar a contaminação dos futuros cidadãos da sociedade ideal pelos falsos valores, crenças e superstições das gerações mais velhas, formadas sob a égide da cultura arcaica e deformadas pela desordem moral reinante.

Na pedagogia do ensino básico da *República*, aplicada a todos os cidadãos, a fibra do caráter e a liga da inteligência deveriam ser moldadas e adequadas à nova ordem enquanto estivessem ainda tenras e maleáveis. O método para tanto era condicionar os afetos e as motivações da alma infantil por meio dos estímulos do prazer e da dor, de modo que a criança passasse a gostar do que a razão prescreve e odiar o que ela proíbe, mesmo sem saber ainda o porquê. Mais tarde em sua formação ela se daria conta de que o seu bom comportamento e os afetos indutivamente condicionados — o prazer em fazer o que é certo e o desprazer de fazer o que é errado — coincidiam com os preceitos e juízos racionais. O penoso da infância se torna o prazeroso da maturidade. O nome dado a esse feliz convergir era "excelência" (*areté*).

Quanto aos guardiões, o programa de formação, triagem e treinamento — descrito em minúcias — estendia-se do berço à meia-idade: letras, música e matemática até os dezessete ou dezoito anos; treinamento físico e militar exclusivo, sem espaço para outros estudos, até os vinte anos; curso de matemática avançada e ciências, para os aprovados na etapa anterior, dos vinte aos trinta; nova triagem e educação intensiva em dialética e fundamentos da ética dos trinta aos trinta e cinco; formação prática e aquisição de experiência no serviço público em postos subalternos até os cinquenta anos; e, por fim, aos que tivessem melhor desempenho e alcançassem a "visão do Bem", o coroamento do processo: a continuação dos estudos e, em períodos alternados, a participação nas decisões de governo por meio de um assento no Conselho Supremo do Estado.

No projeto pedagógico aplicado aos guardiões, como

na Academia dirigida por Platão em Atenas, o aprimoramento das faculdades cognitivas caminha pari passu com a formação do caráter e a educação dos componentes volitivos da alma.

E, como é o caso em quase todas as utopias dignas desse nome, a retroalimentação positiva não poderia ficar de fora. Uma vez posto em andamento, sugere Sócrates, o ciclo virtuoso se autoalimentaria, "pois se um sistema robusto de formação e educação é mantido ele produz indivíduos de boa natureza e estes, por sua vez, beneficiando-se da educação recebida tornam-se ainda melhores que seus antecessores". No mundo dos retornos crescentes e ganhos cumulativos, a espiral do infortúnio da sociedade existente, corrupta e cindida, daria lugar à espiral da excelência da sociedade projetada — justa, harmoniosa e feliz. Raras vezes na história da reflexão ético-política o fosso entre a realidade e o potencial humanos abriu-se em tão vertiginoso abismo.

10
Giges cidadão da *República*: súditos

O verdadeiro poeta, dizia John Milton, deve fazer da sua vida um poema. Supondo a utopia de Platão realizada (uma premissa heroica mas útil à sequência do argumento), o desafio do experimento mental de Gláucon pode ser recolocado.

Como um Giges platonicamente remodelado reagiria à posse do anel? Como as diferentes classes de cidadãos — militares, comerciantes e artesãos, de um lado, e a elite dos guardiões da *República* de outro — se sairiam caso fossem submetidas a mais uma prova — o teste da invisibilidade? Embora a pergunta não surja de forma explícita no diálogo, a resposta pode ser esboçada a partir de pistas e informações dispersas nos comentários e arrazoados de Sócrates.

A utopia platônica é um mundo rigidamente estratificado do ponto de vista social. Uma criança pode subir ou descer na hierarquia social, dependendo dos seus talentos e méritos educacionais, mas cada uma das três classes tem o seu lugar próprio na estrutura da sociedade e um papel definido na divisão do trabalho. Platão admite sem rodeios que só uma fração diminuta da população possuía a aptidão natural e a férrea determinação necessárias para a forma de vida e as responsabilidades cívicas da classe dos guardiões. "A multidão", ele declara, "jamais será filosófica."

O objetivo da educação para as classes inferiores (militares e produtores) deveria ser não o de erradicar por completo a conduta pautada por um hedonismo esclarecido, no qual o gosto pela preeminência e os prazeres do corpo têm seu espaço, mas o de incutir nelas um profundo senso de identificação com o todo social. Não é exagero afirmar que, na filosofia política de Platão, o cidadão comum tem valor apenas enquanto peça ou órgão necessário ao bom funcionamento do aparato militar e da divisão do trabalho. Sua existência coletiva está para a sociedade a que pertence assim como as abelhas estão para a colmeia. O todo tem primazia sobre as partes: o que não beneficia a colmeia não beneficia a abelha.

O que esperar de um cidadão comum da *República* que, como Giges, estivesse de posse do anel? A resposta vai depender do grau de condicionamento e internalização obtido no processo educacional.

No melhor cenário (do ponto de vista platônico) o Giges-súdito não alteraria sua conduta de forma relevante em função do anel. Sua psicologia individual estaria de tal modo condicionada a sentir prazer no respeito às leis e normas morais e desprazer ao transgredi-las; ela estaria a tal ponto identificada com o interesse coletivo — a boa ou a má fortuna da sociedade —, que o incentivo para tirar proveito e abusar da impunidade conferida pelo anel seria quase nulo.

Em alguns casos, talvez, ele pudesse recorrer à invisibilidade a fim de saciar uma curiosidade ou desfrutar de um prazer inocente, como sumir diante de alguém inoportuno, caminhar incógnito pelas ruas, espiar um belo corpo ou ouvir sem ser visto o que falam dele. Mas ele não infringiria o marco legal ou, em caso de conflito entre o seu desejo pessoal e o bem comum, não agiria em detrimento do coletivo. Os Giges-súditos, em suma, teriam maior semelhança com as dóceis ovelhas do que com o pastor regicida da fábula do anel.

No pior cenário (que se tornou claramente dominante nas obras tardias de Platão), o Giges-súdito, embora cordato e pacato cidadão em condições normais, não resistiria à tentação de explorar em benefício próprio as vantagens do anel. O seu condicionamento moral e grau de identificação com o todo não seriam fortes o suficiente para mantê-lo na linha quando não existisse risco de punição.

O simples fato de que mesmo na *República* as classes inferiores demandem uma atenta vigilância e a permanente tutela por parte dos *guardiões* (o termo fala por si) é sinal inequívoco de que Platão não contava com uma conduta invariavelmente constante e ética dos cidadãos nas suas relações com as leis e o poder público. Sob o efeito da idade e da experiência amarga — sua malograda incursão como conselheiro no reino de Dionísio I, na Sicília, da qual ele emerge na condição de escravo antes de ser resgatado pelos amigos atenienses —, a desconfiança só fez aumentar.

No mundo sombrio das *Leis*, a necessidade de preservar a "saúde moral" do rebanho leva Platão a propor medidas draconianas: "O principal é que ninguém, homem ou mulher, jamais fique sem um funcionário oficial que o supervisione, e que ninguém adquira o hábito mental de dar qualquer passo, seja a sério ou jocosamente, por iniciativa própria [...] em suma, trata-se de treinar a mente para que ela nem sequer conceba a possibilidade de agir individualmente ou saiba como fazê-lo". Se esse era o caso, aos olhos de Platão, sem o anel, é difícil imaginar o que poderia ser com ele.

 O pânico trai o pavor. A suspeita é que, ao lado do Giges-súdito tal como podemos conjecturá-lo no contexto das *Leis*, o Giges-sem-lei do desafio de Gláucon — o cidadão de aparência cordata que se transtorna e revela pela posse do anel [7] — ficaria diminuído em sua infâmia.

11

Giges cidadão da *República*: guardiões

Outro destino, é claro, aguarda o Giges-guardião. "Quem é tão firme que não pode ser seduzido?", provoca Cassius, o parceiro de Brutus no tiranicídio de César, no *Júlio César* de Shakespeare. O processo seletivo, a educação implacável e as regras e interdições a que estavam submetidos desde cedo em sua formação deveriam tornar os membros da classe governante da *República* capazes de enfrentar — e vencer — o desafio.

No ideal platônico de perfeição humana, a prática do bem e da justiça — uma conduta moral sem mácula ou desvio, por menor que seja — não é o bastante. A aparência não dá conta do real. Ser bom e justo significa não fazer mal algum, mas, além disso — o que é decisivo —, *não querer fazer mal*.

Ser justo (ou injusto) não se reduz a mero padrão de conduta, mas é um estado da alma. O compromisso com a justiça deve subjugar e render a psique; ele precisa estar alojado e enraizado no âmago da psicologia individual, e não apenas manifesto em nossas ações no mundo. O que importa não é parecer justo, mas sê-lo na essência da alma — aparentem ser ou não justos nossos atos aos olhos alheios. O perfeito governo de si é a condição fundamental para o bom governo de todos.

Daí que, além do vasto e altamente exigente programa educacional, a formação dos guardiões envolvia um penoso trabalho de domesticação e lapidação da psique. Jovens ainda, eles deveriam submeter-se a testes e provações severas — "como ouro na fornalha" — visando demonstrar sua firmeza de caráter em condições-limite, como, por exemplo, em meio a situações de pânico e terror (sem demonstrar medo); em ambientes de fascínio e luxúria sexual (sem sucumbir à tentação); ou em tarefas que os levassem ao abismo da exaustão (sem esmorecer ou fraquejar). Os que falhassem ou se deixassem ludibriar por qualquer motivo seriam excluídos do processo formativo e encaminhados a outra função pertinente nas classes subalternas.

Aos guardiões estavam vetadas, durante e após a sua formação, a propriedade de terras, casa própria e bens materiais assim como a possibilidade de casamento e vida familiar. A proibição de posses tinha por finalidade não só prevenir o apego a bens externos e o surgimento de algum conflito de interesse ou tentação de sacrificar o bem comum a vantagens pessoais, como também eliminar, aos olhos do cidadão comum, qualquer vestígio de suspeita nessa direção. O guardião formado não tem posses ou riqueza nem se interessa em possuí-las; alimenta-se, veste-se e mora frugalmente, em casas coletivas, às custas do erário — e vive satisfeito assim.

A interdição do casamento e da vida familiar tinha como objetivo, por um lado, prevenir a tentação do favorecimento de parentes em detrimento da sociedade e, por outro, garantir que a união entre os sexos e a procriação não permanecessem à mercê do capricho afetivo e do acaso, como então ocorria, mas fossem pautadas por princípios eugênicos e racionais de seleção semelhantes aos praticados na criação de animais e cães de raça de alta estirpe. Na vida monástica e espartana dos candidatos a guardião, os apelos da sensualidade e das pulsões eróticas — eterna fonte de conflitos, desvarios e egoísmos — não têm direito à cidadania.

Não é à toa que apenas aos cinquenta anos de idade a formação de um guardião estaria completa e ele poderia ser confirmado na função de governante supremo: a sabedoria plena e a "visão do Bem" — "o conhecimento da Forma do bem", no jargão platônico, uma noção vaga e pouco elucidada pelo autor da *República*, presumivelmente implicando, entre outras coisas, o conhecimento dos verdadeiros fins da existência e do que torna as pessoas felizes *de fato*, saibam elas ou não — pressupõem o serenamento dos ardores e urgências típicos dos mais jovens. A filosofia é apanágio da idade.

Formado, diplomado, empossado e enfim coroado, o rei-filósofo está pronto para receber o anel de Giges. Como o guardião se sairia caso viesse a enfrentar o teste da invisibilidade? Valeria também, no seu caso, o prognóstico de Gláucon acerca da equivalência entre a pessoa justa e a injusta de posse do anel? A resposta deixa pouca margem a dúvida e pode ser inferida à luz das observações de Sócrates no quarto livro da *República*.

O indivíduo é a réplica em miniatura da sociedade. A ordem coletiva justa é aquela em que cada uma das três classes sociais cumpre adequadamente a função que lhe é própria, sob a égide de governantes sábios e aptos a preservar o bem comum. A justiça no plano individual não é somente uma questão de conduta externa, embora também o seja, mas reside essencialmente no correto ordenamento da alma tripartite e na relação harmoniosa entre as partes.

Na alma bem constituída, o intelecto racional auxiliado pelo elemento combativo governa os apetites não-racionais de modo a instaurar uma condição de harmonia — semelhante ao acorde consoante de um instrumento musical afinado —, na qual cada parte se atém à função que lhe é própria e se contenta com a satisfação de suas legítimas demandas.

Daí que, como enfatiza Sócrates, o guardião jamais consentirá na usurpação do poder ordenador da razão pelas pulsões não-racionais: as combativas, visando a preeminência, e as apetitivas visando a riqueza e os prazeres sensoriais. A perfeita união e integração da alma guardiã é condição suficiente para assegurar que o Giges--guardião, não obstante a prerrogativa da inimputabilidade, nunca cometerá crime algum nem se sentirá tentado a violar o marco legal-moral por meio de ações como roubo, conspiração, traição, perjúrio, sacrilégio, adultério ou desrespeito aos seus pais e concidadãos.

"Suponha, por exemplo", sugere Sócrates, "que um montante em dinheiro fosse dado em confiança ao nosso Estado ou a uma pessoa com o treino e o caráter correspondente; alguém ousaria supor que ela estaria propensa a apropriar-se dele?" Imune às tentações de intemperança e iniquidade do cidadão comum, o Giges-guardião permaneceria sendo, em suma, quem ele sempre foi, tendo ou não o anel — alguém com quem se pode apostar no par ou ímpar de olhos vendados no escuro.

Além de fatores inatos, educação e treinamento, a diferença crucial entre o súdito e o guardião está na forma de internalização do interesse coletivo. Ao passo que o cidadão comum foi condicionado pela modelagem dos afetos a experimentar prazer na prática do bem e a pautar seus interesses pelo interesse da coletividade, o rei-filósofo conquistou uma internalização não apenas *afetiva* (e, portanto, frágil), mas *racional-cognitiva* (por isso inquebrantável) do bem comum: o interesse pelo todo está de tal modo entranhado e afinado ao seu que a boa ou má fortuna da coletividade é percebida como idêntica à sua. Detentor privilegiado da "visão do Bem", sem outro interesse exceto o bem coletivo, ele representa nada menos que a virtude cívica encarnada.

Seria enganoso, porém, imaginar que a posse do anel não alteraria um milímetro sequer a conduta dos guardiões. O comerciante ou artesão pilhado ao mentir (sonegando impostos, por exemplo) deveria sofrer severa punição. O guardião, contudo, como um médico ao receitar um remédio forte, estava autorizado a mentir pelo bem comum em circunstâncias excepcionais. Mas se o guardião tem algo a ocultar ou esconder dos seus súditos, ainda que tão somente pelo bem deles, então a posse do anel não lhe é de todo indiferente.

O exemplo de "nobre mentira" oferecido por Sócrates na *República* é sugestivo: os cidadãos seriam levados a crer que os seus encontros sexuais eram decididos por sorteio quando, na verdade, os resultados da loteria eram secretamente manipulados pelos guardiões tendo em vista a depuração genética da geração seguinte. A *rationale* do esquema era dupla: conferir um verniz de isenção ao processo e evitar protestos daqueles e daquelas que porventura se sentissem prejudicados na seleção dos parceiros. O acaso neutraliza o rancor.

É plausível, portanto, imaginar que o Giges-guardião recorresse vez por outra ao anel visando algum objetivo cívico de difícil aceitação pelos cidadãos. Tudo, porém, pautado pelo mais criterioso, firme e infalível compromisso com a justiça e o bem (intertemporal) de todos. O uso do anel seria tão parcimonioso e excepcional quanto o recurso à "nobre mentira".

É feliz o guardião?, indaga Adimanto. No sentido convencional, admite Sócrates, na ótica dos que imaginam a felicidade como "uma festa de camponeses celebrando um festival", não se pode dizer que o guardião seja feliz. Aos olhos do cidadão comum, a vida austera e ascética dos guardiões — parca em riquezas, rarefeita de prazeres mundanos e dedicada aos estudos e assuntos de Estado — não parecerá atraente; e é mesmo salutar que assim seja, pois isso os levará a serem mais dignos de respeito por parte dos súditos e a não despertarem a sua inveja.

Mas a verdadeira felicidade, acrescenta ele, não é ser capaz de satisfazer quaisquer desejos, por mais caprichosos e ilusórios. Ela consiste em *ter os desejos certos*, ou seja, devidamente filtrados e modulados pelo intelecto e harmonicamente integrados ao que há de melhor em nossas almas: "o mais feliz entre os homens é o primeiro em justiça e bondade, isto é, o verdadeiro rei que é também rei sobre si próprio; e o mais malfadado é o mais baixo exemplo de vício e injustiça, o déspota nato, cuja tirania predomina em sua própria alma e, também, sobre a sua cidade".

Falta à lei e à justiça aquele a quem toda a lei e toda a justiça faltam. É justamente porque *conhece* a natureza da genuína felicidade — e porque é feliz vivendo de acordo com ela — que o Giges-guardião, tal como esculpido por Platão na *República*, se mostra à altura do desafio lançado por Gláucon e Adimanto: a plenitude humana e a ética caminham juntas.

TERCEIRA PARTE

12
O ideal platônico de perfeição humana

Gelo e fogo. Dois perigos assombram as sociedades humanas: a ordem excessiva e o colapso da ordem. O exagero da ordem destrói a liberdade e represa o indivíduo; levado ao paroxismo, é o gelo totalitário. A dissolução da ordem insufla o individualismo sem freios e leva à anarquia autodestrutiva — é a fogueira do caos e da guerra de todos contra todos.

O combate ao terror da autoridade opressiva e da polícia do tirano, de um lado, e a busca de remédios para a anemia da autoridade e a insegurança generalizada, de outro, definem em larga medida a tônica dominante das diferentes correntes de pensamento na história da ética e da filosofia política. Não raro, porém, o afã de corrigir um excesso dá ensejo ao seu oposto.

Como reconciliar as exigências da vida em sociedade com a urgência dos desejos e aspirações individuais? A *República* de Platão oferece uma resposta radical e abrangente ao dilema. O acento recai de modo enfático no imperativo de enfrentar e afastar em definitivo o perigo do fogo: a escalada do conflito, a desintegração da ordem e o risco de regressão à mais terrível forma de tirania.

A utopia platônica responde à ameaça de um mundo

em que todos os cidadãos, como o Giges da fábula, sentem-se autorizados a agir como bem entendem: a ignorar os limites da justiça e da moralidade e a dar livre curso às suas taras inconfessas e paixões irrefreadas. A dose do remédio, porém, faz da solução proposta — a elite de sábios se encarrega de manter a "saúde moral" e a boa conduta da maioria que nunca será sábia — um temível veneno.

Séculos antes do bombardeio liberal (nem sempre justificado) a que seria mais tarde submetida, especialmente a partir do século XIX, coube ao imperador-filósofo romano Marco Aurélio, adepto do estoicismo, espetar a agulha em nervo sensível da utopia platônica. "Jamais alimente a esperança de realizar a República de Platão", argumentou ele, "pois quem é capaz de mudar a opinião dos homens? E, se os sentimentos não mudam, o que se poderá obter a não ser escravos relutantes e hipócritas?" Ou como dirá David Hume de forma mais abrangente e — por que não dizer? — presciente, à luz das tragédias de engenharia política do século XX: "Todos os planos de governo que pressupõem uma grande reforma na conduta da humanidade são claramente fantasiosos".

O ideal *político*, contudo, é apenas um aspecto da proposta. Articulada a ele, Platão oferece uma visão ética associada à definição da estrutura ótima da psique individual e do ideal de vida em nome do qual a batalha filosófica é travada. O ótimo platônico do ponto de vista ético — o ideal de perfeição humana a ser perseguido — é personificado na figura do rei-filósofo ou guardião. Embora distinto em aspectos relevantes, esse ideal tem relação de parentesco com outros ideais influentes de perfeição humana na história das ideias, notadamente nas éticas cristã e kantiana [22 e 23].

"A multidão jamais será filosófica." Reserva-se a poucos, na ética platônica, "a visão do Bem" e o saber indispensável a uma vida plena. Dos cidadãos comuns, ou seja, dos homens e mulheres gregos não escravos pertencentes às classes subalternas, Platão em nenhum momento alimenta a expectativa de que possam ir além de uma vida ordeira, pacata e resignada, pautada por um hedonismo esclarecido e por uma boa adaptação às funções para as quais foram preparados, de acordo com suas aptidões, na divisão social do trabalho.

Na ética assumidamente aristocrática de Platão — e ao contrário do que viria a prevalecer com o advento do cristianismo e a "divinização da humanidade comum" [23] — a massa guerreira e produtora é pensada com a mesma ausência de sentimentalismo com que um biólogo pensa o metabolismo animal: ela garante a segurança e reprodução da espécie e a produção dos meios de subsistência. O bem do rebanho industrioso, entretanto, requer boa dose de tutela e vigilância a fim de se manter na linha. Se alguém vacila ou ameaça rebelar-se, seduzido por alguma miragem de preeminência, canto de sereia ou ilusão dos sentidos, o pastor-guardião estará pronto a reconduzi-lo de volta — e pelo seu bem — ao bom caminho. É a felicidade ao seu alcance.

A sociedade ideal platônica não privilegia a felicidade de uma classe social ou de um gênero (Platão é pioneiro, entre os pensadores gregos, na admissão das mulheres à cidadania e à possibilidade de elas integrarem a elite governante) em detrimento de outro. Nela os extremos de riqueza e pobreza inexistem e os donos do poder *servem* à coletividade, não a si mesmos. Mas uma só classe — a dos guardiões — foi devidamente formada e está apta a realizar o mais elevado ideal alcançável pela vida humana. Daí que a felicidade plena é prerrogativa sua — uma condição de realização da qual os súditos, aferrados aos valores e prazeres da maioria, afortunadamente mal suspeitam.

Isso ocorre porque, em contraste com as demais classes, só ela conquistou a perfeita união e harmonia da alma tripartite, sob o controle do intelecto racional. Só ela alcançou o saber indispensável à contemplação do belo, do bem e das verdades eternas. A justiça, no seu caso, não é o resultado de um acordo necessário à vida em sociedade; não é a árdua e incremental conquista de uma gramática da convivência humana ou "contrato moral" (sujeito a relapsos) que nos permite coexistir de forma razoavelmente pacífica e profícua. Ela é um modo de ser da alma. A justiça não tolhe ou amarra os seus atos, mas é constitutiva da sua psique; o passaporte da bem-aventurança reservada *aos que sabem* — a mais plena e feliz condição de vida ao alcance dos mortais.

Pureza de coração é desejar uma só coisa. Imune à voluptuosidade e aos reclamos dos sentidos; indiferente à competição posicional por prestígio e preeminência social; alheio às miragens de glória, vaidade e riqueza, o filósofo-estadista só tem olhos para a "visão do Bem" — a teórica, nos estudos, e a prática, como "primeiro servidor" do todo e instrumento do bem comum. No dedo do Giges-guardião, o anel da invisibilidade não é mais que uma joia fútil e perfeitamente ociosa.

13

O que há de errado com o ideal platônico?

Muita coisa. Além de profundamente irrealista ao prescrever a estrita aderência ao cânone de uma virtude inalcançável, o ideal platônico de perfeição humana é socialmente perverso, epistemicamente soberbo e eticamente indesejável.

Mesmo supondo possível remodelar a natureza humana e transformar a psique individual em algo rigorosamente ordenado, racional e justo; mesmo admitindo como exequível a pretensão de obter graus de aproximação desse alvo, cabe indagar: o que não haveria de se perder e sacrificar no caminho? Platão, é claro, não está só. O talento espontâneo de filósofos e líderes religiosos para recriar a humanidade (ou, ao menos, a parte redimível dela) à sua imagem e semelhança é um dos milagres da história da ética. Narciso *rex*.

Como viver? A aspiração de uma vida plena e feliz — a mais digna de ser vivida — é universal; mas como concebê-la e alcançá-la? A solução oferecida pela ética platônica supõe a existência de uma resposta verdadeira à pergunta — e mais que isso: uma única resposta somente. Ela exclui todas as demais alternativas e reivindica nada menos que o monopólio da concepção da melhor vida.

TERCEIRA PARTE

O ótimo de Platão entroniza *uma forma de vida* — personificada na figura do guardião — e delineia o roteiro de sua realização. A precondição básica é a constituição de uma estrutura psíquica bem-ordenada na qual as paixões não-racionais estão sob a direção e controle do intelecto. O bem supremo consiste na vida em que a satisfação dos desejos da parte racional da mente, especialmente voltados às atividades intelectuais e à realização da "visão do Bem" na vida pública, tem primazia sobre as paixões competitivas e apetitivas a ela subordinadas.

"Toda alma desordenada [*inordinatus animus*] se torna a sua própria punição", diz santo Agostinho (o mais platônico dos filósofos cristãos). É mérito da psicologia moral de Platão não subestimar a abrangência e a força do campo não-racional da psique e a consequente fragilidade do ético na vida dos que se libertaram do jugo do freio moral-religioso da cultura arcaica: o Giges da fábula ilustra o drama. Ao mesmo tempo, porém, Platão parece superestimar enormemente a plasticidade da mente submetida aos rigores de uma educação totalizadora, minuciosa e brutalmente exigente. O Giges-guardião, perfeito avesso do outro, ilustra a ilusão.

Os extremos da formação a que são submetidos os guardiões — pouco menos que uma lavagem cerebral com décadas de duração aplicada ao seleto grupo dos jovens dotados de "temperamento filosófico" — dão o que pensar. A radicalidade do projeto pedagógico fala por si: ela é índice do caráter recalcitrante do material a ser domesticado e moldado. Uma tarefa hercúlea.

O que chama atenção, todavia, é a absoluta confiança de Platão no tocante ao êxito dos resultados. Os desejos e prazeres "ilícitos" oriundos da alma apetitiva, reconhece ele, "são provavelmente inatos a todos; mas quando eles são disciplinados pela lei e pelos desejos superiores com o auxílio da razão eles podem ser inteiramente erradicados ou, ao menos, reduzidos a poucos e tíbios". Renúncia? Não propriamente. O ótimo platônico implica a perfeita unidade da alma. A autoridade legítima da razão assegura o triunfo da paz intrapsíquica e elimina todo o potencial de conflito entre as motivações oriundas das diferentes partes da psique. Céu neutro, paz perpétua.

A alma guardiã satisfaz a exigência do ideal platônico de que não fazer mal algum não é o bastante — o passo decisivo da alma justa, o selo da virtude, é *não querer jamais fazer mal algum*. O intelecto deixa de ser o servo da alma apetitiva e combativa, como na vida dos mortais comuns (tratados por Platão, com indisfarçável menosprezo, como pouco mais que a ralé dos "porcos satisfeitos"), e se ergue à condição de amado senhor das camadas baixas e doravante dóceis da mente.

Ocorre, porém, que o excesso de regramento pode se revelar tão nocivo e perturbador quanto a falta dele. Se a alma desordenada, como afirma Agostinho, é a pior inimiga de si mesma, a alma rigidamente disciplinada e governada por um poder opressivo — exercido de fora no início, autoimposto depois — não fica atrás.

A exigência de absoluta conformidade entre a psique individual — "a exuberância tropical brutamente caótica da vida interior" no dizer do filósofo Thomas Nagel —, de um lado, e os ditames e preceitos de uma ética rigorosa, de outro, é fonte de graves e desastrosas deformações. A observação acurada de Nagel em "Expor e ocultar" vai ao ponto: "Assim como a vida em sociedade seria impossível se expressássemos em nossos encontros públicos cotidianos todos os nossos sentimentos lascivos, agressivos, gananciosos, ansiosos e egocêntricos, de igual modo a vida interior se tornaria impossível se tentássemos nos tornar totalmente pessoas cujos pensamentos, sentimentos e conduta privada pudessem ser sem receio expostos à visão pública". Eis aí, justamente, o ideal do Giges-guardião.

A radical pretensão da ética platônica — e não só dela — de penetrar nos subsolos da alma, colonizar as paixões não-racionais e submetê-las a um poder supremo inconteste produz efeitos indesejados que vão muito além das intenções pretendidas. Ela produz a falsidade de si para si, a santimônia, a anorexia dos afetos e a perda de contato com a nossa realidade interna. Ou pior.

Exemplo concreto disso, entre muitos, é a proliferação da pedofilia no clero da Igreja Católica. Instituído pelo papa Sirício, no século IV, com os decretos canônicos *Directa* e *Cum in unum*, o celibato sacerdotal compulsório (no sentido de perpétua abstinência sexual) remonta aos mais antigos dogmas da Igreja. Primeiro, silêncio e acobertamento. Mas, transcorridos dezessete séculos desde sua promulgação, a verdade finalmente saiu do poço sem indagar quem estava ao redor.

Premidos pela interdição sexual a que foram submetidos, os clérigos católicos serviram-se em larga escala do manto da autoridade, do sigilo facilitado pela natureza do ofício e da presunção de inimputabilidade a fim de saciar da pior forma possível os seus instintos negados. A fera encurralada deu o troco.

O QUE HÁ DE ERRADO COM O IDEAL PLATÔNICO?

É difícil imaginar o que pode ter se passado no silêncio das sacristias ao longo de tantos séculos de impunidade, mas a evidência dos milhares de casos já revelados (e reconhecidos pelo Vaticano) confirma a pertinência do alerta de William Blake — "desejo sem ação gera pestilência" — e da observação do teólogo jansenista Pascal: "quando se tenta perseguir os extremos da virtude, o vício emerge". Como o Giges de Heródoto escondido no quarto da rainha, os padres acreditavam estar a salvo das leis e do juízo alheio, mas foram flagrados: os próprios segredos cansam de calar. E se tivessem o anel da fábula à mão?

A questão dos efeitos perversos da negação dos impulsos vitais, vale notar, não era estranha à cultura grega do século V a.C. A interpretação da tragédia *As bacantes*, de Eurípides, oferecida pelo classicista e tradutor irlandês E.R. Dodds não poderia ser mais cabível nesse contexto. A mensagem central da peça, sugere ele, "é a de que corremos um grande risco ao ignorar a demanda do espírito humano pela experiência dionisíaca [...] mas aqueles que reprimem essa demanda em si mesmos ou recusam a outros a sua satisfação transformam-na pela sua ação num poder de desintegração e destruição, uma força natural cega que varre do caminho o inocente e o culpado". Como um bumerangue desgovernado, os excessos de uma ética ordenadora têm o péssimo hábito de contrariar e destroçar os seus intentos.

O ótimo platônico pressupõe o êxito do seu projeto pedagógico. Domada por uma educação implacável e rendida pela força da razão, a fera subterrânea trancafiada nos porões da mente se torna um mascote inofensivo e adestrado, feliz em servir, sem que em nenhum momento se considere o risco de que, maltratada e acuada, privada de ar e alimento, ela por fim se revele um animal ainda mais arisco, violento e traiçoeiro do que Platão o imaginava ser. Na *República*, como é do feitio das utopias, não há lugar para o risco (nunca ausente) de que consequências não antecipadas e efeitos indesejados levem os meios adotados a trair os fins pretendidos. Assim como o vento pode atiçar o fogo, a violência do recalque não raro inflama o retorno do recalcado.

14

O ideal platônico reavaliado: soberba e autoengano

O irrealismo do ideal platônico e os riscos inerentes a ele, porém, não são tudo. Supondo exitosa (na ótica de Platão) a formação do guardião, o que temos? Toda forma de vida implica escolhas: uma porta se abre, muitas se fecham; um caminho é eleito, outros são preteridos. Uma forma de vida, seja qual for, não escapa do imperativo da escolha: às margens do caminho trilhado vai projetada a sombra multiforme das vidas inteiras que podiam ter sido e não foram.

Moralizada até a medula, a alma guardiã não sofre o assédio de desejos inoportunos nem é palco do balé ilusionista dos prazeres ilícitos associados às paixões competitivas e apetitivas. Isso a libera, é certo, para a *vita contemplativa* e a dedicação sem desvios ou distrações aos valores do conhecimento e da virtude cívica. O ordenamento racional da alma é a porta do palácio da plenitude.

Mas, como toda escolha, a opção embute custos. No ideal platônico da melhor vida, a devoção dos guardiões à contemplação das verdades eternas e à "visão do Bem"; o seu amor ilimitado e quase exclusivo pelos prazeres do estudo e da ginástica intelectual; o irredutível senso de dever na dedicação aos assuntos de Estado e ao bem comum, são adquiridos a preço elevado: o desapreço pelo universo das relações afetivas, o sacrifício da espontaneidade e a despersonalização do caráter.

No ideal platônico de perfeição humana os vínculos de sociabilidade afetiva não têm lugar. Todo o universo das relações pessoais de natureza familiar e erótico-amorosas, assim como os laços de amizade e simpatia espontânea nos contatos interpessoais, são conspícuos pela sua ausência. Em contraste com a visão de Aristóteles, para quem a amizade era um valor central da melhor vida — "pois, sem amigos, ninguém escolheria viver, mesmo que possuísse todos os demais bens" —, no ideal platônico ela simplesmente não figura.

O protagonismo da justiça, no sentido da "completa virtude em nossas relações com os demais", monopoliza a cena e rebaixa a sociabilidade não instrumental — vínculos humanos em si prazerosos, sem cálculo ou expectativa de benefícios outros além dos da intimidade e da afeição compartilhadas — a um papel de quase completa irrelevância para a realização humana.

O desapreço pela dimensão afetiva transparece de forma clara na tranquila e sinistra segurança com que os guardiões se dispõem a adotar medidas de extrema desumanidade, como, por exemplo, a separação compulsória entre pais e filhos pequenos tendo em vista uma educação de excelência; o pseudossorteio na definição dos pares sexuais em prol do apuro genético; e a punição dos homens e mulheres que praticam ato sexual sem a chancela das autoridades ou geram filhos fora da faixa etária prescrita (mulheres até os quarenta e homens até os cinquenta e cinco anos de idade). O silêncio da *República* acerca do que tudo isso seguramente implicaria do ponto de vista do bem-estar subjetivo e da dignidade humana dos atingidos é ensurdecedor.

Que a elite dos guardiões opte pela forma de vida que lhe convém; que ela consuma o melhor de suas energias em estudos e ações cívicas e prefira formar vínculos com ideias e abstrações a formá-los com pessoas reais; que faça pouco do amor e da amizade como fontes de alento, felicidade e ânimo vital; e que reduza ao mínimo incontornável a dimensão dos valores relacionais afetivos em sua existência é direito inquestionável seu. Não são poucos os filósofos, cientistas, poetas e artistas que optaram por formas de vida semelhantes em suas trajetórias pessoais.

Mas a proposta platônica de que a elite guardiã sirva-se do seu poder de mando para obrigar populações inteiras a engolir, sempre em nome da justiça, a sua "visão do Bem" é algo radicalmente distinto. E, para dizer o mínimo, desprovido de qualquer justificativa ética.

O delírio da pretensão dá o que pensar. O que, afinal, distingue o guardião? O que o eleva acima de todos e lhe confere autoridade, aos olhos de Platão, para decidir o que é melhor para cada um? O que lhe permite passar com louvor e imperturbável frieza, ao contrário dos súditos, no teste do anel de Giges?

Uma formação diferenciada e, o que é decisivo, *a posse de um saber*. De fato, mais que isso. O guardião não é apenas o portador de uma ideia de justiça obtida (ou revivida nele) por meio de uma formação educacional. Ele é a encarnação da própria justiça, uma vez que nele o conhecimento se fez um modo de ser da alma, e não apenas o domínio de um saber. O guardião sabe e, além disso, *sabe que sabe*. Daí a sua inquebrantável retidão no agir, como Platão nos tenta fazer crer, e sua inabalável certeza no pensar e no decidir em nome de todos o que é melhor para o todo e para cada um. E daí, também, a sua soberba epistêmica e enorme fragilidade.

A absoluta segurança ética do guardião desconsidera a possibilidade de que ele venha a se revelar falível, ou seja, passível de estar enganado no que acredita e, pior: *autoenganado*. E se o ponto mais alto da injustiça não for parecer que se é justo quando não se é, como faz a pessoa injusta de ilibada reputação? O hipócrita social, adepto da mendacidade, tem um rival à altura: o hipócrita interior, convicto da sua infalibilidade. E se o ponto mais alto da injustiça for acreditar sinceramente que *se é justo* quando, na verdade, *não se é*? For estar a tal ponto autossatisfeito e seguro das próprias ideias e certezas que elas deixam de ser pontos de vista e opiniões sujeitas à crítica e revisão para adquirir o estatuto de convicções inabaláveis e verdades definitivas?

O desejo de pensar bem de si mesmo tem raízes profundas na psique humana. E se o guardião, após décadas de uma educação por demais exigente, castradora e opressiva, acostumou-se de tal forma a ocultar dos outros o que sentia, a começar dos seus mestres e preceptores, que acabou por se acostumar a ocultar *de si mesmo* o que lhe vai pela alma? E se ele se engana sobre sua real motivação de modo que a sua "visão do Bem", ao fim e ao cabo, não passa de uma totalidade mística que é simples disfarce do gosto pelo mando, com toques de sadismo, e biombo da *libido dominandi* que o devora em segredo?

As certezas íntimas do hipócrita interior podem se

revelar inimigas tão perigosas da verdade e da justiça quanto as artimanhas e mentiras do pior hipócrita social. A crença na própria infalibilidade e na miragem de uma absoluta pureza moral é com frequência a antessala da perseguição aos heréticos, inconformados e "impuros". "Felipe II e Isabel, a Católica", como assinala o historiador dos costumes morais e filósofo político irlandês William Lecki, "infligiram mais sofrimento em obediência às suas consciências do que Nero e Domiciano em obediência às suas taras." A húbris epistêmica de Platão trai a lição socrática de que a sabedoria começa justamente quando se reconhece não saber o que se supunha sabido.

15

O ideal platônico reavaliado: conclusão

A alma guardiã se crê sábia e justa no mais alto grau, o que por si só gera suspeita sobre a validade da pretensão. Suponha, todavia, que ela o seja — *o que daí decorre?* Está ela então justificada a usar sua autoridade para uniformizar os costumes dos cidadãos nas coisas grandes e pequenas, punir desvios e fixar a seu gosto o modo de vida cotidiano de cada um? E o que acarreta o ideal platônico de perfeição humana para aqueles (raros) que o alcançam — quais os custos implícitos nessa forma de vida?

A ética platônica rejeita o conformismo da moral e religião arcaicas, mas cobra estrita conformidade às leis e normas por ela definidas. O temor de que os cidadãos comuns — como o Giges-pastor da fábula — não se mostrem à altura da responsabilidade requerida pela emancipação dos freios e inibições arcaicos, e de que isso conduza a uma situação de conflito e anarquia, leva Platão a projetar um regime ético-político radical: a utopia de uma ordem estável, igualitária e imune à corrupção reinante.

O caminho da "cura", no entanto, redunda no atalho de outra e não menos grave patologia, pois, como adverte com razão John Stuart Mill, "nenhuma sociedade em que a excentricidade seja objeto de reprovação pode estar numa condição sadia".

O resultado é a troca de uma camisa de força — a arcaica — por outra, de talhe constrito e racional: o desprezo pela liberdade de escolha como valor; o culto da padronização em prejuízo da originalidade na arte de viver; e o drástico estreitamento do campo aberto à experimentação e à expressão da individualidade na vida prática. A vertigem da ordem tradicional em decomposição dá lugar à claustrofobia de uma utopia distópica. (Não é à toa, diga-se de passagem, que a *República* foi acusada de ser "o mais selvagem e profundo ataque às ideias liberais que a história pôde mostrar", e que Platão chegou a ser incriminado pela origem e propagação de toda a linhagem de pensamento político que culminou no terror totalitário do século XX. Não é preciso, porém, chegar a tais extremos acusatórios, um tanto marcados pelo clima polarizado da Guerra Fria, para apreciar o que há de errado e perturbador em seu ideário.)

O ideal platônico é isomórfico: o que vale para o todo social vale mutatis mutandis para a psicologia individual. Ao controle exercido pela elite governante sobre as classes subalternas corresponde a exigência de um rigoroso domínio do intelecto racional sobre as camadas inferiores da mente. A uniformidade externa imposta aos cidadãos comuns tem como contrapartida a uniformidade interna a que se busca submeter a constituição da alma guardiã. Na psique individual, como no todo social, cada parte cumpre a função que lhe é pertinente. A simetria é exata.

No ideal platônico de perfeição humana o regramento da psique almeja neutralizar ao máximo — e, no limite, suprimir — a presença de elementos refratários e potencialmente disruptivos da soberania da razão, como as pulsões emotivas, as seduções dos sentidos e os afetos despertados por vínculos pessoais de alta voltagem. A abertura ao inesperado e a espontaneidade são inimigos a rondar e assombrar o reino da virtude (o sarcasmo de Sócrates ao comentar os reiterados arroubos eróticos de Gláucon e sua suscetibilidade aos acenos de Eros é sugestivo — o irmão mais velho de Platão jamais teria uma chance nas hostes guardiãs).

O grau de conformidade ética exigido é cabal. Ao guardião bem formado não basta atuar na pantomima da convivência pública e representar o papel de pessoa justa e proba no tablado, como todos indistintamente, justos ou injustos, se esmeram em fazer. O que antes importa é ser *regrado por dentro*: na intimidade do peito e nas dobras e pregas da imaginação, aonde a ameaça punitiva da lei e o receio da reprovação alheia não chegam, e onde a essência da alma, sem máscara ou finta, se esconde.

Debelados e "curados" na raiz, ou seja, no subsolo de uma psique purgada pela mais rigorosa assepsia, nenhum sonho ilícito aflora à tela da consciência e nenhum desejo inconfessável invade inoportuno o recinto da vida mental. No ótimo platônico, em suma, "a exuberância tropical brutamente caótica da vida interior" dá lugar à disciplina de jardim geométrico da alma guardiã — um vasto descampado, plácido, liso e retilíneo, adornado por canteiros e vigiado por guaritas. A uniformidade promovida ao máximo; a biodiversidade reduzida ao mínimo.

Quem é quem é? Ser e parecer. A vida em sociedade traz inestimáveis conquistas e benefícios, mas também impõe limites. Do camponês lídio e semibárbaro da fábula de Gláucon ao aristocrata ateniense pupilo da Academia e candidato a guardião, todo ser humano aprende a seu modo, desde que vem ao mundo, o que se espera dele: o que deve (ou não) ser dito e feito em público; o que pode ser exibido ou omitido do olhar alheio. "Todos os homens", como observa Adam Smith, "até mesmo o mais parvo e irrefletido, abominam a fraude, a perfídia e a injustiça, e se alegram em vê-la punida, [ainda que] poucos apenas tenham refletido sobre a necessidade da justiça para a existência da sociedade." Embora em graus variáveis de pessoa a pessoa, a distância entre o que se é de si para si, de um lado, e o que se aparenta ser socialmente, de outro, é parte incontornável da condição humana em sociedade.

O experimento mental do anel de Giges desestabiliza esse quadro. O poder de ficar invisível confere ao dono do anel a chance de anular a distância entre a *pessoa interna* e a *persona pública* por meio da neutralização do poder inibitório da sociedade. Graças a ele desaparecem as restrições impostas de fora pela ameaça de punição legal e retaliação moral dos demais. Inimputável pelos seus atos, o beneficiário do anel não precisa mais ocultar o que sente e deseja em sua conduta ou se ocupar em parecer distinto do que de fato é.

O Giges-pastor e o Giges-guardião representam respostas polares a essa possibilidade. O efeito do anel depende do tipo de pessoa que se é. A descoberta do anel permitiu ao pastor trazer à luz o que ia adormecido em sua alma. O resultado foi a anulação do hiato entre a pessoa interna, com seus desejos e fantasias de riqueza, sexo e poder, de um lado, e a persona pública, tolhida pelas leis e costumes a uma vida banal, de outro. A inimputabilidade deu margem à completa rendição e colonização da persona pública pela pessoa interna: o escape a céu aberto, sob o manto protetor da invisibilidade, da fera subterrânea que o habitava em segredo, com toda a sua carga de subjetividade caprichosa e paixões inconfessas.

O caminho inverso leva ao Giges-guardião. Moralizado até a medula pela formação implacável a que se viu submetido, a sua persona pública foi cultivada e internalizada a tal ponto em sua vida mental que o hiato entre ela e a pessoa interna se extingue. Imune às tentações da felicidade e prazeres mundanos, dotado de uma alma isenta de conflitos internos e impecavelmente transparente em tudo que pensa, sente e faz, o guardião não tem segredos (exceto, talvez, de si para si) porque ele não tem nada a esconder (exceto a "nobre mentira"). O poder inibitório da lei e da moral nada significa para ele porque sua pessoa interna — sua alma exemplarmente regrada — se tornou ela própria a encarnação da justiça (tal como ele a concebe). De que lhe poderia servir, portanto, o uso do anel? Com ou sem ele, *ele é quem é.*

O problema, contudo, é o que se perdeu no caminho. Pois, assim como a anulação da persona pública pela pessoa interna redunda no Giges-pastor — o usurpador adúltero e regicida da fábula —, a anulação da pessoa interna pela persona pública produz outro tipo de monstro, caracterizado por grave e ameaçadora deformação: a despersonalização do caráter.

Quem se é, não sendo ninguém em particular? Tendo erradicado da psique tudo que faz alguém ser alguém?

O IDEAL PLATÔNICO REAVALIADO: CONCLUSÃO

Tendo destruído, em nome da razão e da perfeita aderência aos ditames da justiça, qualquer vestígio de idiossincrasia, particularidade ou vínculo de natureza afetiva e pessoal? É a despersonalização do caráter, até onde ela pode chegar, que torna no limite indistinto para o Giges-guardião estar ou não visível. Ele paga com a destruição de sua humanidade a conquista de uma oca perfeição.

Fera ou monstro? O individualismo sem peias ou a supressão do indivíduo? Entre o Giges-pastor, com sua alma feroz e desregrada e com suas taras e delírios, de um lado, e o Giges-guardião, cioso da sua infalibilidade e bastião da justiça e da pureza moral, com sua subjetividade asséptica e uma pedra no coração, de outro, é difícil decidir qual deles representa maior ameaça ou infunde mais terror.

O desarme de um mal se cristaliza em outro — não menos temível que o primeiro. O ótimo platônico de perfeição humana, concebido em resposta ao Giges-pastor, deixa dramaticamente a desejar. O inumano não responde aos vícios, vilanias e vicissitudes do humano-demasiado-humano. O método platônico para liberar a pessoa de todo o mal por fim a libera dela mesma. Despersonaliza o caráter e torna deserto o solo da identidade. A solução é o problema.

"A mais segura caracterização da tradição filosófica europeia", resumiu certa feita o filósofo inglês Alfred Whitehead, "é a de que ela consiste numa série de notas de rodapé a Platão." Como toda caricatura acurada, a boutade tem um grão de verdade. A ideia de que a alma corrompida é o reflexo em letra miúda de uma sociedade cindida e corrupta, de modo que a salvação das partes depende da transformação estrutural do todo social, equivale à descoberta de um novo — e longe de inteiramente explorado — continente no mundo do pensamento.

Mas, se a solução oferecida por Platão ao desafio de Gláucon na *República* caducou, os problemas por ele levantados — e as diversas questões de ordem ética suscitadas pela conjectura do anel da invisibilidade em especial — não perderam urgência e atualidade. O anseio de uma vida plena em que ética e felicidade se deem as mãos incita a pensar. As respostas surgem e perecem; a busca permanece. E agora, Giges?

QUARTA PARTE

16
O reencontro de Giges e Candaules: diálogo dos mortos

Duas eternidades circunscrevem nosso breve espasmo de vida: o pré-nascer e o pós-morrer. Mas a atitude dos viventes frente à não existência pretérita e prospectiva — o pré-berço e o além-túmulo — é marcadamente assimétrica.

O fato de não termos vindo ao mundo mais cedo do que viemos — é fácil nos imaginar tendo nascido anos antes do nosso nascimento — não produz em nós um sentimento de tempo roubado ou de privação de possibilidades como acontece quando, compelidos a deixar o reino dos vivos, imaginamos os anos de vida e o futuro adjacente que nos serão sonegados. O tempo da nossa não existência pré-natal não nos induz a ocupá-lo e preenchê-lo em pensamento como o tempo após a morte (não importa como concebido) naturalmente nos incita a fazê-lo.

O ponto de vista dos mortos sobre os vivos frequenta o imaginário das mais diversas culturas, letradas ou não, e tornou-se um gênero literário definido no Ocidente desde a publicação, no século II d.C., da obra *Diálogos dos mortos*, do poeta satírico grego Luciano de Samosata, na qual os mortos remiram desde o Hades a morada dos vivos e revelam suas vaidades, astúcias e disfarces.

QUARTA PARTE

Nos *Novos diálogos dos mortos* — uma coleção de 36 diálogos curtos e ágeis publicada em 1683 — o ensaísta francês Bernard de Fontenelle retoma o trânsito imaginativo com a alma dos mortos e promove um reencontro do rei Candaules e seu guarda pessoal Giges, vinte e dois séculos depois do drama narrado (ou fabulado) por Heródoto [1 e 5].

No diálogo póstumo concebido por Fontenelle, o Candaules e o Giges de Heródoto conversam em tom ameno, como num *salon* parisiense seiscentista da mais refinada aristocracia, sobre os eventos que levaram ao assassinato do rei. A vida encarada da perspectiva dos mortos dá aos personagens um distanciamento e uma liberdade que lhes permitem em tese deitar fora as máscaras da vida comum, perceber o que antes não viam (ou ocultavam de si) e confessar lisamente o que foi e o que deixou de ser. A psicologia moral posta a nu.

As perguntas são muitas. Como interpretar o ocorrido? Se Candaules tivesse se dado conta da gravidade do risco a que se expunha ou pudesse antever o que lhe sucederia, certamente não teria feito o que fez. Mas por que fez o que fez? Por que desejava a tal ponto expor a rainha nua e vê-la venerada por alguém, Giges em particular? O que o teria tentado e motivado a exibi-la, não obstante o tabu da nudez entre os lídios? E por que a rainha, ao desvendar de imediato a trama (nem foi preciso confirmar a suspeita), reagiu como reagiu, ou seja, de maneira tão cruel e implacável? Poderia Giges ter contornado a tragédia depois do ultimato da rainha?

Mesmo mortos, Candaules e Giges se defendem, enquanto a rainha permanece sem nome e sem voz. Candaules está inconformado; quanto mais reflete, ele afirma, menos se convence da necessidade do crime que o vitimou. Giges, porém, rebate a insinuação e procura justificar-se: a rainha não lhe deu outra opção a não ser matá-lo para em seguida desposá-la. E, mais grave, ele logo se deu conta da real situação.

A ofensa ao pudor da rainha, sem dúvida, foi uma falta grave, mas não a ponto de justificar a violência da sua reação; ela poderia ter dissimulado a injúria sofrida e ter deixado o rei permanecer vivo, sem prejuízo da sua honra, se assim desejasse. Ocorre, no entanto, acrescenta Giges, "que ela estava farta de você e ficou extremamente feliz em ter um álibi honroso para livrar-se do marido". Quando se ama em excesso — se é que convém chamar de amor o sentimento do rei pela esposa —, é difícil às vezes dar-se conta de que já não se é amado como se foi um dia.

Candaules, não surpreende, rechaça a explicação. O seu erro, alega, foi não perceber que Giges pudesse estar mais encantado pela rainha do que ela farta dele: "Que tolo fui eu de não prever os efeitos da sua beleza sobre você; de tê-lo tomado por alguém mais honesto do que você provou ser". Na hora crucial de sua vida, nem a rainha nem Giges — e este, talvez, não menos que aquela em sua avaliação — revelaram ser quem o rei havia imaginado que fossem.

Se não chega a repelir a acusação do rei, a resposta de Giges desloca estrategicamente o rumo do diálogo. Que o rei se mostrasse arrependido do que fez é natural; mas ele deveria ao menos aceitar, argumenta, que a culpa do seu infortúnio não era senão dele mesmo. Ele se deixara arrebatar a tal ponto pela condição de marido de uma bela mulher que não suportara guardar sigilo.

A fatal indiscrição e o seu irreprimível desejo de expor uma temerária, injuriosa e secreta intimidade é que pediam explicação. "Ser indiscreto por conta de uma amante", debocha Giges, "não é algo incomum, mas por uma esposa! E que noções adoráveis as pessoas teriam do casamento se viessem a formar um juízo acerca do que ele é por aquilo que você fez!"

Como interpretar a indiscrição-estopim da tragédia? Examinando de perto o diálogo, duas possibilidades — não excludentes — se apresentam.

A primeira, como tenta de início justificar-se o rei, é a de um simples *extravasamento*: uma felicidade que não cabe em si. Como dar-se por satisfeito e carregar no peito uma felicidade imensa da qual ninguém é testemunha? Se os mais corajosos guerreiros almejam espectadores para os seus feitos, as pessoas felizes precisam igualmente ser vistas como tais a fim de coroar sua felicidade. A indiscrição fatal não teria sido mais que o sentimento imperioso de compartilhar a glória da dádiva conquistada. Daí a tentação de aliciar Giges como cúmplice daquele fabuloso tesouro em forma de mulher.

A outra possibilidade, menos enaltecedora, é a do *orgulho competitivo*. Se o orgulho é a convicção íntima (certa ou errada) do nosso próprio mérito, ao passo que a vaidade é a percepção (certa ou errada) da evidência do nosso próprio mérito aos olhos dos outros, Candaules padecia de um déficit de reconhecimento.

Mais que apenas extravasar sua felicidade, ele deseja corroborar, por meio da opinião de Giges, o seu próprio orgulho e afirmar-se diante dele como alguém superior a todos e, portanto, merecedor da sua mais irrestrita admiração e estima. Como ele mesmo reconhece, pressionado por Giges, "estou certo de que nunca exibimos aos outros a nossa boa fortuna sem causar neles algum tipo de injúria em que sentimos uma forte satisfação". Exibir a rainha nua significava para ele nada menos que a transpiração luminosa do mérito: *eis quem sou*. É o orgulho conjugado à vaidade em ação.

A confirmação do orgulho competitivo como motivo central da ação vem do próprio rei na conclusão do diálogo. Ao ser questionado por Giges sobre como ele, o orgulhoso marido, reagiria caso o amigo lhe dissesse que a visão da rainha parecera-lhe insípida, incapaz de justificar qualquer enlevo ou entusiasmo, Candaules responde: "Confesso que teria mortificado cruelmente o meu orgulho de marido; e por aí você pode ajuizar como o amor de uma bela mulher lisonjeia um homem de forma apreciável e a discrição é uma dificílima virtude". E, como a última palavra nos *Novos diálogos* cabe sempre ao Fontenelle moralizante, aqui não foi diferente. "Quando o orgulho se intromete nas questões de amor", sentencia Giges, "ele põe tudo a perder."

As circunstâncias revelam as pessoas. Se a morte iguala os desiguais, as contingências de uma vida trazem à tona as profundas diferenças na percepção do vivido: a súbita e inesperada distância entre pessoas que, estando tão perto, pareciam tão próximas. Quem é cada um aos olhos daqueles que mais lhe importam? Não na superfície do convívio, mas nos recessos da consciência e do peito? Entre o amor e o ódio, não raro, quase nada medeia.

QUARTA PARTE

Candaules traiu-se a si mesmo e foi duplamente traído. A rainha, se tivesse no coração um traço de afeição por ele, poderia tê-lo poupado da morte; é plausível supor que ela tivesse razões de sobra para desejar livrar-se dele. Giges, por sua vez, certamente podia ter evitado a tragédia fugindo de Sardes, com o auxílio do rei, depois de receber o ultimato; teve o intervalo de um dia antes do crime para isso.

Acreditando-se o primeiro entre os mortais, o rei queria ser tido como tal. Odiado, contudo, pela esposa a quem venerava, e traído pelo confidente no qual julgava poder confiar, ele viu o amor da sua vida e o amigo se unirem contra ele, como algozes, para executá-lo.

Candaules, ao que tudo indica, foi assassinado dormindo. Morre sem a menor noção de quem as pessoas mais próximas dele (ao menos em tese) de fato eram, assim como elas jamais souberam quem ele foi. A ilusão sobre aqueles de quem se imaginava mais íntimo foi a causa da sua tragédia.

O Candaules-defunto de Fontenelle dá-se conta, em retrospecto, do equívoco brutal de sua jornada pela vida. O Candaules de Heródoto, ao contrário, não teve essa chance. Não é difícil, todavia, imaginar um enredo paralelo, em tudo semelhante ao conhecido, exceto por uma diferença crucial: suponha que o rei tenha desistido a tempo da ideia de expor a rainha nua e que o dia fatídico não ocorreu.

Poupado do regicídio, é razoável supor, Candaules desfruta de uma vida longeva e sem sobressaltos. Chega ao fim dos seus dias acreditando (falsamente) no amor da rainha e na perfeita lealdade do seu guarda, depois general, Giges. Em nenhum momento suspeita que Giges foi amante da rainha por muitos anos. Sua vida não passou de uma farsa — uma triste e grotesca mentira —, da qual, porém, ele nunca tomou a menor consciência. O rei da Lídia, em suma, sentiu-se o abençoado dos deuses e o primeiro entre os homens até sua hora derradeira. Terá sido ele, então, *feliz*?

17

Os poderes e os limites do anel: *physis* e *nómos*

O Giges da fábula da *República* encontrou o anel de ouro no dedo de um cadáver. O corpo de tamanho anormal estava nu dentro de um enorme cavalo de bronze enterrado no solo. Quem era o antigo dono do anel? Como teriam sido sua vida e últimos dias? Em que circunstâncias ele foi parar onde estava — faleceu ou matou-se? São perguntas intrigantes, talvez, mas que nos levam a querer saber mais sobre a fábula do que nossa única fonte autoriza; somente um novo — e ainda mais caprichosamente fantasioso — diálogo dos mortos poderia arriscar a vã pretensão de tentar respondê-las.

O elemento de cuidadosa encenação dá à fábula um caráter enigmático. É mal dos enigmas, todavia, provocar e repelir o seu decifrar. Algumas inferências, não obstante, parecem plausíveis: o antigo dono do anel estava visível (isso é certo) e provavelmente sozinho no momento do óbito (a nudez é sugestiva). Além do mais, não deixou o anel como herança ou legado para outra pessoa, mas preferiu (ao que parece) ser enterrado com ele. A descoberta de Giges acontece por obra do acaso: um tremor de terra abre a fenda que lhe faculta o acesso ao cavalo. A curiosidade fez o resto.

OS PODERES E OS LIMITES DO ANEL: PHYSIS E NÓMOS

Seja como for, contudo, o fato decisivo é que o antigo possuidor do anel estava *morto*. Embora o talismã confira um extraordinário poder e faculte ao seu detentor viver como se fosse "um deus entre os homens", no dizer de Gláucon, ele não dá a prerrogativa da imortalidade. A imagem de um cadáver nu portando um anel, dentro de um mausoléu soterrado num pasto no interior da Lídia, sugere mesmo um quê de sinistro ou macabro na cena fabulada por Platão.

A distinção entre *physis* (termo grego equivalente ao latim *natura* e raiz de palavras como "física", "fisiologia" e "fisioterapia") e *nómos* (grego: "lei; convenção; costume" e raiz de "anomia", "isonomia" e "economia") ajuda a elucidar os limites e os poderes do anel. Abstraindo por ora a questão do uso substantivo do anel na vida prática, o que se pode (ou não) alcançar por meio dele nas relações com as coisas e as pessoas?

A *physis* designa o que é por si mesmo, independentemente de vontade ou escolha humana: o fluxo espontâneo da matéria e da energia no espaço-tempo; as regularidades do mundo natural; os automatismos do corpo e da biologia. O *nómos*, por sua vez, denota o campo das leis, convenções e normas humanas; os costumes, opiniões e percepções socialmente compartilhados por uma comunidade.

A senescência e a morte biológica, por exemplo, pertencem à *physis*; o modo como cada cultura lida com os idosos e os usos e costumes referentes à disposição dos mortos (sepultamento, cremação, antropofagia, embalsamamento etc.) são expressões do *nómos*. A fome, a sede e o desejo sexual fazem parte da *physis*; as diferentes formas por meio das quais buscamos saciar, regular e expressar socialmente essas pulsões pertencem ao *nómos* e refletem as normas e convenções vigentes. A digestão dos alimentos e o corpo nu são *physis*; a dieta e o pudor da nudez (ou sua ausência) são *nómos*.

Os automatismos da *physis*, como a gravidade ou a reprodução celular, são iguais em toda parte e invariantes no tempo, ao passo que as leis, convenções e regras morais do *nómos* admitem enorme variabilidade entre diferentes culturas e no curso da história.

O invariante no caso do *nómos* não é o teor das normas — pois nem mesmo interdições de amplo alcance como o incesto, o infanticídio e o canibalismo têm adesão universal —, mas o fato de que nenhuma sociedade reconhecivelmente humana prescinde de algum tipo de normatividade. Assim como, apesar da enorme diversidade das línguas, não existe linguagem sem gramática, de igual modo não há sociedade humana possível sem *nómos*, ou seja, um código moral amplamente compartilhado definindo o que é proibido ou permitido, obrigatório ou facultativo.

Entre os componentes da gramática de convivência inerente a toda sociedade humana, não importa o seu substrato ou colorido específico, encontram-se normas restringindo a violência e o homicídio, governando a divisão de afazeres e a distribuição dos bens e, ainda, regulando as relações entre os sexos e o tratamento de crianças, idosos e deficientes. Pertence ao domínio do *nómos* a existência de padrões de rigor ou de maior ou menor tolerância no cumprimento de promessas e na exigência de veracidade nas trocas verbais.

A diferença crucial entre *physis* e *nómos* está no modo

como nos relacionamos com eles. A *physis* é parte da ordem imutável das coisas. As leis naturais podem ser usadas e manipuladas em nosso benefício pela técnica, mas jamais subvertidas em sua essência: o avião desafia a gravidade medindo forças com ela ao decolar e, depois, servindo-se dela ao pousar; a engenharia genética se pauta pela estrita aderência às leis da biologia molecular; a fissão nuclear libera a energia latente nos átomos.

"A natureza é dominada obedecendo-se a ela", como observou Francis Bacon, o profeta renascentista da ciência a serviço da tecnologia. A pretensão humana de domínio, todavia, tem limites. A natureza ferida e desgovernada, como o aquecimento global, a desertificação e a frequência de eventos climáticos extremos revelam, só obedece a si mesma.

Com o *nómos* é diferente. As leis, normas e convenções da vida em sociedade são criações humanas e passíveis de crítica e subversão na sua essência. Práticas, usos e costumes considerados aceitáveis e legais no passado (como, por exemplo, a escravidão, a segregação racial, a prisão de homossexuais e a proibição do voto feminino) tornaram-se aberrações cruéis e escandalosas aos nossos olhos. É plausível supor, de igual modo, embora longe de garantido, que práticas e costumes correntes hoje em dia, em áreas como relações de trabalho, desigualdade de gênero e racial, trato de idosos, meio ambiente e direitos animais, serão vistos como aberrações éticas e até criminosas pelas gerações futuras.

Ao contrário das leis universais e imutáveis da *physis*, que não podem ser revogadas, alteradas ou desobedecidas, a possibilidade de criação, revisão e transgressão das regras é inerente ao universo do *nómos*. Fruto da liberdade humana e dos imperativos locais de sobrevivência e convivência; resultado longamente sedimentado dos acertos e desacertos da história e da experimentação amarga na busca de uma ordem justa e harmoniosa (ou, ao menos, não violenta), o *nómos* é parte da ordem mutável das coisas — para o bem ou para o mal.

À luz desse contraste, cabe então perguntar: *como fica o anel?* O que se pode — ou não — fazer de posse dele? O poder conferido pelo anel é agudamente desigual. Quase nulo frente à fatalidade das regularidades e leis inexoráveis da *physis*, porém radical no âmbito das normas, exigências e interdições do *nómos*.

O dono do anel, como qualquer mortal, não escapa da *physis*. A prerrogativa de ficar invisível não significa que o corpo (e tudo que ele implica) deixe de existir; significa apenas que ele deixou de refletir a luz. O anel amplia drasticamente o campo de escolha, mas em nada modifica a atuação das leis da *physis* nas relações do seu detentor com os objetos e ocorrências do mundo natural ou, ainda, com todos os demais seres vivos não humanos (exceto, eventualmente, permitindo a ele acercar-se de um animal arredio sem ser visto ou escapar ileso de um ataque feroz).

O mesmo se aplica ao corpo do proprietário do anel: o tempo fará dele o que faz de qualquer um. Como todo mamífero, ele está igualmente sujeito às enfermidades do organismo e às mutações celulares defeituosas; à ação de vírus e bactérias; à dor e ao prazer; à sonolência, ao sono e à insônia; e ao declínio e dissolução causados pela fuga irreparável dos anos. No devido tempo, se nenhum

OS PODERES E OS LIMITES DO ANEL: PHYSIS E NÓMOS

acidente, desastre natural ou doença incurável encurtar seus dias, ele não se furtará a descobrir-se às voltas com "o solene sentimento da morte que floresce no caule da existência mais gloriosa".

Inteiramente outra é a potência do anel na província do *nómos*. Se a *physis* não poupa e impõe limites, a invisibilidade detona um big bang de possibilidades ao introduzir uma radical desigualdade no universo das relações humanas.

Imune, se e quando lhe apraz, a toda forma de ameaça ou represália pelos seus atos, o dono do anel não tem por que deixar de agir, se assim desejar, por constrangimento externo ou temor de sanção penal. A posse do anel lhe faculta neutralizar todo o aparato de recompensas e punições artificialmente criado pela moral, instituições e leis humanas visando restringir o campo de escolhas e, entre outras coisas, proteger-nos da violência e injustiça alheias. Sem risco de flagrante, reprovação ou penalização, o balanço de custo-benefício das oportunidades de ação na vida prática e nas relações pessoais e afetivas se altera radicalmente.

A posse do anel instaura uma profunda disparidade de poder na interação humana. Ela reduz todos os que lidam com o proprietário do anel à condição de meios *potenciais* para os fins e as pretensões de um só. Como um tirano ou demiurgo, mas ainda mais inimputável e inatingível que eles, o dono do anel está apto a manipular as pessoas sem que elas sequer se deem conta do que efetivamente lhes sucede. Ele as torna incapazes de toda resistência de um modo tal que, mesmo frente às maiores provocações, abusos e violações de direitos, elas se veem impotentes para expressar o seu ódio, cobrar justiça ou fazer sentir os efeitos do seu ressentimento.

Embora sujeito às consequências naturais dos seus atos — pois, como adverte o bispo anglicano Joseph Butler, "os efeitos de uma carreira de prazeres dissolutos são com frequência mortais" —, o dono do anel está absolutamente isento, se assim desejar, de arcar com a responsabilidade pelas consequências humanas de suas ações e violações do marco moral e legal do *nómos*. Responde apenas a si.

Situações extremas são reveladoras. O anel multiplica os meios e oportunidades, mas não elege os fins. A liberdade para ser livre não predefine o que faremos dela. Imagine então, caro leitor, que por estranhos e inesperados caminhos o anel de Giges veio parar no seu (ou meu) dedo. E agora?

Pause e reflita por um momento nisto: o que *você* faria de posse do anel? Inimputável porém finito, respondendo apenas aos seus desejos e consciência, como você lidaria com o vertiginoso big bang de novas possibilidades? Que concepção da melhor vida povoaria os seus sonhos e guiaria os seus atos? O que a posse e o uso do anel revelariam a todos — e a você mesmo — sobre cada um de nós?

18

A natureza infinita do dever: Cícero e o anel

O cérebro dos mortos provoca, impregna e sacode o cérebro dos vivos. O Giges da *República*, inspirado por Heródoto, retirou o anel de um cadáver e usurpou o trono da Lídia. O estadista, advogado e filósofo Cícero retirou o anel de Giges da fábula de Platão e exortou os cidadãos e homens públicos da Roma republicana no século I a.C. a pautarem os seus atos por um inquebrantável senso de dever, digno da conduta esperada dos guardiões da *República*.

Principal estudioso, tradutor e propagador da cultura grega no mundo romano, Cícero ensinou a filosofia helenística a falar latim. São de sua lavra neologismos adaptados do grego e que se tornaram moeda corrente no léxico das línguas latinas, como, por exemplo, *evidentia*, *essentia*, *beatitudo* e *qualitas*. Sobre Platão, assinala Plutarco, Cícero declarou que, se Zeus viesse a falar um dia, ele usaria a linguagem dos diálogos. E, como as de Platão, suas incursões na política terminam mal: Cícero morreu decapitado por seus adversários ao ser capturado enquanto fugia às pressas de Roma numa liteira. Suas mãos decepadas ficaram expostas ao público na tribuna do fórum romano.

Em *De officiis* ("Dos deveres"), escrito no seu último

ano de vida, em meio à crise provocada pelo assassinato de Júlio César poucos meses antes, ele aborda basicamente três temas: o que é honroso ou justo em si na conduta humana (livro 1); o que é útil ou vantajoso para alguém na política ou nos negócios (livro 2); e, por fim, o que é nosso dever e obrigação fazer quando a ação justa conflita com o que nos parece ser mais vantajoso do ponto de vista pessoal (livro 3). O anel de Giges entra duas vezes em cena no terceiro ato do tratado.

Nem sempre o honroso e o vantajoso — o *bem* e o *bom* — convergem. Como lidar com as situações nas quais o que é certo, do ponto de vista ético, aponta um caminho, e o que é pessoalmente benéfico ou vantajoso, do ponto de vista dos nossos desejos e ambições, aponta outro?

A solução oferecida por Cícero é negar a existência da possibilidade de conflito: o bem e o bom, argumenta, estão sempre e necessariamente em uníssono. A suposta vantagem que eventualmente nos dê a impressão de conflitar com a ação justa e honrosa, bem examinada, não o é — ela não passa de uma *falsa aparência*.

"O vantajoso", ele afirma, "deve ser medido pelo padrão da retitude moral, e de um modo tal que as duas coisas, embora chamadas por diferentes nomes, tenham aos ouvidos o mesmo som e significado." A ocorrência do mal no mundo, portanto, resulta de um equívoco de percepção moral. O homem justo não se ilude com falsas vantagens nem com a opinião da maioria, mas reconhece a absoluta soberania do bem.

"É a compreensão falha dos homens maus que, quando se agarra a algo que parece vantajoso, considera-o de forma independente da questão do que é direito; aí têm origem os assassinatos, envenenamentos, testamentos burlados; daí os roubos, desvios de dinheiro público, saques e pilhagens de aliados e cidadãos; daí procedem, também, as intoleráveis usurpações da riqueza excessiva; e, por fim, mesmo em Estados livres, a ambição desmedida por poder soberano, em relação à qual nada se pode imaginar mais maligno ou ofensivo" (as reverberações do regicídio de César, ex-aliado político de Cícero e seu admirador, percorrem como um baixo contínuo as páginas do tratado — *Qui s'excuse s'accuse*, diria uma língua ferina).

Ter as mãos limpas, todavia, não é o bastante; é preciso ter a alma pura e um coração imaculado. A pessoa eticamente madura jamais hesita, calcula ou pensa por um momento sequer em sacrificar a honra a fim de obter algo que exija o sacrifício do dever moral. Pois, como ele frisa, "há ignomínia na própria hesitação, mesmo que não se chegue ao ato": o deliberar por si só evidencia desonra, uma vez que "se progredimos ao menos um pouco em filosofia devemos estar suficientemente persuadidos de que nada deve ser feito de forma gananciosa, iníqua, licenciosa ou irrefreada, mesmo se pudermos ocultá-lo de todos os deuses e homens".

E por essa razão, prossegue ele, "a estória de Giges foi introduzida por Platão". Se um homem sábio "estivesse de posse do mesmo anel, ele não se consideraria mais livre para fazer o que é errado do que se não o possuísse. [...] Para tal homem, nada poderá parecer proveitoso se não é honorável, e ele não ousará sequer pensar, quanto mais fazer, qualquer coisa que não ouse proclamar". Se ele tivesse o dom, por exemplo, de com um estalar de dedos inserir seu nome sub-repticiamente nos testamentos dos maiores ricaços de Roma, ele jamais o faria, não obstante estar a salvo de suspeita e mesmo que doasse cada centavo às mais nobres causas humanitárias.

Cícero rechaça a crítica de filósofos rivais — presumivelmente da escola epicurista, adepta do hedonismo — de que a fábula de Giges não passa de "uma estória imaginária e fictícia contada por Platão", uma fantasia inexequível e, portanto, sem relevância.

O significado e "a força do anel", contrapõe ele, não dependem do grau de realismo da fábula, mas do que ela implica: "se ninguém pudesse vir a saber, se ninguém chegasse mesmo a suspeitar quando você fizesse algo por causa de riqueza, ascendência política ou lascívia; se isso ficasse para sempre ignorado tanto dos deuses como dos homens — *você então o faria?*". O caráter hipotético da conjectura em nada reduz a pertinência da pergunta. Recusar-se ao desafio, Cícero dá a entender, é índice de vacilo ou pior. Uma resposta à questão se impõe.

Mas ao encurralar os que se negavam a responder, exigindo-lhes uma definição clara, Cícero reduz os termos da situação proposta a um dilema drástico com duas — e somente duas — alternativas polares e excludentes de resposta.

A disjuntiva oferecida por ele é: "se eles afirmam em resposta que, dada a presumida impunidade, eles fariam o que é vantajoso, então admitem que são desonestos; se eles negam isso, então concedem que tudo que é desonroso deve ser por sua própria conta evitado". *Zero* ou *um*. Assim como a possibilidade mesma de conflito entre o moralmente certo e o vantajoso é negada a priori, não obstante toda a experiência da vida comum, de igual modo a honestidade e a virtude, segundo a ética de Cícero, são atributos que não comportam gradação. Ou *se é* justo ou *não se é*.

O ideal de virtude ciceroniano, não é exagero dizer, fortemente influenciado pela filosofia estoica, sobrepuja o platônico no quesito rigorismo. Ele não depende de uma férrea e abrangente formação prévia, como no preparo dos guardiões da *República*, e nele não há espaço sequer para a "nobre mentira". A virtude sozinha e por si mesma, à revelia de qualquer consideração sobre o acesso a bens externos como saúde, segurança e conforto material, ou sobre as vicissitudes e bem-estar dos que nos cercam, é a condição necessária e suficiente para uma vida feliz. A serenidade da alma justa (*ataraxia*), fruto de uma virtude sem mácula, é só o que importa.

Como entender a ética ciceroniana? O que lhe permite negar categoricamente que o bem e o bom possam divergir? O que sustenta a convicção de que a virtude e a justiça não admitem graus de comprometimento, mas são valores supremos e incomensuráveis em relação a todos os demais?

O princípio básico subjacente ao rigorismo ético de Cícero é a crença, originária do estoicismo grego do século III a.C., de que a natureza (*physis*) tem uma origem racional e divina e, o que é decisivo, existe uma ordem natural do universo que é dotada de poder normativo e estabelece o padrão de certo e errado e de bem e mal no campo da ética. O dever supremo do estoico é guiar--se fielmente por essa ordem e, em todas as suas ações, "seguir a natureza" (*naturam sequi*).

Ao infringir os ditames da ética, portanto, o indivíduo não viola apenas uma norma subjetiva ou mera convenção humana (*nómos*), mas desobedece às leis eternas, divinas e racionais do cosmos, ou seja, padrões de conduta dotados de uma validade objetiva e sancionados por uma ordem harmoniosa, benéfica e imutável. Daí que, como Cícero afirma reiteradamente no *De officiis*, "os homens subvertem o próprio fundamento da natureza quando dissociam o vantajoso do que é moralmente certo". Os desvios morais, em suma, infringem a ordem cósmica. Nada menos.

Seguir a natureza? Ora, de duas uma: ou a recomendação é *tautológica* ou ela é *absurda*. Do passo de frevo ao pouso lunar, todas as ações humanas, sem exceção, obedecem às leis naturais da matéria no espaço-tempo; deixar de seguir a natureza não existe como opção. O preceito é irrecorrível.

Por outro lado, e daí o absurdo, o que é o processo civilizatório senão o empenho da humanidade em de alguma forma domar a natureza a fim de satisfazer suas necessidades e fantasias e, ao mesmo tempo, fixar regras de convivência que nos permitam transcender à condição puramente natural dos nossos ancestrais primatas? A civilização romana, entre outras, com seus aquedutos, termas e jurisprudência, expressa justamente esse empenho.

O estoicismo projeta *o seu ideal* de virtude na "ordem natural" e passa a nos querer persuadir da existência de um caminho que a própria natureza (*physis*) — e não as leis e normas humanas (*nómos*) — nos aponta com o dedo: uma forma de vida que teríamos o dever sagrado de trilhar. O estoico reimagina a natureza ao seu feitio, atribui-lhe uma autoridade suprema e passa a exigir de todos a mais estrita aderência aos seus preceitos. E pior:

tudo como se os estoicos tivessem, por alguma razão inexplicada, acesso cognitivo privilegiado aos desígnios do universo a que pertencemos. Eis aí o que se poderia chamar, sem muito exagero, de uma desonesta, não obstante inocente, pretensão de saber.

E, por fim, não deixa de ser sintomática a discrepância entre vida e obra. Embora em menor grau que Sêneca — o filósofo estoico que se serviu da condição de tutor do jovem Nero para se tornar o homem mais rico de Roma —, o contraste entre a pregação ética rigorista, de um lado, e a carreira política de Cícero nos estertores da república de outro, salta aos olhos.

Entre outros episódios nebulosos, além do endosso do regicídio de César ex post facto, Cícero foi o líder da campanha de acusação que culminou na execução, sem direito a julgamento, do grupo de seu antigo rival, Catilina, acusado de conspiração. "Aos intelectuais que viram políticos", observa Nietzsche, "um destino cômico costuma estar reservado: eles se tornam a boa consciência de uma política de Estado." Não fosse pelo trágico desfecho da morte violenta, a trajetória do autor de *De officiis* serviria como ilustração exemplar do prognóstico.

19

O andarilho solitário prova o anel: Rousseau

A sós ou junto a interlocutores; lendo, conversando ou flanando: o pensamento é um diálogo que a alma tem consigo. Uma coisa, porém, é pensar o que *os outros* fariam de posse do anel de Giges — como provavelmente agiriam ou deveriam agir. Outra, muito distinta, é pôr o anel no próprio dedo. É perguntar-se: *o que eu faria com ele?* Foi o que se propôs a fazer o filósofo francês e "cidadão de Genebra", Jean-Jacques Rousseau, em sua derradeira (e inacabada) obra, *Os devaneios do caminhante solitário*, publicada em 1782, quatro anos após sua morte.

O conflito entre as condutas socialmente cobradas e a realidade psíquica interna; o hiato entre as máscaras da vida em sociedade e o rosto verdadeiro; a fenda entre o que sabemo-nos ser e o que permitimos que saibam sobre nós — o tema percorre como uma linha mestra não só o arco do pensamento rousseauniano, mas o desenrolar de sua vida. As incursões dissonantes e acidentadas de Rousseau nos ambientes de refinado requinte, minuciosa polidez e ardiloso exibicionismo das elites parisienses no ocaso do Antigo Regime deixaram cicatrizes profundas em sua obra e personalidade.

Dotado de uma sensibilidade aguçada e quase patológica à opinião alheia, como se as pontas dos nervos vivessem em estado de alerta vermelho às mais sutis manifestações de status, desfeita ou arrogância, Rousseau sempre oscilou entre os prazeres da solitude e as tentações da sociedade: ora se isolando de todo convívio em vilarejos remotos e refúgios campestres à procura de harmonia e paz de espírito; ora retornando esperançoso ao *beau monde* dos salões, falsidades e intrigas na capital do iluminismo europeu.

Se o horror da fogueira de vaidades, o desprezo pela hipocrisia e a decepção com os amigos (não raro infundada, embora por vezes justificada) impeliam-no à solitude e à fuga para a vida bucólica, o tédio do isolamento, a ociosidade e a abstinência de contato humano impeliam-no de volta ao picadeiro social renegado. A oscilação do pêndulo foi nota constante em sua busca de equilíbrio.

Os *Devaneios* representam a terceira tentativa de Rousseau, depois das *Confissões* e de *Rousseau juiz de Jean-Jacques*, de passar sua vida a limpo. Mas com uma diferença crucial. Ao contrário do que ocorre nas obras anteriores, nas quais prevalece o tom de autojustificação frente aos desvios morais, falsas acusações e mal-entendidos associados à sua pessoa, nos *Devaneios* o propósito declarado de Rousseau não é acertar contas com o passado nem com seus detratores, mas buscar o autoconhecimento de maneira honesta e serena, sem intenção alguma de defender-se ou explicar-se aos olhos do público.

O tempo e a experiência amarga, ele afirma, tinham lhe mostrado que o "conheça-te a ti mesmo" preconizado pelos sábios gregos não era "um preceito tão fácil de ser seguido como eu havia acreditado em minhas *Confissões*".

E mais: "os motivos básicos e reais da maior parte das minhas ações não são tão claros para mim como por longo tempo supus". Com o saber cresce a dúvida.

Divididos em Dez Caminhadas ou passeios campestres, os *Devaneios* registram em forma de diário íntimo as conversas do filósofo com a própria alma. "Eis-me aqui, sozinho na Terra, sem mais contar com irmão, vizinho, amigo ou sociedade a não ser eu mesmo." Ao abrir o diário, na Primeira Caminhada, Rousseau se diz enfim resignado à condição de absoluto isolamento. Acolhe o destino de pária do convívio social e declara bem-vinda a radical solidão que lhe permite pesquisar botânica e dedicar-se sem risco de interrupções aos seus mergulhos introspectivos. O anel de Giges alcança a imaginação e a mão do filósofo na Sexta Caminhada.

Rousseau não aborda o desafio do anel com as antenas de uma fria curiosidade, em terceira pessoa, como um exercício acadêmico. Enfrenta-o como questão pessoal. "Se eu tivesse possuído o anel de Giges", reflete, "ele me teria feito independente dos homens e os teria feito dependentes de mim. Eu com frequência especulei, em meus castelos no ar, como teria usado esse anel, visto que num caso assim o poder será forçosamente seguido de perto da tentação de abusar dele."

Em momento algum Rousseau imagina que o anel deveria deixá-lo na mesma do ponto de vista ético, como se o fato de tê-lo em sua posse não fizesse — ou não devesse idealmente fazer — a menor diferença no seu modo de ser e agir; longe dele a fantasia de que o anel em nada modificaria o seu comportamento na vida prática, como nos ideais de perfeição do guardião platônico ou do homem público ciceroniano. A mudança, ele realisticamente antecipa, *virá* — mas de que modo? Em que direção?

O primeiro giro do anel é todo feito de bondade. "Apto a satisfazer meus desejos, capaz de fazer qualquer coisa sem ser enganado por ninguém", pergunta ele, "o que eu poderia ter desejado de modo consistente?" E responde: "Uma coisa apenas: ver todo coração satisfeito; a visão da felicidade geral é a única coisa que poderia ter me dado uma satisfação duradoura, e o desejo ardente de contribuir para ela teria sido a minha mais constante paixão. Sempre imparcialmente justo e inabalavelmente bom, eu teria de igual modo me resguardado contra a desconfiança cega e o ódio implacável, porque, ao ver os homens como eles são e lendo os seus pensamentos mais ocultos sem dificuldade, eu teria encontrado poucos que seriam dignos de suficiente estima a ponto de merecer meu afeto pleno e poucos que seriam odiosos o bastante para merecer o meu ódio".

O único — e singelo — desvio nesse idílio introdutório, sua primeira aproximação da prova do anel, é a admissão de que, "talvez em momentos de maior ligeireza, eu teria tido o impulso infantil de fabricar um esporádico milagre, mas, sendo de todo desinteressado e obedecendo apenas às minhas inclinações naturais, eu teria realizado inumeráveis ações piedosas ou equânimes para cada ato de justa severidade". Praticar o bem sem receio da incompreensão alheia e corrigir as injustiças que sempre o atormentaram sem cuidar de mais nada seriam suas únicas preocupações.

Até aqui o Rousseau pio e injustiçado; nada além do éthos das *Confissões*, onde ele frisa a sua essencial bondade e inocência — "meu amor ardente por tudo que é grande, verdadeiro, belo e justo, meu horror a todo tipo de mal, minha absoluta incapacidade de odiar, ferir ou até mesmo pensar nisso" —, não obstante a interminável sucessão de mal-entendidos e calúnias de sua vida pregressa, além dos ocasionais (porém sempre dignos de perdão) deslizes. Alguns passos adiante, todavia, a dúvida se instala. Ao girar outra vez o anel no dedo, Rousseau desbrava um território genuinamente novo em sua alma — e deixa um enigma no ar.

"Existe um só ponto", prossegue ele, "em que a minha habilidade de ir a toda parte inobservado poderia ter me colocado diante de tentações às quais eu teria considerado difícil resistir, e, uma vez que tivesse me extraviado por esses caminhos de perdição, até onde eles não teriam me conduzido?"

A resposta não dá margem a dúvida: "Seria mostrar enorme ignorância da natureza humana e de mim mesmo jactar-me de que tal oportunidade não teria me levado ao extravio ou de que a razão teria me interrompido nesse caminho descendente. Eu poderia estar seguro de mim mesmo a respeito de tudo mais, mas isso seria a minha ruína. O homem cujo poder o situa acima da humanidade precisa ele próprio estar acima de toda fraqueza humana ou esse poder excessivo servirá apenas para afundá-lo abaixo dos seus companheiros e abaixo do que ele mesmo teria sido se permanecesse um igual". A voragem do descenso entrevisto precipita a decisão de não se expor ao risco. "Tudo considerado", ele afinal conclui, "penso que o melhor é jogar fora meu anel mágico antes que ele me faça cometer algo tolo."

O ANDARILHO SOLITÁRIO PROVA O ANEL: ROUSSEAU

Quanta verdade suporta a alma de cada um? A diferença entre escrever sobre os outros e sobre si reside no fato de que, ao escrevermos sobre nós mesmos, não somos capazes de escrever nada que seja mais verdadeiro do que nós mesmos somos: a escrita tem a estatura do autor e a medida do seu compromisso com a veracidade. Nos *Devaneios*, Rousseau desce ao chão de si mesmo e cresce no intento de "consagrar a vida à verdade" (como no verso de Juvenal que ele adota como lema).

"Os nossos malfeitos", afirma La Rochefoucauld, "são facilmente esquecidos quando somente nós mesmos sabemos deles." Será? A decisão de Rousseau de descartar o anel — supondo, é claro, que ele a cumpriria caso a oportunidade surgisse — aponta na direção contrária. Outro exemplo é a confissão voluntária feita pelo ateu Raskólnikov, no *Crime e castigo* de Dostoiévski, motivada pela culpa e angústia que passam a atormentá-lo após o assassinato, sob rigoroso sigilo, da velha agiota e sua irmã.

Se o poder conferido pelo anel tem o dom de neutralizar, por um lado, o efeito cerceador das normas sociais, morais e legais (*nómos*), ele não anula, por outro, o efeito inibidor exercido pelos nossos sentimentos morais (como a vergonha e a culpa em face de algum ato contemplado) e pela ação moduladora da consciência moral (nossos juízos e crenças sobre o que é certo e errado, aceitável ou inadmissível, na convivência humana). Como a experiência de Rousseau com o anel revela, o *nómos* externo tem uma contrapartida, mais ou menos internalizada e operante em cada um de nós, na rede de crenças e de emoções constitutivas da nossa psicologia moral e da arquitetura da alma.

20

A lacuna de Rousseau e o paradoxo do diário íntimo

Um registro veraz do que nos vai pela alma requer mais que sinceridade ou franqueza; requer trabalho, autodisciplina e, sobretudo, coragem moral: a disposição de cavar e de pensar impessoalmente sobre o que decorre em nosso mundo mental, sem nos deixarmos levar pelo eventual proveito ou reconforto, deleite ou incômodo, inconveniência ou horror de alguma constatação. Os limites do intento, todavia, são claros.

"Tudo que comunicamos a outro indivíduo", nota o filósofo alemão Georg Simmel, "ou por meio de palavras ou, talvez, de outra maneira — mesmo nos mais subjetivos, irrefletidos ou íntimos assuntos — é uma seleção de um todo psicológico real cujo relato absolutamente exato em termos de conteúdo e sequência nos conduziria a todos ao asilo de loucos." O indivíduo, no caso, não precisa ser outra pessoa; pode ser cada um a sós consigo. Aquém do hospício (preferencialmente), o compromisso com a veracidade, o discernimento e o grau de acuidade do relato fazem a diferença.

A guinada no argumento da Sexta Caminhada dos *Devaneios* dá o que pensar. O desejo de ser bom e fazer unicamente o bem do primeiro giro do anel, não há por que duvidar, é real; mas ele não está só. Embora cuidadoso ao extremo em nada revelar sobre o teor das tentações que o levam a deitar fora o anel, Rousseau deixa clara a gravidade das sombras e ameaças que lhe vão pelo subsolo da consciência e, não menos relevante, em nenhum momento superestima a capacidade de resistir com êxito ao seu apelo frente à inimputabilidade que o anel proporciona. Se Ulisses se prende ao mastro, Rousseau se livra do anel a fim de não sucumbir ao canto de inominada sereia.

O enigma, entretanto, não se desfaz: qual a natureza do abismo que o fez tremer e recuar? O que, afinal, teria perturbado a tal ponto o andarilho solitário? Nenhuma pista ou palavra. Por que tamanha reticência em momento tão agudo? A lacuna interroga o leitor.

Rousseau trabalhou por quase dois anos nos *Devaneios*: dois meses e meio em média por caminhada. Para além da autobiografia confessional, que tem um olhar retrospectivo, o gênero literário *diário íntimo* desfruta de um peculiar poder de aliciamento. Ele dá ao leitor a sensação excitante de privar, como que em tempo real, do que vai pela mente do autor a sós consigo e de ser chamado a penetrar, como um intruso incógnito ou um Giges da subjetividade alheia, numa zona confidencial de completa autenticidade.

O autor dos *Devaneios* vai mais longe. Ele procura reforçar ao máximo esse efeito aliciador ao frisar que não visa jamais publicá-los: que não os redige para ninguém mais exceto ele mesmo, e que o faz tendo em vista somente o seu uso pessoal, como forma de clarear os pensamentos e como registro de uma etapa de sua vida a ser revisitada na extrema velhice.

QUARTA PARTE

"Estas páginas", ele avisa na Primeira Caminhada, "não serão mais que um relato disforme dos meus devaneios. Eu mesmo figurarei muito nelas, visto que uma pessoa solitária inevitavelmente pensa muito sobre si mesma. [...] O meu projeto é como o de Montaigne, mas o meu motivo é inteiramente distinto, uma vez que ele escreveu os seus ensaios somente para que os outros os lessem, ao passo que eu estou escrevendo os meus devaneios somente para mim mesmo."

O intuito declarado é cristalino, mas será crível? Aceitemos de início, para efeito de raciocínio, a alegação de Rousseau sobre o caráter estritamente privado do diário. Se verídica, ela torna ainda mais enigmática e intrigante a absoluta reticência mantida em torno da natureza das tentações que o assombraram ao provar o anel.

Por que, então, furtar-se a nomear as motivações diante das quais sua razão se mostrava impotente como um feriado cristão na vida de um inseto? Como explicar a recusa em minimamente examinar o teor específico daquilo que julgava mais torpe, desprezível e irrefreável em sua alma? Se o ideal do autor dos *Devaneios* é "consagrar a vida à verdade"; e se o seu alvo é sobretudo buscar o autoconhecimento sem trégua, o silêncio berra.

Rousseau tinha plena ciência, isto é certo, das tentações que o fizeram recuar e por fim rejeitar o anel; não fosse esse o caso, não haveria por que fazê-lo. Ao mesmo tempo, contudo, ele cuidadosamente se esquiva de nomeá-las. Por quê? Vergonha de exibi-las ao olhar alheio? Pudor moral de desnudar-se em público e expor sem evasiva a alma discordante que a vida lhe deu, com sua ânsia genuína de bondade (como ele, aliás, não hesita em desfiar), mas também com suas cóleras homicidas, ódios de iconoclasta e taras recalcadas (como podemos vagamente suspeitar)? Ora, se o diário tem um caráter estritamente privado e Rousseau o escreve para si mesmo apenas, seguro de que nunca será impresso, a hipótese não faz sentido: o olhar alheio não existe.

Seria, então, o pudor de si mesmo? De pôr em palavras o que mais lhe repugna em seu psiquismo? Ora, ele sabe com precisão do que se trata; ninguém melhor que ele conhece o teor das pulsões e do descenso a que o diário alude. E mais: sempre que porventura reler essa passagem do texto, ele irá recapitular vivamente as tentações inominadas. Deixar simplesmente de nomeá-las não elimina a sua realidade nem anula a consciência — ao que tudo indica, aguda — que ele tem delas. É como alguém que se desse ao trabalho de anotar num bloco de memorandos: *preciso a todo custo esquecer disso*. A hipótese do pudor de si, como a do olhar alheio, não se sustenta.

Organizar as ideias; tomar pé da realidade interna; registrar fatos e pensamentos no calor da hora; extravasar o indizível: a ideia de um diário íntimo estritamente privado, escrito apenas e genuinamente para o seu próprio autor, é sem dúvida coerente. Exemplos não faltam. A nota discrepante é a declaração expressa, nas páginas desse mesmo diário, de que o intuito do autor não é outro senão reservar a leitura do texto exclusivamente a ele próprio, sem nenhuma pretensão de torná-lo público em tempo algum.

Por que alguém diria isso? Por que escreveria: "eu não escrevo isso para ser lido por ninguém exceto eu mesmo"? A quem se dirige ou endereça o aviso — ao autor? Nada mais ocioso e desnecessário. Ao eventual leitor? Contraditório. A declaração desmente o declarado. É como afirmar-se desacordado ou inconsciente em prosa concatenada. Não para em pé.

Rousseau, é verdade, não está sozinho. O narrador das *Memórias do subsolo* de Dostoiévski, por exemplo, esbarra em idêntico paradoxo ao assegurar primeiro que "escrevo somente para mim mesmo" e, logo em seguida, procurar desfazer a impressão de estar se dirigindo a uma audiência ("isso me torna mais fácil escrever") antes de, por fim, garantir: "jamais possuirei leitores". Já o *Meu coração a nu* de Baudelaire, fruto da intenção declarada do poeta (em resposta a um desafio proposto por Edgar Allan Poe) de confessar o inconfessável e de *publicar* o impublicável, passa ao largo desse artifício retórico — e do falso acorde.

O caso dos *Devaneios*, entretanto, tem aspectos singulares. Rousseau se escusa e justifica de antemão (aos olhos de quem?) por figurar em demasia no texto; propõe um contraste entre o seu projeto e o de Montaigne, dando a entender que evitará o "olho no público" e a "falsa sinceridade" deste; e, para coroar, realça o caráter "disforme" do diário, o que é desmentido não só pelo evidente cuidado do estilo, mas pelo fato de que as três últimas caminhadas estavam apenas rascunhadas (e a décima incompleta) quando a morte o alcançou. "Toda a minha vida", registra o filósofo numa anotação encontrada ao pé do manuscrito, "tem sido pouco mais que um longo devaneio dividido em capítulos pelas minhas caminhadas diárias."

Tudo considerado, portanto, é altamente plausível supor que a alegação de Rousseau sobre o caráter privado do diário pertença, na verdade, ao formidável arsenal retórico que ele mobiliza visando afastar a suspeita de falsa sinceridade e aliciar a cumplicidade do leitor. E isso, por sua vez, sugere que o eloquente silêncio em torno das tentações que o conduzem ao abismo do anel tem, sim, um elemento de pudor moral frente ao olhar e ao juízo alheios. A evasão faz as vezes de biombo de uma vexatória nudez.

Mas isso ainda não é tudo, pois, em se tratando de Rousseau, há sempre uma última e imprevista virada — e os *Devaneios* não fogem à regra. Se a lacuna enigmática deixada por ele reflete, por um lado, o natural pudor de desnudar-se em público, ela ao mesmo tempo funciona como um poderoso instrumento provocador: como uma arma capaz de sutilmente cutucar o leitor e de estimulá-lo a imaginar-se na situação e na pele do autor do diário. Premeditado ou não, fruto da astúcia ou filho do acaso, o efeito do recurso à evasiva não é menos real.

Como a imagem do "canto das sereias" homérico, que se presta à evocação das mais variadas miragens e seduções da vida mortal, a lacuna deixada por Rousseau ao provar e rejeitar o anel atiça o pensamento e clama por ser preenchida. Quase sem se dar conta, o leitor é instado a refletir e indagar-se: mas o que pode tê-lo assombrado, ao bom e pio Rousseau, a tal ponto? E como eu preencheria o *insert*, o colchete vazio, *no meu próprio caso*? Ou estarei tão seguro de mim mesmo que nada, nem mesmo o exorbitante poder do anel, mexeria comigo ou abalaria minha inquebrantável firmeza? A imaginação odeia o vácuo. O vácuo incita a imaginação.

QUINTA PARTE

21

A queda judaico-cristã e o Sermão da Montanha

Húbris e nêmesis. A queda é onde tudo começa. A vida no paraíso judaico-cristão desconhecia o bem e o mal; ignorava, portanto, a vergonha e a culpa.

Antes da queda, Adão e Eva andavam nus pelo Éden sem sentir vergonha. Mas, ao violar a interdição divina e provar o fruto do conhecimento do bem e do mal, "os olhos de ambos se abriram e eles souberam que estavam nus" (Gênesis, 3:7). Quando Deus se aproxima, Adão se esconde entre as árvores; quando Deus o chama, ele responde: "Ouvi o som dos seus passos no jardim e tive medo porque estava nu, por isso me escondi". E Deus: "Quem lhe disse que estava nu? Você comeu da árvore da qual eu lhe proibi de comer?" (3:10-11). O pudor da nudez denuncia o primeiro casal aos olhos de Deus. O cuidado em ocultar o ato delata a má consciência. A vergonha trai a culpa.

A expulsão do Éden tem um caráter preventivo. As árvores interditas por Deus eram duas: a do saber e a da vida, capaz de conferir a imortalidade. Adão e Eva desafiaram a autoridade divina e fruíram a ciência do bem e do mal, mas a punição que sofreram não visava reparar a ofensa já cometida.

O propósito da pena era antes prospectivo: impedir que viessem a repetir a audácia e assim rivalizar com Deus no dom da vida imortal. A quebra de confiança inoculou a dúvida na mente divina: "Eis que o homem se tornou como um de nós, capaz de conhecer o bem e o mal; e se ele agora estende a mão, toma o fruto da árvore da vida, come-o e vive para sempre?" (3:22). O precedente fez as vezes de alarme. A petulância ensejou um basta.

Diante do risco iminente, a expulsão se consuma. Se Prometeu pagou pelo fogo surrupiado dos deuses do Olimpo com o tormento das vísceras devoradas por abutres, o preço do saber furtado pelo casal bíblico recaiu não só sobre eles, mas sobre toda a posteridade e o mundo natural. É a partir da queda que, segundo o mito judaico-cristão, dois flagelos passam a atormentar a existência humana: o sobreviver precário, à custa do trabalho duro e do suor sem trégua, e o procriar aflito, assolado pelas dores do parto.

Ciente da sua condição mortal, dotada de uma vontade livre e apta a discernir entre o bem e o mal, a prole de Adão e Eva herda o legado da húbris do primeiro casal: a vergonha do corpo e a culpa da alma pecadora; a natureza externa decaída e a natureza interna cindida. Enganar a Deus, que tudo vê? Vã presunção: "Porque os Meus olhos estão sobre todos os seus caminhos; ninguém se esconde diante de Mim, nem se encobre a sua iniquidade aos Meus olhos" (Jeremias, 16:17). O infortúnio da queda — berço da ética judaico-cristã — inaugura o drama humano.

A palavra "bíblia" significa "livro" em grego. A Bíblia cristã, porém, é mais que um só livro; ela é um compósito ou coleção de livros heterogêneos: uma pequena biblioteca em si mesma.

A QUEDA JUDAICO-CRISTÃ E O SERMÃO DA MONTANHA

A exegética do "Livro dos livros", por sua vez, deu margem a uma vastíssima e inesgotável proliferação de outros livros. "Os volumes de intérpretes e comentadores do Antigo e do Novo Testamento", observa John Locke, "são provas manifestas de que, mesmo que tudo que esteja dito no texto seja infalivelmente verdadeiro, não obstante o leitor pode ser, ou melhor, não pode deixar de ser senão deveras falível no entendimento dele." Um grande livro condena uma legião de outros livros a interpretá-lo.

Enorme lapso de tempo e um abismo cultural separam a composição da Bíblia dos hebreus (ou Antigo Testamento, como veio a ser chamado pelos cristãos), escrito em hebraico e aramaico entre os séculos XII e II a.C., do Novo Testamento, escrito em grego na segunda metade do século I d.C.

Enquanto as escrituras hebraicas cobrem a criação do mundo e dois milênios da saga dos povos e religião judaicas, com seu Deus irascível e narrativas heroico--proféticas, o Novo Testamento cobre os eventos do século marcado pelo início da era cristã, com seu Deus misericordioso e um foco quase exclusivo na paixão, morte e ressurreição de Jesus. A distância que separa o universo dos dois testamentos — literária, ética, espiritual — não é menor que a das línguas em que foram escritos.

Todo começo é frágil. A dissidência religiosa liderada por Jesus irrompe no seio de um judaísmo em crise, dividido em seitas rivais e desgastado pelo excessivo apego a uma obediência ritual e um formalismo ético-religioso vazio, carente de espiritualidade, segundo a ótica dos primeiros cristãos.

QUINTA PARTE

A pregação de Jesus — ele mesmo um judeu, descendente de Abraão e Davi, segundo a genealogia de Mateus (1:17) — se endereçava aos seus confrades judeus da Galileia, que provavelmente o viam como pertencendo a uma longa tradição de críticos internos e reformadores da religião judaica. A denominação *cristo* (grego: "ungido; eleito") ou *messias* (hebraico: idem) associa Jesus à figura do profeta redentor que, como fora profetizado no Antigo Testamento (Isaías, 9:2-7), restauraria o poder, a paz e a pujança dos povos de Israel e inauguraria "o reino dos céus" na Terra — a vitória definitiva do bem e da justiça no mundo.

A que vem Jesus? O que distingue a sua fé? Quem são seus oponentes? E o que ele pretende com sua intransigente, obstinada e subversiva pregação? Assim como Sócrates e Buda (cujos ensinamentos só vieram a ser compilados por escrito quatro séculos após sua morte), Jesus nada escreveu. Os três evangelhos sinópticos (Mateus, Marcos e Lucas) e o Sermão da Montanha em especial — o mais longo discurso direto de Jesus, proferido ao término de um retiro solitário nas montanhas, tradicionalmente locais de revelação e acesso ao divino no contexto bíblico — são as principais fontes primárias de sua biografia e mensagem.

Evangelho: "boa nova". Jesus, filho de Deus, é o mediador por excelência entre a humanidade sofredora e pecadora da queda e a infinita misericórdia divina. Ele traz aos que padecem e têm "fome e sede de justiça" — "vós sois o sal da terra" (Mateus, 5:13) — a mensagem de uma *radical esperança*: a bem-aventurança por meio de uma fé renovada e a salvação eterna como recompensa da alma pura e de uma vida reta, iluminada pela verdadeira religiosidade. A tônica da palavra de Jesus é o chamado a um plano mais íntegro e mais elevado de espiritualidade, pureza e justiça. Embora democrático e aberto a todos, o caminho da salvação revela-se, no entanto, estreito, calçado de armadilhas e demandante ao extremo.

O que havia de errado na religião vigente — o judaísmo em que, presume-se, ele fora criado e que lhe era coetâneo? Jesus condena com tintas veementes a degeneração da tradição religiosa e moral judaica num culto desprovido de alma, como concha vazia, e reduzido à mera observância ritualizada de um código de regras formalista e imposto de fora. Essa condição aviltada da experiência ético-religiosa era representada na época pelas correntes rivais de fariseus e saduceus, entre outras de menor peso, e pela casta dos escribas, intérpretes profissionais das escrituras.

Em nenhum momento Jesus se propõe a revogar ou enfraquecer a legitimidade da Lei mosaica (*Torah*): os dez mandamentos e as inúmeras regras e ordenanças grafados em pedra "pelo dedo de Deus" e recebidos por Moisés no Sinai. Como ele frisa no Sermão da Montanha, antes de iniciar a crítica ao conformismo reinante, "não julgueis que vim para anular a lei ou os profetas; não vim para anular, mas sim para cumprir" (Mateus, 5:17).

A obediência à letra da Lei, porém, não basta. O meticuloso acato desacompanhado de genuína espiritualidade carece de lastro ético. Era preciso ir além: *fazer da alma a tábua da Lei*. Fazer do código e da moral herdados a plataforma de uma fé revigorada e de um novo modo de ser e agir. O fulcro da mensagem é a diferença entre a observância oca das aparências, própria da falsa religião e do simulacro da virtude, de um lado, e a essência da fé verdadeira, porta da redenção segundo a "boa nova" cristã, de outro. Três exemplos oferecidos por Jesus no Sermão da Montanha ilustram com perfeição a radical mudança de postura defendida pela dissidência cristã frente a Lei mosaica:

Homicídio. "Ouvistes o que foi dito aos antigos", dirá Jesus: "não matarás." Mas "quem matar estará sujeito a julgamento". O preceito e a pena são inequívocos, mas a simples obediência, ele exorta, não basta. "Eu vos digo que todo o que se zanga com o seu irmão estará sujeito a julgamento; quem disser ao seu irmão 'raká!'* estará sujeito ao sinédrio;** quem lhe disser 'tolo!' estará sujeito a ir para a geena*** de fogo" (Mateus, 5:21-22). O mínimo legal não resgata o déficit moral. Acatar a Lei tão somente nada garante ao devoto — é forçoso vivê-la. Jamais desejar o mal. O coração é a chave do "reino dos céus".

Adultério. "Ouvistes o que foi dito", dirá Jesus: "não cometerás adultério." Assim reza o mandamento. "Mas eu vos digo", complementa Jesus: "todo aquele que olha para uma mulher com a intenção de a desejar já cometeu adultério com ela no seu coração." A violência imagética do remédio prescrito deixa entrever a gravidade da ofensa: "Se o teu olho direito te escandaliza, arranca-o e atira-o para longe de ti; pois é-te benéfico que pereça um dos teus membros e que

---

* O termo insultuoso *raká*, utilizado por Mateus em aramaico, significa algo como "cabeça-oca", "desmiolado" ou "imprestável".

** Tribunal judaico supremo, com sede em Jerusalém.

*** Termo grego de origem hebraica (alusivo a um vale perto de Jerusalém onde eram praticados rituais de sacrifício) equivalente a "lugar de suplício" ou "inferno".

não vá o teu corpo inteiro para a geena" (Mateus, 5:27-29). (A severidade da medida, vale notar, remete a um tópos caro à sabedoria judaica: "Não há mal maior na Criação do que o olho", alerta o autor do Eclesiástico (31:13).)

Lei de talião. "Ouvistes o que foi dito", dirá Jesus aos discípulos e ouvintes: "*olho por olho e dente por dente.*" Mero costume ancestral, sem lugar no decálogo, a lei de talião não merece crédito; trata-se, ao contrário, de virá-la do avesso. "Mas eu vos digo que não vos oponhais a quem vos faz mal; a quem te bater na face direita, vira-lhe também a outra" (Mateus, 5:38-39). "Amai os vossos inimigos, fazei bem aos que vos odeiam, abençoai os que vos amaldiçoam, rezai pelos que vos caluniam" (Lucas, 6:27-28). Afinal, indaga Jesus, se alguém ama só quem o ama, que mérito ou distinção há nisso? É o que fazem pagãos e coletores de impostos. Amar a quem nos detesta é o sinal de um coração purificado. A bondade humana deve medir-se pela divina, que não conhece limites.

Como candidato a líder ético-religioso de sua gente, todavia, Jesus não está só. Sua pregação itinerante põe em xeque o judaísmo dominante e a autoridade moral dos que o representam. A virulência do ataque dirigido aos fariseus e escribas, seus grandes rivais, dá a medida do seu descontentamento com o status quo e do grau de exigência imposto a todos que almejam segui-lo.

A discrepância entre o ser público e o que vai pela mente; entre aparência externa e essência anímica; entre gestos ostensivos e vida interior é o fulcro da crítica de Jesus aos "falsos profetas" — "vestidos como ovelhas, mas por dentro são lobos rapaces" (Mateus, 7:15) — e aos pseudossábios, intérpretes das escrituras, com quem competia pela atenção do rebanho.

"Ai de vós, escribas e fariseus hipócritas!", vocifera Jesus: "porque sois semelhantes a sepulcros caiados, que por fora parecem belos, mas, por dentro, cheios de ossos de mortos e de toda espécie de impureza; assim também vós por fora pareceis justos aos olhos dos outros, mas por dentro estais cheios de hipocrisia e de iniquidade" (Mateus, 23:27-28). Como pratos e copos luzentes por fora, mas impregnados de cobiça e intemperança por dentro, eles encarnam a corrupção ético-religiosa dos tempos.

O ideal cristão formulado por Jesus no Sermão da Montanha não faz concessões. O que se cobra de quem busca a bem-aventurança e a salvação mediante a fé renovada é nada menos que a santidade interior. É o absoluto alinhamento entre a alma do devoto, ou seja, o seu coração e psiquismo profundo, e o irretocável senso de virtude e de justiça manifesto em suas ações no mundo. "Sede perfeitos, como é perfeito vosso Pai que está no céu" (Mateus, 5:48). Eis a "boa nova" do filho de Deus.

22

O ideal de perfeição do cristianismo: Giges-cristão

A árvore da vida não foi tocada. Banidos do Éden, Adão e Eva foram impedidos de rivalizar com Deus e alçar à condição imortal; Matusalém, avô de Noé, recordista bíblico em longevidade (969 anos), não foi exceção. Mas o que o Deus do Antigo Testamento, severo e cioso da sua preeminência, proibira aos humanos, o Deus bondoso do Novo Testamento oferecerá na forma de prometida recompensa: a bem-aventurança e a vida *eternas*, ainda que sob severíssimas condições de probidade, pureza e devoção nesta vida. A ressurreição do Messias — uma inovação cristã, alheia à tradição profética judaica — seria a prova capaz de convencer o mais renitente cético de que a promessa de imortalidade, embora onerosa na moeda da felicidade mundana e só resgatável no outro mundo, era digna de crédito.

As idealizações funcionam porque elas idealizam. O ideal cristão de perfeição ética, como Jesus repetidas vezes admite, é no melhor dos casos *para poucos*; ou, talvez, para *um somente*, como sugere Nietzsche: "no fundo, houve apenas um cristão, e ele morreu na cruz". Nenhum profeta controla os usos (e abusos) de sua doutrina pelos discípulos ou a conduta dos que agem (e não raro atraiçoam-no) em seu nome.

Quando discípulos e futuros apóstolos questionaram Jesus, perplexos frente ao teor quase sobre-humano do que era exigido de um jovem que viera se aconselhar com ele sobre o caminho da salvação — "Então quem pode salvar-se?" —, Jesus respondeu: "Ao ser humano, isso é impossível; mas a Deus, tudo é possível" (Mateus, 19:25-26). O franco e salutar realismo da parte inicial da resposta deixa ainda mais enigmático o sentido do arremate: pois, se a Deus *nada é impossível*, então por que Ele não torna *ao menos possível* que a humanidade comum conquiste a perfeição cobrada de todos por Seu filho, sem depender para isso da inescrutável graça divina?

Supondo, contudo, para efeito de raciocínio, que o ideal ético delineado no Sermão da Montanha deva ser tomado como uma ideia reguladora ou padrão de excelência a ser perseguido pelos que o abraçam; que ele opere, portanto, como um modelo de perfeição em relação ao qual graus de aproximação podem ser obtidos, podemos conjecturar: como um Giges-cristão responderia ao teste do anel? Como lidaria com a dramática expansão do seu campo de escolha? De que modo o trunfo da invisibilidade afetaria suas relações com a dignidade, os segredos, a liberdade e as posses dos que interagem com ele? E que forma de vida e visão de felicidade animariam seus sonhos e ações?

Deus tudo vê: "nada há de escondido que não será revelado; e nada há de secreto que não será conhecido" (Mateus, 10:26). Logo, o Giges-cristão, esteja como estiver, *nunca está só*. Embora apto a se ausentar do olhar humano quando lhe apraz, ele jamais se esconde da mirada divina. A posse do anel não o liberta ou torna imune da onisciência atenta e sempre à espreita do Pai que está no céu — e do que isso implica para ele. A vigilância não se limita aos seus passos e ações no mundo, mas abarca também a sua subjetividade e vida interior. Não menos que os movimentos do corpo no espaço, o seu espírito e tudo que lhe vai pela mente é um livro aberto — e de inexcedível clareza — aos olhos do onileitor divino.

A consequência imediata dessa inescapável sujeição ao escrutínio de Deus é o medo. Qualquer passo em falso ou fantasia pecaminosa serão flagrados e computados, mesmo que escapem da reprovação e justiça humanas. O Giges-cristão vive na convicção de que o seu Pai perfeito não tira os olhos de si. Nada do que se fizer, sentir ou pensar deixará de ser ajuizado e registrado nos livros contábeis do Grande Credor.

Uma vida reta e uma alma pura trarão a recompensa infinita do paraíso; mas os saques a descoberto e o acúmulo de dívidas acarretarão o eterno suplício do inferno, "onde o verme não morre e o fogo não se apaga" (Marcos, 9:47). Não é pouca coisa em jogo. A lógica do autointeresse racional recomenda, portanto, que o Giges-cristão se abstenha de usar em benefício próprio os privilégios do anel. Se não faz algo às claras, por que o faria às escuras? *Deus saberá.*

O recurso à razão instrumental, porém, nega a essência do cristianismo. O verdadeiro cristão, digno da fé, não age movido pelo medo do castigo ou expectativa de ganho. Ele não faz da religião um exercício contábil de custo-benefício visando colher o retorno intertemporal da salvação. Se o Giges-cristão corteja o favor divino de forma calculista; se ele pauta suas ações — e descarta o uso do anel — tendo em vista tão somente garantir seu lugar no "reino dos céus", ele será um péssimo cristão.

E pior: Deus seguramente lerá com desagrado a letra miúda da falsidade alojada em sua alma e não restará indiferente. A ofensa, é plausível supor, não ficará sem paga. O favor divino e a salvação só têm sentido como *dádiva* da fé genuína — e não como o ágio ou mais-valia de uma barganha lucrativa. A lógica do autointeresse racional se destrói a si mesma. A intenção nega o resultado almejado.

O ideal preconizado por Jesus no Sermão da Montanha é o contrário de um cálculo: ele é o fruto da mais abnegada entrega. Dos seus discípulos e seguidores mais próximos — o "alto clero" da embrionária insurgência cristã, algo como a elite dos reis-filósofos ou guardiões da *República* — Jesus exige o sacrifício de todos os vínculos que os afastem da missão evangélica: "Aquele que ama pai ou mãe mais do que a mim não é digno de mim; e quem ama o filho ou a filha acima de mim não é digno de mim; e aquele que não pega na sua cruz e não segue atrás de mim, esse não é digno de mim" (Mateus, 10:37-39).

Ao jovem de classe abastada que se acerca e lhe indaga sobre os quesitos da vida eterna (um desconhecido em busca de coordenadas morais), Jesus por fim sentencia: "Se queres ser perfeito, vai e vende os teus haveres e dá o dinheiro aos mendigos e terás um tesouro no céu; e depois segue-me" (Mateus, 19:21). E o jovem, depois de ouvir tal demanda, retira-se cabisbaixo, com o coração pesado (presume-se que era dono de imensa fortuna). No plano familiar-afetivo não menos que na esfera da ambição material, sem falar das pulsões eróticas, o rebaixamento e eventual supressão do comércio com as coisas terrenas é a tônica da mensagem de Jesus aos homens e mulheres com fome de esperança e vida melhor.

Em todos os casos, portanto, o imperativo ético cristão é um só: *renuncie a si mesmo*. O indivíduo — discípulo ou devoto — triunfa mediante a renúncia da sua individualidade no que ela tem de pessoal e alheio à espiritualidade cristã.

Quem procura a plenitude da vida no desfrute dos prazeres com que ela nos acena ou na afirmação da personalidade perante seus pares está fadado ao desengano (ou pior); mas quem renuncia em nome da fé encontrará a salvação: "Se alguém quer me seguir, que negue a si próprio e levante a sua cruz e me siga. Quem quiser salvar a sua vida perdê-la-á; mas quem perder a sua vida por minha causa encontrá-la-á" (Mateus, 16:24-25). A promessa de bem-aventurança não se restringe ao após-a-morte, mas tem validade no presente. "A fé torna abençoado": a vida cristã é o segredo da felicidade para aqueles que mantêm viva a crença em sua alma pura e na sua inabalável virtude.

O ideal ético do Sermão da Montanha, como aponta o jovem Hegel em *O espírito do cristianismo e seu destino* (escrito poucos anos após a conclusão do curso no seminário luterano de Tübingen), guarda semelhança com a concepção de virtude da ética kantiana, mas vai além dela no seu grau de exigência. Em ambos os casos, para usar as palavras de Kant, "quando o valor moral está em questão, o que conta não são as ações que se veem, mas aqueles princípios interiores de ação que não se veem". O cerne da moral reside não no que é feito, mas nos motivos que nos levam a fazê-lo. A boa ação é o fruto visível da boa árvore abrigada no peito — a boa-fé.

No ideal cristão, todavia, desaparece a oposição kantiana entre inclinação psicológica, ou seja, aquilo que a pessoa prefere ou deseja, e o cumprimento da lei moral com base no senso de dever. A "moral da pureza sem leis" do cristianismo não se reduz a "um reforço aportado à disposição moral", como nota Hegel, mas tem em vista a consecução de "uma disposição moral que seja inclinação, isto é, uma disposição moral que não mais tem de lutar". A unidade entre *alma* e *lei moral* retira desta a forma de "lei" e vai além da noção kantiana de virtude em que "a oposição permanece, e o universal [a lei moral] se torna o dominador e o particular [a inclinação] o dominado". A superação do antagonismo se dá pela incorporação dos opostos em aprimorada síntese.

Que sentido podem ter ainda os "frios mandamentos da razão", como, por exemplo, o preceito "não matarás", quando se ama o inimigo e quando o ódio e a cólera foram banidos do coração? Se o Giges-kantiano, obediente à lei moral e servidor fiel de um *incômodo* senso de dever, precisa ainda "lutar" com suas inclinações a fim de se manter na linha (e nisso reside o seu mérito *moral*, segundo Kant), o Giges-cristão, por seu turno, nem lutar precisa.

Daí que o Giges-cristão — sempre assumindo-se, é claro, que esteja à altura do chamado — não se deixará seduzir ou extraviar pelo poder do anel. Embora tenha todos os prazeres mundanos e a glória do mundo à mão, basta o giro do engaste, ele saberá que não valem a pena e fará suas as palavras do mestre: "Pois no que ficará beneficiada uma pessoa se ganhar o mundo inteiro, mas perder a sua vida?" (Mateus, 16:26). Não o medo, mas a promessa de salvação; não o cálculo, mas outra concepção de felicidade; não o senso de dever kantiano, mas a alma perfeitamente integrada sustenta a decisão de abrir mão — se a expressão é cabível — dos exorbitantes privilégios do anel.

O contraste com o Giges-pastor da fábula de Platão não poderia ser mais radical. É como se, por assim dizer, o Giges-pastor a caminho de Sardes, com o anel no dedo e os mais tenebrosos planos e fantasias na cabeça, sofresse uma fulminante iluminação cristã, desse meia-volta e, em vez de seguir no caminho da perdição, retornasse ao seu vilarejo na Lídia e dedicasse o resto da vida à caridade e à conversão dos seus colegas pastores às luzes e delícias da fé. Saulo fariseu renascido Paulo apóstolo.

Livre de tentações (como temos suposto), o Giges--cristão não teria por que recorrer a uma medida preventiva extrema como a de Rousseau ao deitar fora o anel. É plausível supor, todavia, que em situações específicas o uso judicioso do anel poderia facultar-lhe subir alguns degraus na torre da perfeição cristã.

Jesus condena de forma incisiva o costume farisaico de exibir publicamente as boas obras e gestos piedosos, como dar esmolas, orar ou jejuar. Ao contrário dos hipócritas e escribas, que tudo fazem "com a finalidade de serem vistos pelas pessoas" e que adoram sentar-se à frente nas sinagogas e ser adulados nas praças como rabis (Mateus, 23:5-7), o ideal cristão preconiza uma devoção sem traço de ostentação (rezar no sigilo dos aposentos, por exemplo) e a caridade sob sigilo de anonimato. O trunfo da invisibilidade permite ao Giges-cristão cumprir o preceito com absoluto rigor. Ele afasta a suspeita de que a vaidade — a consciência da evidência do nosso mérito ao olhar alheio — seja a seiva e o segredo de suas boas obras.

Há, porém, um limite. O uso do anel deixa o Giges-cristão *aquém* do degrau ainda mais alto — e capcioso — do autoanonimato. "Ao dares esmola", adverte Jesus, "que a tua mão esquerda não saiba o que faz a direita, para que fique a tua esmola em segredo" (Mateus, 6:3). Ocultar dos demais, todavia, é uma coisa, mas como ocultar de si? Pois, embora oculto ao olhar alheio, pode não ser tão simples para o Giges-cristão ignorar, ele próprio, com uma das mãos, o que faz a outra. A invisibilidade física não lhe faculta ipso facto tornar-se invisível ao olhar da própria consciência ou ausentar-se de si.

Se o anel afasta a sombra da vaidade, ele não elimina o fantasma do *orgulho*: a consciência autossatisfeita e cheia de si pelo dever cumprido; a insidiosa altivez e o brilho do mérito refletido no espelho da mente.

O aplauso íntimo no ouvido interno da alma exemplarmente boa não é menos culposo, na ótica cristã, que o aplauso externo cortejado pelos hipócritas e fariseus. Na consciência da própria bondade o pecado do orgulho anda à espreita. A torre da perfeição cristã mira o autoanonimato e galga os céus. O Giges-cristão não escapa da consciência de si. A alma cindida, herança da queda, é a sua eterna morada terrestre.

23

O ideal platônico e o cristão: contrastes e paralelos

A cicuta e a cruz: Sócrates e Jesus tiveram um destino comum. Embora aptos a fugir e escapar das sentenças a que foram condenados, preferiram acatá-las voluntariamente e enfrentar as penas impostas. A posse do anel, nos dois casos, em nada teria alterado o desfecho. Se o que lhes sucedeu no após-a-morte correspondeu de algum modo às expectativas que tinham em vida, jamais saberemos — e talvez nem eles: a ignorância infinita desconcerta o saber finito. É seguro, porém, afirmar que suas mortes exemplares conferiram excepcional impulso aos valores pelos quais sacrificaram a vida.

O platonismo e o cristianismo são as duas principais correntes de pensamento ético na tradição filosófica ocidental que buscaram, por distintos caminhos, demonstrar a tese da convergência entre o bem e o bom: a noção de que a felicidade e plenitude humanas são não apenas compatíveis com a ética, como são inescapavelmente ancoradas na virtude e na justiça em nossas relações com os outros. Ambos sustentam o princípio de que nosso bem-estar, ao contrário do que possa parecer ao senso comum ou à opinião da maioria, é promovido por uma genuína entronização dos princípios morais.

QUINTA PARTE

Independentemente de toda consideração ulterior a esta vida, de um lado, e de toda vantagem de ordem prática ou material que porventura tragam, de outro, a virtude e a justiça *valem por si*; o valor que têm do ponto de vista da melhor vida não depende de nenhuma vantagem além daquela que elas mesmas trazem. Daí que o Giges--guardião e o Giges-cristão respondam de igual maneira ao experimento mental do anel. Exceto por aspectos de pouca monta — a "nobre mentira", o anonimato do bem —, nenhum dos dois teria razão alguma para modificar suas preferências e conduta em função do anel, não obstante a prerrogativa da total inimputabilidade.

Apesar das significativas diferenças formais e de substância entre elas, existe uma afinidade profunda entre as éticas platônica (tal como elaborada na *República*) e cristã (idem no Sermão da Montanha). O núcleo dessa proximidade repousa na *concepção de pessoa humana* e nos *ideais de perfeição moral* promulgados. Entre os filósofos cristãos, coube sobretudo a Agostinho reconhecer o parentesco e dar-lhe a devida ênfase. Como ele assinala em *Cidade de Deus*, a primeira filosofia da história de orientação cristã, "nunca ninguém esteve tão próximo de nós como os platônicos".

O platonismo e o cristianismo são críticos ferrenhos da moral herdada: as crenças e costumes da cultura arcaica anterior ao iluminismo grego do século V a.C. e as formas degradadas de judaísmo das primeiras décadas da era cristã. Ambos representam com tintas fortes a extensão do fosso entre o mundo existente — o reino das trevas da caverna e o vale de lágrimas do exílio da queda — e o futuro concebido, ou seja, o mundo por vir: o reino da

O IDEAL PLATÔNICO E O CRISTÃO: CONTRASTES E PARALELOS

justiça da utopia platônica e o "reino dos céus" cristão. Nenhum deles chega a tratar de forma sistemática dos obstáculos no caminho ou da exequibilidade do mundo almejado.

Para além dos paralelos formais, todavia, existem diferenças substantivas entre eles. Se o platonismo é um projeto de engenharia social e de reforma pedagógica de caráter assumidamente aristocrático, baseado no alinhamento entre a elite do saber e a elite do poder no comando do Estado, o cristianismo deixa inalteradas as macroestruturas sociopolíticas e tem uma orientação essencialmente democrática e igualitária — "a igualdade *das almas* perante Deus" — em sua missão de transformar a vida mediante o batismo e a conversão universais.

A república ideal de Platão [8 e 9] contempla um radical reordenamento das normas e leis da sociedade, sem deixar de lado os direitos de propriedade, a escolha das profissões e as relações familiares. O cristianismo, por sua vez, é marcado por um espírito de resignação e conformismo frente às instituições do mundo secular — "dai a César o que é de César" (Marcos, 12:17). A mudança do todo seria, no melhor dos casos, a consequência natural da conversão das partes.

Evidência clara disso, entre outras, é a carta do apóstolo Paulo aos Efésios (habitantes da Jônia, antiga colônia grega no litoral egeu) estendendo aos "gentios" (não judeus), desde que batizados, a "boa nova" da salvação. Se às mulheres cristãs cabia se manterem "submetidas aos maridos em tudo", tal como "a igreja está submetida a Cristo" (5:24), aos escravos cumpria dar obediência aos seus amos, "com medo e tremor, na simplicidade do vosso coração, como se obedecêsseis a Cristo, e não numa escravidão só de ver, como se quisésseis agradar às pessoas, mas como escravos de Cristo, fazendo a vontade de Deus a partir da alma, desempenhando o trabalho escravo com boa vontade como se servísseis a Deus e não a pessoas humanas" (6:5-6).

A boa vontade em servir, assegura o apóstolo, será recompensada, pois cada um, "seja ele escravo ou homem livre" (6:8), receberá da parte do Senhor todo o bem que fizer. Por essa lógica, vale dizer, mesmo se o Giges-cristão fosse uma mulher abusada pelo marido ou uma trabalhadora escrava, ela não recorreria ao anel para livrar-se da sua condição. Há bem-aventurança em crer-se redimida do pecado e ter esperança no além — humilhada e oprimida, porém feliz.

Por outro lado, contudo, o cristianismo toma partido dos desvalidos e deserdados da terra e introduz a noção de "direitos iguais para todos". Em contraste com a hierarquia rigidamente estratificada da ética platônica, na qual apenas um grupo seleto de homens e mulheres — os guardiões — estaria apto a alcançar a plenitude da vida humana, no mundo cristão não há tal distinção: todos são igualmente dotados de almas imortais e aptos à salvação. A religião da cruz oferece conforto aos que sofrem, apoio aos desamparados, consolo aos desolados, ânimo aos enfermos e esperança aos desenganados. Ela milita, em suma, pela *divinização da humanidade comum*: um princípio inexistente no mundo antigo pré-cristão e cujos efeitos e desdobramentos, passados dois mil anos, estão longe de se esgotar.

O balanço dos contrastes, todavia, não implica obs-

O IDEAL PLATÔNICO E O CRISTÃO: CONTRASTES E PARALELOS

curecer ou perder de vista o essencial parentesco entre as éticas platônica e cristã. A semelhança fraterna entre o Giges-guardião e o Giges-cristão é tudo menos gratuita. Subjacentes a ela estão uma concepção de pessoa humana e um ideal de perfeição moral — ambos com pretensão de universalidade — largamente compartilhados.

O platonismo e o cristianismo partem de uma visão da complexidade inerente à psicologia humana e da sua natureza essencialmente conflituosa. Ambos reconhecem e analisam à sua maneira a existência de processos e forças psíquicas alojados em nossa vida mental mas que nem sempre se oferecem à percepção imediata do que vai pela mente e não raro conflitam com a nossa vontade consciente.

O modelo da alma tripartite de Platão e os labirintos revelados pelo exame de consciência cristão — os interstícios do coração onde a vaidade se esconde, os orifícios da mente onde a falsidade espreita — expressam o seu reconhecimento do campo de forças intrapsíquico constitutivo da alma humana.

Nos dois casos a análise da complexidade da alma está a serviço de uma aspiração ou propósito definido: o reordenamento e a harmonização das forças em conflito tendo em vista a realização de um ideal de perfeição espiritual. O fulcro da ética platônica-cristã é a reconfiguração do campo de forças intrapsíquico mediante a subordinação das pulsões, fantasias e inclinações espontâneas da psique — o mundo-gueto da alma — ao primado de uma vontade ordenadora e à soberania do bem.

O lócus da batalha é a alma do cidadão (Platão) e o coração do devoto (Jesus). Assim como não basta ter na ponta da língua as grandes e altissonantes palavras da moral se a elas não correspondem ações compatíveis; de igual modo não basta uma conduta ilibada e exteriormente irrepreensível, conforme as normas e leis da justiça, se a alma e o coração permanecem insubordinados na sua essência, ou seja, refratários à boa ordem e sujeitos às ondas febris da lascívia e dos fantasmas lúbricos ou à mercê da matilha esfaimada da ganância, da vaidade e das raivas difusas.

Psique depurada, vontade reta: fazer o certo e praticar o bem não basta; o decisivo é não se deixar levar ou ludibriar por aparências — é não querer outra coisa senão fazer o certo e praticar o bem.

O ideal perseguido e produto final da contenda é a *pax plena*: a consumação de uma completa e robusta harmonia intrapsíquica. Do lado platônico: a perfeita subordinação e coordenação dos componentes apetitivo e combativo da psique sob a égide do intelecto no modelo da alma tripartite. E, do lado cristão: a conquista de uma vontade pura e livre dos vestígios da queda pela graça divina ou, nos termos de Paulo na carta aos Romanos (7:14-24), o ideal de uma alma liberta "do corpo desta morte" graças ao triunfo da "lei espiritual" sobre "a lei do erro que está nos meus membros" (as noções paulinas de "corpo" e "carne", segundo a melhor exegética, denotam não tanto a depreciação da corporalidade no contexto de um dualismo ingênuo opondo corpo e espírito, mas a desarmonia interna de uma vontade cindida no interior da consciência como decorrência do pecado original).

E, por fim, o paralelo se estende à dimensão macrossocial. Embora com menos ênfase do que no platonismo, a filosofia cristã não deixa de projetar o efeito composto da *pax plena* das partes sobre o todo social. A mais elaborada formulação da grande esperança milenarista do cristianismo — a *pax plena* agregada — é devida a Agostinho e traz a marca ineludível da influência platônica.

"Quando chegará a plena paz até mesmo para uma só pessoa?", indaga o autor de *Cidade de Deus*. "Mas, quando vier o tempo em que a plena paz chegar a cada um, será o tempo em que a paz na sua plenitude virá a todos os cidadãos de Jerusalém."

A utopia cristã da absoluta transparência das vontades contempla um mundo em que ninguém terá o que esconder de ninguém: "pois a consumação da nossa unidade nos aguarda ao fim do presente exílio, quando os pensamentos de cada um não mais estarão ocultos uns dos outros, nem nossas intenções colidirão de nenhum modo". Eis a república ideal de Platão democratizada: Atenas sonhada, Jerusalém redimida. Na fantasia milenarista agostiniana o Giges-cristão é o cidadão comum.

24

O que há de errado com o ideal de perfeição cristão?

A crítica a um ideal suscita duas ordens de questões. A primeira gira em torno da *exequibilidade*: dadas as limitações impostas pela realidade, ele é alcançável? Até que ponto pode ser implementado e realizado tal qual se anuncia? E qual o risco de não entregar o que promete, mas algo distinto? A segunda remete à questão do *valor* do ideal em si mesmo. Supondo a sua viabilidade nos termos em que ele nos é proposto, o ideal oferecido é digno de ser almejado? A que preço? Até que ponto vale a pena abrir mão de outros valores e formas de vida tendo em vista a sua realização?

À luz do parentesco entre os ideais de perfeição humana platônico e cristão, muito do que foi dito acima acerca das falhas e limitações do primeiro [13 a 15] aplica-se, mutatis mutandis, ao exame crítico do segundo.

Existem, contudo, nuances e diferenças relevantes tanto no quesito exequibilidade como na crítica do seu valor intrínseco. "Falando em termos gerais", sugeriu Hume, "os erros da religião são perigosos e, os da filosofia, apenas ridículos." Embora desde o terror em que desembocou a Revolução Francesa e, sobretudo, depois dos desastres ideológicos do século XX já não possamos ter a mesma

O QUE HÁ DE ERRADO COM O IDEAL DE PERFEIÇÃO CRISTÃO?

tranquilidade sobre o caráter inócuo dos equívocos em filosofia, os dogmas e excessos da religião (não só cristã) em nada perderam a sua capacidade de sombrear e arruinar vidas humanas.

A métrica cristã de perfeição tem propriedades peculiares. Quem pode estar seguro da própria bondade? A resposta do filho de Deus ao fidalgo sequioso da vida eterna é definitiva: "Ninguém é bom senão um: Deus" (Lucas, 18:19).

A perfeição cristã está para a ética assim como a quadratura do círculo para a geometria, o moto-perpétuo para a física, a pedra filosofal para a química e o elixir da juventude para a medicina. E com duplo agravante: o candidato à coroa da perfeição sabe que, depois da queda, sempre viverá *aquém* do que se espera dele, mas, se por milagre e graça divina vier um dia a merecê-la, jamais poderá ter ciência disso, uma vez que, ao reconhecer-se perfeito e comprazer-se na glória íntima de uma virtude impecável, incorrerá no pecado do orgulho (só Deus o é).

O cristianismo reúne dois vetores contrapostos. De um lado, impõe aos devotos o reconhecimento da sua condição mundana, vil e pecaminosa, fruto da queda. De outro, porém, exige que se esforcem e dediquem a perseguir com total afinco a excelência do ser divino. Como irmãs siamesas que se atraem e se repelem, a condição abjeta e a aspiração celestial vão juntas na alma bipartida.

Daí que, como concluiu Pascal com impecável lógica, "existem somente dois tipos de homens: os justos que se creem pecadores e os pecadores que se creem justos". Podemos, é claro, questionar a redução (implícita no enunciado) dos tipos humanos a duas categorias polares e discretas: justos *ou* pecadores. Entre um extremo e o outro, é plausível supor, existe um contínuo de matizes e gradações; as alternâncias entre justo e pecador — por vezes em curto intervalo — fazem parte da vida de qualquer mortal. Aceita todavia a premissa, a conclusão é indeclinável.

Os dois quadrantes vazios da matriz — o pecador que se crê pecador e o justo que se crê justo — são internamente inconsistentes. O pecador que se sabe pecador é *justo* enquanto reconhece de forma veraz a sua condição decaída; ao passo que o justo que se crê justo incorre no pecado do orgulho: ele deixa de fazer justiça ao que lhe vai pelo submundo da alma cindida e, por esse motivo, *peca* ao ocultar de si mesmo a sua real condição. Daí que, nas palavras de Jesus frente ao fariseu ostensivamente justo e, ainda por cima, presumido da própria retidão, "todo aquele que se exalta será humilhado, e quem se humilha será exaltado" (Lucas, 18:14). Mesmo aqui, porém, cuidado: o pecado da volúpia em humilhar-se ronda à espreita.

Resta, portanto, o par pascalino. De um lado os justos que se creem pecadores, uma vez que sabem no recesso da alma que verdadeiramente o são; e, de outro, os pecadores que se creem justos, ou seja, a combinação perfeita de hipocrisia (parecer o que não se é) e autoengano (acreditar-se sinceramente o que não se é). A prevalência estatística dos *pecadores que se creem justos* foi precisamente o que motivou Jesus a se insurgir contra o judaísmo corrompido do seu tempo e seria o que, com toda a probabilidade, o levaria a fazer o mesmo — quiçá com redobrada contundência — frente ao que se passa por cristianismo em nossos dias.

O QUE HÁ DE ERRADO COM O IDEAL DE PERFEIÇÃO CRISTÃO?

É mérito do cristianismo não superestimar a exequibilidade do seu ideal de perfeição. Mas isso não o impediu de fazer da estrita adesão a ele a única esperança de salvação e, pior, de não poupar esforços na tentativa, não raro cruel, de converter nada menos que a totalidade dos homens e mulheres, sobretudo após a morte de Jesus e o furor missionário liderado por Paulo, ao seu credo peculiar e cânone da virtude inatingível.

Como viver? A ética cristã, assim como a platônica, supõe a existência de *uma só* resposta verdadeira à questão. Ela entroniza uma forma particular de vida e faz dela o único, exclusivo e universal caminho de uma vida plena — reforçada, é claro, pelo gozo antecipado da bem-aventurança eterna após a morte. "Se a falta de alguns prazeres da vida for sentida", aconselha o teólogo e pai da Igreja Cristã antiga Tertuliano aos devotos, "lembrem-se de que é próprio dos negócios sofrer perdas tendo em vista maiores lucros" (o atalho da morte pela fé ou suicídio como forma de antecipar a admissão ao paraíso, vale notar, uma prática disseminada nas hostes cristãs dos primeiros séculos, só foi banido no século IV, quando o suicídio foi incorporado ao mandamento "não matarás" e declarado "pecado mortal" irremissível).

A divinização da humanidade comum, por sua vez, uma bem-vinda contribuição da ética cristã (*pace* Nietzsche), foi historicamente acompanhada de um agressivo programa de evangelização. A crença de que todos sem exceção podem — e devem — ser salvos foi tomada como premissa da obrigação de varrer o mundo e buscar a conversão universal. Se existe um único Deus verdadeiro, perto do qual todos os demais são pseudo-

QUINTA PARTE

deuses; e se existe uma só fé capaz de redimir os humanos e livrá-los da danação eterna, então todas as outras religiões não passam de superstições grosseiras a serem varridas do mapa, ao passo que todas as formas de vida, exceto a cristã, são pecaminosas. O monoteísmo (não só cristão) é o portal da intransigência.

O vasto histórico de violência do cristianismo ocidental — das cruzadas medievais à catequese forçada, não raro brutal, dos povos submetidos ao jugo colonial e da "caça às bruxas" (dezenas de milhares de mulheres e homens queimados vivos na Europa e Estados Unidos entre 1450 e 1780) aos horrores da Inquisição católica — dá testemunho do seu desprezo arrogante pelos valores e formas de vida das culturas não europeias e evidencia o caráter absolutista, intolerante e exclusivista do ideal cristão, tal como reinterpretado, recobrado e trazido ao palco da história pelos herdeiros da religião da cruz.

A crueldade humana jamais careceu de máscaras, símbolos e palavras edificantes. A que atribuir tamanhas atrocidades cometidas sob o manto da fé: hipocrisia? autoengano? ou, o que é mais provável, a judiciosa conjunção das duas coisas na mente de pecadores que se creem piamente justos, falsos até a inocência? Para além de perigosos, como dizia Hume, os erros da religião ensejam a arrogância e são por vezes criminosos.

E tudo em nome do quê? Tudo em nome da uniformização da ecologia psíquica da humanidade segundo um único e invariante critério de excelência: a perfeição do ser divino ou, o que dá no mesmo, *a máxima desanimalização possível do animal humano*. O anseio de salvação mediante a perfeição espiritual do ótimo cristão trans-

O QUE HÁ DE ERRADO COM O IDEAL DE PERFEIÇÃO CRISTÃO?

forma a alma em câmara de tortura e equivale a uma declaração de guerra de extermínio ao mundo-gueto da mente, ou seja, ao nosso psiquismo arcaico originário do processo evolutivo e herdado do ambiente ancestral.

O ser cristão não se reduz à adoção de um credo; não é mero fenômeno de superfície da consciência. Ele implica uma forma de vida ancorada na radical reconfiguração do campo de forças intrapsíquicas: a domesticação e a depuração do ecossistema interno da mente. Quem são os inimigos? Os adversários mortais do ótimo cristão são, de um lado, os apetites do corpo e, de outro, as paixões desautorizadas da imaginação, isto é, todas as pulsões do ego e fantasias que fujam ao controle da vontade e afastem os devotos da pura espiritualidade manifesta no amor ao próximo e ao ser divino.

Os *apetites do corpo* incluem obviamente o desejo sexual — verdadeira obsessão cristã desde a imaculada fecundação da Virgem Maria —, mas vão muito além. A fome e a sede são males ou enfermidades às quais o corpo se vê compelido a render-se todos os dias, ao menos até a aguardada "chegada do tempo em que Deus trará tanto a comida como a nossa natureza animal ao seu fim". A rejeição se estende, é claro, aos prazeres sensíveis de todo tipo (Agostinho se penitencia pelo "pecado da lascívia musical") e à satisfação de gostos refinados em iguarias, bebidas, roupas, perfumes e paisagens, sem esquecer do sono, como aliás se deu conta o apóstolo Pedro ao sofrer a reprimenda de Jesus por ter dormitado em sua presença em vez de velar com ele: "o espírito é querente, mas a carne é fraca" (Mateus, 26:41).

As *paixões da imaginação*, por sua vez, povoam aberta

ou sorrateiramente a vida mental. Ao seu domínio pertence a vasta fauna e flora dos afetos e ambições humanas, alimentados por sentimentos como amor e ódio, vaidade e orgulho, compaixão e raiva, inveja e esperança. Um breve censo dos habitantes desse universo nos é oferecido por Jesus ao arrolar os males que procedem do recesso da mente e "poluem" a imaginação corrompida dos mortais: "Pois é de dentro do coração das pessoas que saem os maus pensamentos, prostituições, roubos, assassínios, adultérios, ambições, iniquidades, engano, devassidão, inveja, maledicência, orgulho, insensatez" (Marcos, 7:21-23). Embora incompleta, a lista deixa clara a abrangência e a luxuriante biodiversidade das pragas e espécies malignas que, pela ótica cristã, assombram a selva tropical da nossa vida interior.

Como lidar com esse ambiente tão singularmente arisco e inóspito ao ideal cristão? A radicalidade da resposta faz jus à virulência do meio. Trata-se de depurar e, na medida do possível, *extirpar* do bioma mental humano tudo que contamine ou possa representar ameaça à almejada pureza da vida psíquica. O alvo é transformar a selva anárquica e luxuriante dos trópicos mentais — com seus mistérios e pragas, ciladas e surpresas — em plácido trigal. O manguezal em relva.

O teólogo e classicista do século II d.C., Clemente de Alexandria, põe o dedo no nervo da moral cristã ao traçar um paralelo entre ela e a ética das escolas platônica e estoica. "O ideal humano da continência, tal como propugnado pelos filósofos gregos, ensina-nos a resistir à paixão, de modo a não nos tornarmos subservientes a ela, e a treinar os instintos a perseguir objetivos racionais."

O QUE HÁ DE ERRADO COM O IDEAL DE PERFEIÇÃO CRISTÃO?

Mas os cristãos, ele acrescenta, têm obrigação de ir além: "*o nosso ideal é não experimentar desejo algum*". O enunciado, creio eu, capta admiravelmente o espírito do Sermão da Montanha; ele expressa o grau de exigência do ótimo cristão perante os apetites do corpo e os clamores oriundos das paixões desautorizadas da imaginação.

O ideal cristão de perfeição é tão pouco pertinente quanto exequível. O psiquismo arcaico pode ser negado, amordaçado ou asfixiado nos porões da mente, mas ele não é extirpável. Por caminhos diretos ou tortuosos, como súbita erupção de vulcão dormente ou guerrilha anticolonialista, o recalcado revida a agressão sofrida: "a natureza pode ser expelida com um varapau pontiagudo, mas ela sempre retornará".

Em dois milênios de bombardeio e demonização do que há de espontâneo e indomável na psicologia humana — herança, como o nosso corpo, do ambiente evolutivo da espécie — o cristianismo não logrou impor-se nem se desfazer. Uma pessoa faminta naturalmente fica obcecada — e faz loucuras — por comida. Os escândalos do clero e as fantasias delirantes dos ascetas falam por si. O efeito da negação é a exacerbação e o descontrole do negado.

Supondo, porém, que a supressão pretendida fosse levada a bom termo e que avanços no campo da terapia genética, neurociência e farmacologia permitissem erradicar de uma vez por todas (e sem sequelas) todas as pulsões abrasivas, os devaneios escusos e os afetos refratários ao crivo meticuloso da peneira cristã, *o que teríamos*? A metamorfose do animal humano em anjo anódino: dócil, resignado, anêmico e celestial. Sexo? Nem com finalidade estritamente reprodutiva; com o advento da clonagem (no devido tempo sancionada pelas autoridades eclesiais, Vaticano incluso) o dever do sexo sem lascívia no frio leito conjugal deixou enfim de onerar a consciência dos casais cristãos exemplares. *Pax* matrimonial.

O ótimo cristão, assim como o platônico e o kantiano, esvazia a pessoa de si mesma em nome de uma ética impessoal e universal. Encarnação mortal de um ideal inumano, ele toma a criatura que a natureza forjou e o processo civilizatório amansou e faz dela um ser invertebrado e dessexuado; alguém dotado de uma vontade transparente e que já não tem mais nada a esconder de ninguém em atos ou pensamentos. É fácil para o Giges-cristão manter as mãos impecavelmente limpas porque ele, como seus irmãos platônico e kantiano, não as tem. O preço do ótimo cristão é a desnaturação da alma. Extraordinária pechincha, quem há de negar, pelo prêmio da vida eterna.

SEXTA PARTE

25

O princípio de são Lucas e as janelas da consciência

Em 1993 participei de um talk show vespertino na TV. O tema daquela tarde era a eterna pauta: "Vale a pena ser honesto?". Enquanto aguardava sentado na plateia a minha vez de subir ao palco, presenciei uma entrevista memorável. Uma aula magna de fibra sem aspereza e de fineza sem afetação.

Dona Raimunda, faxineira do metrô de São Paulo, encontrou uma carteira com centenas de dólares em dinheiro, mas nenhum documento que permitisse identificar o dono. Prontamente ela encaminhou o achado à seção de objetos perdidos do metrô (no dia seguinte dezenas de pessoas pleitearam a posse, mas nenhuma conseguiu prová-la; o metrô se viu constrangido a suspender a busca do real proprietário).

Ao entrevistar dona Raimunda, depois de narrar o ocorrido, a apresentadora do talk show perguntou a ela: "Mas ninguém lhe disse que era bobagem fazer aquilo, devolver tanto dinheiro sem precisar? Imagine só tudo que você podia ter comprado, vestidos, viagens, geladeira nova!". "Pois é", respondeu ela com serenidade, "muita gente me disse isso mesmo." A jornalista, porém, não se deu por satisfeita; quis saber mais: "E o que você dizia quando as pessoas falavam assim, a senhora ficava *quieta*?!". E dona Raimunda: "Não, dona ****, quando alguém me falava desse jeito, que eu fui boba, como a senhora está dizendo agora, eu dizia para aquela pessoa que *dela* eu não esperava mesmo outra coisa, eu já sabia que ela ia achar isso".

Exemplos de correção e elegância como o de dona Raimunda, é razoável supor, são incomuns; não foi à toa que a mídia lhe deu ampla cobertura. Como responderia ela ao teste do anel de Giges? À luz do episódio descrito não é descabido presumir que reagiria de modo radicalmente distinto daquele como reagiriam, por exemplo, as dezenas (só no primeiro dia) de falsos proprietários da carteira perdida.

Em quem se pode confiar? Como separar as pessoas honestas (ou ao menos com um limiar elevado de honestidade) das demais (baixo limiar)? O evangelista Lucas propõe, por meio de Jesus, uma regra simples de amplo alcance: "quem é fiel no pouco também é fiel no muito; e quem é desonesto no pouco também é desonesto no muito" (16:10). Se a microprobidade for atestada, a macro está assegurada. A integridade (ou a falta dela) é transversal à conduta.

A premissa do *princípio de são Lucas*, se assim podemos nomeá-lo, é a ideia de que "ninguém pode servir como escravo a dois senhores". Existem, de um lado, as pessoas justas, que servem a Deus, pautam suas ações pela ética e merecem irrestrita confiança; e, de outro, as injustas (ou pecadoras, no dizer de Pascal), que servem a Mamona (a divindade pagã da cobiça e do dinheiro), não hesitam em pautar suas ações pela vantagem pessoal e pelo lucro a qualquer preço e, portanto, não são dignas de confiança nem nas pequenas nem nas grandes coisas. Mas até que ponto, cabe questionar, o princípio de são Lucas é consistente com a evidência empírica e a experiência da vida comum?

Rio de Janeiro, 1844. Ao retornar a pé de um sarau dançante em casa de amigos, Brás Cubas, bacharel por Coimbra e futuro deputado, encontra uma moeda de ouro perdida na calçada. Apanha a moeda e guarda no bolso. Na manhã seguinte, ao relembrar o fato, sente uns "repelões da consciência" e ouve uma voz que lhe questiona por que seria *sua* uma moeda que não herdara nem merecera mas simplesmente apanhara na rua; podia ser de alguém carente, sem meios de alimentar os filhos, porém, se fosse de um rico, o dever era o mesmo. Resolve então restituí-la. Escreve uma carta ao chefe de polícia anexando a moeda e pede a ele que não poupe esforços em devolvê-la ao verdadeiro dono. O gesto deixa Brás Cubas jubiloso — e vinha em excelente hora.

Desde o sarau da noite anterior ele trazia a consciência opressa, como que abafada, pelo vislumbre de um *affaire* amoroso com uma mulher casada, paixão juvenil tombada. O gesto altruísta viera como uma lufada de ar puro no recinto mal ventilado; "foi uma janela que se abriu para o outro lado da moral".

No espelho da mente, refletiu ele, a boa ação reluzia e o valor devolvido se acrescia de juros, "exprimindo assim o benefício que me daria na vida e na morte o simples ato da restituição". E foi aí, relata, que chegou à descoberta de "uma lei sublime" — *a lei da equivalência das janelas* — segundo a qual "o modo de compensar uma janela fechada é abrir outra, a fim de que a moral possa arejar continuamente a consciência".

Passam-se alguns dias e um novo incidente exercita as faculdades morais de Brás Cubas. A caminho de Botafogo, na praia quase deserta, ele inadvertidamente tropeça num "embrulho misterioso": um pacote limpo, não muito grande, atado por um barbante. Certifica-se primeiro de que não há ninguém por perto; abaixa-se, recolhe o embrulho e volta para casa. No escritório, a dúvida: o que haveria dentro dele? seria molecagem de alguém? lenços velhos, goiabas podres? Ao abri-lo, a surpresa: uma pequena fortuna em dinheiro em notas graúdas, "tudo asseadinho e arranjadinho, um achado raro". Ele volta a embrulhar o pacote e guarda-o na gaveta da escrivaninha.

Os dias seguem, Brás Cubas rumina. Teria alguém presenciado a cena na praia? Conclui que não. Vai ao escritório e conta de novo o valor. Por uma semana o pacote adormece na gaveta. Seria *crime* achar dinheiro? "Crime é que não podia ser o achado; nem crime nem desonra, nem nada que embaciasse o caráter de um homem", reflete. "Era um achado, um acerto feliz, como a sorte grande, como as apostas de cavalo [...] e até direi que a minha felicidade era merecida, porque eu não me sentia mau, nem indigno dos benefícios da Providência." Passadas três semanas, ele ainda hesita; cogita doar a soma a uma boa causa, "um dote a alguma menina pobre" ou algo assim. No mesmo dia, porém, vai ao Banco do Brasil e deposita o valor na conta.

O gerente que o recebe na agência lembra ter lido nos jornais sobre a devolução da moeda de ouro e tece calorosos elogios ao abastado cliente. Embaraçado, Brás

O PRINCÍPIO DE SÃO LUCAS E AS JANELAS DA CONSCIÊNCIA

Cubas afirma que "a coisa não valia a pena de tamanho estrondo" e colhe a palavra comovida do gerente em reconhecimento à sua modéstia.

Anos mais tarde, o dinheiro do embrulho (acrescido de juros) acaba sendo usado como pagamento a dona Plácida, uma humilde ex-costureira, pelos serviços prestados por ela na condição de caseira e alcoviteira da relação clandestina de Brás Cubas com sua paixão juvenil (dona Plácida, que de início tinha asco do patrão, passa a rezar-lhe todas as noites diante da imagem da Virgem que mantém no quarto da garçonnière).

A destinação final do dinheiro reconforta Brás Cubas; pois não fosse o seu providencial "socorro", reflete, a velha Plácida com certeza estaria a mendigar pelas ruas. Uma lufada de ar puro areja a consciência esfalfada. Embrulho reatado.

"A franqueza é a primeira virtude de um defunto." Como os mortos de Luciano e Fontenelle [16], o finado narrador das *Memórias póstumas*, obra-prima de Machado de Assis, pode permitir-se, agora que está no outro mundo, "confessar lisamente o que foi e o que deixou de ser". Ele esmiúça o granulado fino da consciência moral e devassa as tergiversações especiosas da mente. De que modo a sua experiência e a "lei das janelas" se ligam à conjectura de são Lucas?

A moeda de ouro e o embrulho misterioso colocam Brás Cubas a sós com a sua consciência. Como o Giges da fábula de Gláucon depois de encontrar o anel, nos dois casos ele está a salvo da opinião alheia e do braço da lei. E a resposta, no entanto, é tudo menos uniforme: devolve a moeda, mas apropria-se do pacote.

SEXTA PARTE

Os valores envolvidos, é razoável supor, fizeram a diferença. Brás Cubas revela perfeita ciência do que era — ou imaginava ser — o seu dever, mas a soma contida no embrulho (contada e recontada) fala mais alto. Prevalece a lógica do cálculo racional: o benefício monetário domina a norma moral e faz pender a balança na direção da vantagem pessoal. A escolha não é imune aos valores em jogo. A preferência revelada pela conduta efetiva é uma questão de preço.

A divergência entre as duas respostas desmente o prognóstico do princípio de são Lucas: a microprobidade da moeda devolvida é compatível com a macroimprobidade da retenção do embrulho e não permite prevê-la. O mundo de Brás Cubas (e não só dele) não cabe na lógica binária e reducionista de um mundo povoado apenas pelos extremos, ou seja, pelas duas caudas de uma distribuição que tem nos perfeitamente honestos e nos absolutamente corruptos — anjos e canalhas — os seus valores polares.

É no miolo confuso e com frequência opaco e movediço desse vasto espectro — e não no universo polarizado do binômio de Lucas — que as coisas relevantes no campo da ética acontecem. Os extremos, como dona Raimunda, são exceções.

Isso não significa, todavia, que o figurino da escolha racional sirva em Brás Cubas. O anti-herói machadiano é seguramente mais complexo — e interessante — que isso. O valor financeiro dos incentivos, é certo, pesou nas escolhas feitas. Mas Brás Cubas não se contenta com pouco. Ele não se curva à lógica econômica da existência de um *trade-off* entre ética e vantagem pessoal, isto é, uma permuta segundo a qual a obtenção de ganhos adicionais numa dimensão (lucro) implica algum grau de perda ou sacrifício relativo da outra (moral). A lógica econômica, ao contrário, é que se curva e ajoelha diante dos ardis e malabarismos mentais de Brás Cubas.

Por que aceitar o *trade-off* quando, com um pouco de arte e engenho, podemos ter o melhor dos dois mundos? Brás Cubas maximiza a utilidade financeira sem ter de abdicar ou abrir mão da boa consciência moral. Como um virtuose da racionalização e como um exímio trapezista na arte de selar armistícios e se reconciliar consigo — "Ah! trapézio dos meus pecados, trapézio das concepções abstrusas" —, ele não só contorna o custo moral das suas escolhas e se faz um farsante de si, como, do outro mundo, ele se reconhece como tal.

Aí reside a lógica — torta, é verdade, mas nem por isso menos operante — da "lei das janelas": o limiar do adultério ventilado pela devolução da moeda e o apropriar-se do embrulho redimido pelo "nobre resgate" de dona Plácida da mendicância. A preservação de uma autoimagem ilibada é a sua especialidade. O autoengano neutraliza a ofensa no espelho da consciência. Eis o milagre do benefício sem custo. O *trade-off* da escolha racional reduzido a pó pelo autoengano.

Quão robusto empiricamente é o exemplo de Brás Cubas? A busca de teorias mais aderentes às evidências e aos resultados colhidos em testes controlados de honestidade, em que os participantes têm a chance de trapacear sem o risco de serem flagrados, tem levado nos últimos anos à formulação de modelos alternativos ao da escolha (ou crime) racional. Em *A verdade (honesta) sobre a deso-*

nestidade, para dar um exemplo, o economista comportamental Dan Ariely propõe um modelo calcado em duas motivações à primeira vista conflitantes.

De um lado, sugere ele, com base em dados obtidos a partir de ampla pesquisa experimental, "desejamos vermo-nos como pessoas honestas e honoráveis, aptas a se olhar no espelho e sentir-se bem sobre si"; mas, de outro, "desejamos nos beneficiar de trapacear e de obter tanto dinheiro quanto for possível". Ego intato, bolso cheio: *to have the cake and to eat it too*, como diriam os ingleses. Ou, para adaptar a fórmula de Pascal: trapacear *pero no mucho*, mas sem perder o decoro íntimo, uma vez que, tudo considerado, e como o hábito faz calejar a vergonha, a pessoa logra perceber-se como basicamente honesta. Janelas abertas.

As premissas comportamentais de Ariely, não é exagero dizer, retratam à perfeição o universo em que se move Brás Cubas e no qual ele executa o seu virtuosismo no trapézio. E se a questão fundamental levantada pelo estudo empírico da desonestidade, como ele afirma, é "como garantir os benefícios da trapaça e, ao mesmo tempo, vermo-nos ainda a nós mesmos como honestos e maravilhosos", então claramente as *Memórias póstumas* têm muito a ensinar. Como um curso avançado de racionalização moral e desonestidade criativa, elas trazem pistas e achados valiosos à elucidação da questão. O defunto autor de Machado, podemos concluir, está mais vivo do que nunca. Mas morreu só.

26

Carteiras abandonadas, honestidade revelada

A presunção de confiança permeia as dobras do cotidiano. Cada um pode observar por si. O que nos dá a segurança de que as pessoas com quem lidamos na vida prática — nas relações familiares e pessoais, no comércio e nas empresas, nas organizações civis e no setor público — são, de um modo geral, confiáveis? O que nos garante, se é que podemos ter essa garantia, que elas não mintam, trapaceiem ou burlem as leis em benefício próprio, sempre que a chance de fazê-lo com expectativa de impunidade se ofereça?

O repertório é vasto. Nenhuma função ignora a fraude; nenhum cargo está imune à corrupção; nenhuma profissão está livre de malícia. Como estar seguro, por exemplo, de que o avião no qual embarcamos recebeu manutenção adequada; de que o médico não tirará proveito da nossa vulnerabilidade; de que o cônjuge não mente sobre a viagem a trabalho; de que a cozinha do restaurante foi devidamente limpa; de que o combustível não foi adulterado; de que o aluno não plagiou a tese; de que o motorista do ônibus não está alcoolizado; de que a seguradora não torrou o dinheiro do prêmio; de que o gari não se livrou do lixo no bueiro; de que o patrão não fraudou a Previdência; de que o gerente do banco não cumpre metas às minhas custas; de que o resenhista leu de fato o livro que demoliu (ou louvou); de que o juiz não recebeu propina; de que os impostos pagos não foram desviados?

A lista é interminável, mas o ponto decisivo é o mesmo. A presunção de confiança nas relações interpessoais é a argamassa do edifício social. Ela é a liga que mantém coesa a complexa e interdependente teia da vida em sociedade. Se as pessoas passassem a agir de forma tenaz e calculadamente oportunista a cada passo; se resolvessem nunca dizer a verdade ou manter uma promessa a não ser que lhes parecesse vantajoso; se decidissem furtar, lesar e trapacear sempre que o valor esperado do crime (risco de punição incluído) superasse o valor esperado da alternativa, então o grande, o imenso tecido da sociedade humana prontamente se esgarçaria e rebentaria em retalhos.

Embora as leis e sua rigorosa aplicação sejam alicerces indispensáveis para a vida em sociedade, elas não dão conta sozinhas da tarefa. Por mais rigoroso que seja o arcabouço da justiça — a Constituição e o Código Penal, a fiscalização e a punição —, ele não seria capaz de preservar a sociabilidade humana em condição minimamente estável e ordenada se a confiança que nos sentimos motivados a depositar uns nos outros na vida prática se visse reduzida a pó.

Frente a essa contingência, nem o mais opressivo Estado totalitário — munido do que há de melhor em tecnologia de vigilância, monitoramento e repressão — estaria apto a evitar o colapso do edifício social: com o estoque de confiança erodido a zero, os membros da elite governante não poderiam confiar uns nos outros e tampouco em que as ordens por eles expedidas seriam cumpridas pelos oficiais de justiça e agentes do aparelho repressivo. *Chernobil moral*.

Até que ponto é razoável supor que a adesão a normas de veracidade e honestidade sobrepuje, em situações reais, o autointeresse crasso e o apelo da vantagem pessoal em prejuízo da ética, mesmo quando há certeza da impunidade? Quão robusto é o estoque de confiabilidade interpessoal em diferentes culturas e regiões do mundo? Por que restringimos o nosso egoísmo e fazemos o que nos parece moralmente certo mesmo em situações nas quais o preço da conduta oportunista é zero? Existe um limiar ou gatilho a partir do qual a tentação derrota a honestidade?

Um abrangente experimento de campo simulando uma situação concreta da vida real e publicado na revista *Science* em 2019 buscou responder a essas questões. Realizado em 355 cidades de quarenta países (nas cinco a oito maiores cidades de cada país), o trabalho investigou como reagem pessoas comuns diante de uma mesma situação: a opção entre *devolver* e *não devolver* uma "carteira perdida".

O protocolo do experimento (repetido com 17 303 carteiras, quatrocentas observações em média por país) consistiu no seguinte roteiro. O pesquisador adentra o saguão de um estabelecimento privado ou público (agência bancária, hotel, teatro, museu, delegacia, posto dos correios ou repartição) e dirige-se ao funcionário no balcão de atendimento dizendo haver encontrado uma "carteira perdida" na calçada em frente. Ele deposita a carteira sobre o balcão, avisa que está com pressa e pede ao funcionário que cuide do assunto, pois carece de tempo; incontinente ele se despede sem dizer mais nada e sem deixar contato.

Em cada carteira consta: um cartão de visita com o nome (fictício, em língua local) e o e-mail pessoal do proprietário, uma lista de compras e uma chave. A única diferença é a quantia de dinheiro que há nelas: algumas estão vazias ao passo que outras contêm 13,45 dólares em moeda local (ajustados pela equivalência do poder de compra naquele país). Em três países selecionados (Estados Unidos, Reino Unido e Polônia) o experimento foi replicado com a quantia de 94,15 dólares por carteira em moeda local (idem). O prazo de espera para a devolução foi estipulado em até cem dias.

O que esperar dos receptores? Os resultados contradizem frontalmente as previsões da teoria econômica-padrão — e dos economistas consultados. Pelo modelo da escolha racional, o comportamento humano obedece à lógica do autointeresse: quanto maior a vantagem financeira, menor a propensão à conduta honesta e menor a preocupação com o bem-estar dos demais. Instados a prever o comportamento dos participantes no experimento, cerca de dois terços dos 279 economistas americanos no topo da carreira entrevistados, assim como o público leigo, prognosticaram que as carteiras vazias seriam devolvidas em *maior* proporção que as outras e que a taxa de devolução *cairia* em linha com a soma de dinheiro em jogo.

Justamente o contrário dos resultados obtidos: a média de devolução das carteiras com dinheiro (51%) superou a das carteiras vazias (40%). Embora a taxa de devolução tenha variado entre os países (atingindo 70% na Suíça e Noruega contra cerca de 20% na China e no Marrocos), o padrão foi uniforme em 38 deles (Peru e México foram os únicos em que as carteiras vazias restituídas superaram as outras). O aumento absoluto da taxa de devolução das carteiras com dinheiro foi semelhante em todos os quartis dos países pesquisados, e a percentagem de carteiras contendo dinheiro mas devolvidas sem ele foi quase nula (2%).

A variante do experimento com quantias mais elevadas nos três países selecionados confirmou o padrão básico: a taxa média de restituição aumentou de 46% (carteiras vazias) para 61% (quantia regular) e 72% (carteiras com 94,15 dólares, montante sete vezes maior que na primeira fase). Quanto maior o incentivo monetário à desonestidade, maior a preferência revelada pela ação honesta.

Como entender o resultado? Teriam os participantes agido por receio de punição ou constrangimento? Os autores do estudo tiveram o cuidado de controlar os resultados a fim de verificar se a presença de outras pessoas no instante do recebimento das carteiras ou a existência de câmeras de CCTV no recinto teriam interferido no comportamento, mas nenhum efeito foi constatado. Também não foi encontrada nenhuma evidência de que uma eventual expectativa de recompensa pela devolução das carteiras tenha alterado a conduta. Os participantes agiram como lhes pareceu melhor, sem medo de represália ou esperança de lucro.

A explicação, propõem os autores, reflete a resultante

de dois vetores motivacionais agindo em direções conflitantes: o *econômico* e o *psicológico*. De um lado, a vantagem financeira (ficar com o dinheiro) e o custo de entrar em contato com o dono da carteira (no caso ínfimo, um simples e-mail). E, de outro, a preocupação com o bem-estar alheio (altruísmo) e a aversão a sentir-se como um ladrão ou como alguém de caráter duvidoso (autoimagem). A prevalência de um lado da equação implica algum sacrifício do outro — e vice-versa.

A devolução da carteira dependerá da força relativa desses dois vetores conflitantes. Quando o custo psicológico de saber-se fazendo mal a um terceiro e/ou de sentir-se um ladrão supera o benefício proveniente do dinheiro apropriado, a carteira é devolvida: daí o retorno espontâneo de mais da metade delas. E mais: como a impressão de que se está prejudicando alguém e como a sensação de que se é um ladrão aumentam pari passu com o montante de dinheiro em jogo, quanto maior o valor na carteira, maior também a taxa de devolução, o que teria sido evidenciado pelos resultados obtidos no experimento com somas mais polpudas nos três países selecionados. Ao se inteirar da pesquisa, são Lucas há de ter sorrido e se regozijado na eternidade — mas terá razão?

27

Carteiras polpudas, consciências apaziguadas

O conflito retratado no experimento das "carteiras perdidas" é real: o desejo de capturar um ganho não merecido imprevisto e a vontade de sentir-se moralmente bem ou em paz consigo medem forças — qual levará a palma? Ao simular uma situação da vida comum, a pesquisa tem o mérito de evitar o artificialismo dos testes em laboratório, nos quais os participantes se sentem observados e avaliados, o que tende a minar a espontaneidade das respostas. Por outro lado, contudo, ela padece de certas limitações metodológicas e desconsidera a possibilidade — estranhamente ignorada pelos autores do artigo — de que o padrão de devolução observado não seja generalizável, mas tenha validade restrita a um espectro limitado de valores.

Que diferença fazem 13,45 dólares? Depende, é claro, da situação de quem os recebe: no bolso de uma pessoa faminta, insegura da próxima refeição, *toda a diferença do mundo*; na conta bancária de um ricaço, *uma gotícula no oceano*. A tentação de comer e arriscar-se sem medir consequências para tanto é função da intensidade da fome. A propensão a reter um ganho fortuito e adventício — passivamente recebido — não é imune à situação e às carências daqueles a quem a sorte sorri.

SEXTA PARTE

Os autores do experimento tiveram o cuidado de converter o valor do dinheiro nas carteiras ajustando-o pelo seu real poder de compra em cada país (e não por uma taxa de câmbio eventualmente distorcida). Mas teria sido necessário ir além disso a fim de obter resultados mais fidedignos. O salário mensal da recepcionista em Frankfurt ou Toronto é seguramente um múltiplo (ao menos cinco ou seis vezes superior em média) do recebido pelo seu par em Nairóbi ou Belo Horizonte. É inevitável, portanto, que o significado ou impacto de um ganho imprevisto — a utilidade marginal do dinheiro — seja desigual nos dois casos.

 O procedimento correto, tendo em vista uma comparação adequada da "honestidade cívica" em distintos países, seria ter controlado estatisticamente o efeito dessa disparidade de renda na conduta dos participantes do estudo. Nos termos da ética platônica-cristã-kantiana, é certo, o ajuste não seria requerido — a obrigação de devolver a carteira seria absoluta e incontornável em todos os casos. Mas no arcabouço do modelo econômico-psicológico adotado ele seria imperativo.

 Felizmente, os resultados internos a cada país não são afetados por essa limitação. Em relação a eles, contudo, uma questão central se impõe: existiria um ponto de inflexão a partir do qual se inverte o padrão de devolução observado? A quantia de 94,15 dólares, é razoável supor, faculta algum desfrute extraorçamentário, mas está longe de transformar a vida de uma pessoa — e menos ainda em países afluentes como Estados Unidos, Reino Unido e Polônia. O que aconteceria se o valor do dinheiro nas "carteiras perdidas" fosse de outra ordem de grandeza, ou seja, *serious money*; uma quantia capaz de produzir um efeito duradouro na vida do beneficiário?

Suponha que, em vez das quantias utilizadas, as carteiras contivessem uma cédula no valor de 100 mil dólares. O que seria razoável esperar? O custo do experimento, isso é certo, ficaria proibitivo (uma exorbitância perto dos 600 mil dólares da pesquisa original); mas isso não nos impede de arriscar algumas considerações. Até que ponto a honestidade miúda, tal como revelada pela pesquisa, permite inferir e prever a honestidade graúda, como no princípio de são Lucas?

Devolver ou não devolver, eis a questão. De início, é plausível supor, sob o choque da quantia inusitada, a natural suspeita. Não seria aquilo algum tipo de armação ou tramoia, um esquete de TV? E aquela cédula... só podia ser falsa. Outra preocupação, talvez, esta indicativa de incipiente hesitação, seria com a presença de testemunhas e câmeras CCTV no recinto. Os dias correm, entretanto, e as dúvidas iniciais se dissipam: aquilo era real. Ninguém viu, ninguém sabe; a pessoa que entregou a carteira, na pressa, não se deu ao trabalho de abri-la, nem pediu prova da entrega. O nome no cartão de visita, entrementes, açula a curiosidade: quem seria o dono? Uma celebridade, um filantropo, um político? A pesquisa no site de busca, todavia, resulta inútil; nenhum registro ou menção na internet. *Coisa estranha...* Mistério engendra mistério. E agora, o que fazer?

Exceções existem, como o exemplo de dona Raimunda ilustra. Mas será razoável extrapolar o padrão de devoluções com pequenas somas para o caso de quantias substancialmente maiores? A pesquisa mostrou que a taxa de devolução cresce em linha com o aumento do valor na carteira. A questão é: *indefinidamente?*

Penso que não. É altamente provável que exista um ponto de inflexão, ou seja, um valor a partir do qual a taxa de devolução deixe de crescer pari passu com a soma envolvida e passe a cair até se igualar à taxa de restituição das carteiras vazias antes de, por fim, à medida que o valor segue aumentando, tornar-se significativamente menor que a delas. Ao atingir quantias expressivas — se os 100 mil dólares soarem pouco ainda, leia-se o triplo ou o que for o caso —, a taxa de devolução se aproximaria assintoticamente de zero.

Devolver ou não a carteira, no entanto, a escolha revelada pela ação, é apenas o lado visível do dilema. A real façanha — o toque de Midas da trama — transcorre em silêncio, no recesso da mente, onde os olhos não veem. A imaginação humana serve de fotografia ao invisível, como a empatia serve de eco às reverberações da consciência.

De quantas vozes, sussurros e rumores, surdos ou nem tanto, se faz a consciência acossada pelo alvoroço de uma forte tentação? "Quem sai por aí nas ruas com tanto dinheiro tinha obrigação de ser mais cuidadoso; se perdeu, é porque não dava lá tanta importância... Mas, afinal, pensando bem, por que alguém andaria com essa fortuna no bolso? *coisa boa não é!* só pode ser dinheiro do tráfico ou da corrupção... Ademais, é claro que não vou gastar só comigo; pago o transplante da mamãe, já passou da hora, uma bênção; ajudo a prima desempregada; guardo pra faculdade do caçula; quem sabe até um carro pro marido (mas aí teria de explicar...), sem falar das dívidas... Crime não é... a mão do destino, a Providência é o que é... O bom Deus, que tudo sabe e tudo vê, saberá com certeza me dar razão, verá que só quero o bem... E depois, quantos anos de luta, de trabalho mal pago, as humilhações... chega de ser otária, bancar a Joana d'Arc da minha integridade; se alguém no mundo *merece* tirar a sorte grande sou eu, chegou a minha vez!"

E paralelamente, em meio ao coro clamoroso, o contraponto: a voz tíbia da dúvida — "mas será que devo? e se a carteira perdida fosse a minha?" — como um baixo contínuo que ecoa em suave diminuendo, cada vez mais débil, rumo ao silêncio da consciência apaziguada. Entre o benefício econômico e o custo psicológico, por que não o benefício sem custo? Dinheiro no bolso, autoimagem intocada. *Trade-off* neutralizado. Alquimia mental. Eis o milagre da tergiversação.

O trespasse do limiar da honestidade raramente anda só. A ideia benigna que temos de nós mesmos é um tesouro tão precioso que, diante de qualquer foco de ameaça, real ou imaginária, ela naturalmente mobiliza um pelotão de racionalizações visando protegê-la. O arsenal defensivo contém dispositivos da mais alta capacidade persuasiva e da mais sofisticada engenhosidade. Quando a chance se oferece e a ocasião reclama, quem não urde um belo enredo? Quem não se revela exímio acrobata, capaz de insuspeitas proezas e piruetas no trapézio?

28

Experimentos naturais de impunidade

O acaso pôs o anel no dedo de Giges. Imagine uma loteria que desse aos compradores de bilhetes a imunidade legal. Ela existiu. A primeira loteria estatal inglesa, criada pela rainha Elizabeth I em 1566 e sorteada três anos depois, continha uma cláusula peculiar. Além dos prêmios convencionais em dinheiro e outros bens como prataria e tapetes, ela conferia aos criminosos que se dirigissem às grandes cidades para comprar bilhetes (obviamente de elevado preço) o direito de permanecerem imunes à prisão ou ao assédio da justiça pelo prazo de uma semana, exceto em casos de crimes graves, como homicídio, conspiração política ou pirataria.

O incentivo, porém, não convenceu os potenciais interessados; apesar dos diversos adiamentos do sorteio por falta de compradores, apenas 34 mil de um total de 400 mil bilhetes foram vendidos. A desconfiança do público, ao que parece, tinha suas razões: um documento oficial datado de 30 de abril de 1569 informa ao ministro responsável pela loteria que um homem condenado por dívida invocou o salvo-conduto lotérico, mas os oficiais de justiça simplesmente fizeram troça e ele terminou preso. Por desconhecimento ou desacato, as instâncias inferiores da justiça ignoraram o decreto real.

A relação entre crime e castigo mimetiza na esfera do *nómos* a relação entre causa e efeito na esfera da *physis* [17]. O crime responde pelo castigo assim como a causa responde pelo efeito; mas com uma diferença crucial: a causalidade no âmbito da *physis* obedece a leis cegas, necessárias e independentes da vontade humana, ao passo que a causalidade no âmbito do *nómos* é moral e contingente.

Abre-se aqui, portanto, a possibilidade de extravio, inexistente na natureza. E, com ela, a porteira da impunidade: o privilégio materializado na desigualdade perante a lei (a etimologia é reveladora: o termo "privilégio" vem do latim *privus*: "privado" + *legis*: "lei, obrigação civil escrita e promulgada"). A impunidade equivale à existência de uma lei à parte ou privilégio conferindo imunidade legal aos "premiados".

A procura pelo privilégio da impunidade é uma constante na história humana — e não se restringe à justiça secular. O banqueiro renascentista Cosimo de Medici, por exemplo, obteve do papa católico Eugênio IV uma bula absolvendo-o de todos os seus pecados e garantindo-lhe um lugar no paraíso como recompensa pelo restauro do mosteiro de San Marco, em Florença; o decreto papal foi gravado em pedra, como um contrato bancário, num dos portais do mosteiro. No mercado de indulgências da Igreja até sua condenação pelo Concílio de Trento e abolição definitiva em 1567, a impunidade frente à lei divina tinha um preço monetário definido. Salvo-conduto ao céu.

No mundo do Antigo Regime europeu, embora não

só nele, a desigualdade perante as normas morais, convenções e leis vigentes era tomada como parte da ordem natural da sociedade. A existência de um rígido sistema de castas facultava a uma pequena elite de aristocratas de berço ou da toga o privilégio de perseguir seus prazeres e fantasias, não raro criminosos, sem se deixar tolher pelas inibições, amarras e restrições legais operantes para a maioria. "Os que não conheceram o Ancien Régime nunca poderão saber o que era a doçura de viver", suspirou um longevo mandatário da aristocracia, órfão da Revolução Francesa, nostálgico do mundo da sua juventude.

Em *Justine ou os infortúnios da virtude* de Sade (livro publicado anonimamente em 1791 e que levou o marquês a ser preso, dez anos mais tarde, por ordem de Napoleão Bonaparte), o personagem Verneuil dá voz à presunção de quase irrestrita impunidade da elite pré-revolucionária: "É impossível que as leis sejam igualmente aplicáveis a todos os homens. Esses remédios morais não são diferentes dos remédios físicos: não nos riríamos de um curandeiro que, possuindo apenas um remédio para todos os fregueses, tratasse um estivador da mesma forma que a uma solteirona frívola? Claro que sim! As leis são feitas somente para a gente comum, os que necessitam de restrições e que nada têm a ver com o homem poderoso, a quem elas não dizem respeito. Em qualquer governo o essencial é que o povo jamais invada a autoridade dos poderosos". Como prelúdio do que estava por vir — e incitação à revolta — seria difícil pedir mais.

Os regimes afins e as variantes do Antigo Regime, desnecessário frisar, pertencem a numerosa família. Dos dois lados do Atlântico, privilégios característicos desse modelo atravessaram os séculos, driblaram os ímpetos e arroubos igualitários, ressurgiram pelos mais inesperados orifícios e permanecem vivos nos fluxos e refluxos do novo milênio. Qual teia de Penélope, o tecido da igualdade de todos perante a lei — tributário secular do princípio cristão da "igualdade das almas perante Deus" [23] — parece fadado a sempre se esgarçar, afrontar outra vez as consciências e de novo se recompor.

A segurança da impunidade é a certeza antecipada da causa sem efeito: crime sem castigo. Ela neutraliza o temor de sanção legal ex ante e anula o medo de ser descoberto ex post. A questão é: como agem as pessoas quando estão seguras da impunidade legal dos seus atos? O que poderia motivar alguém a não ser desonesto e a não desrespeitar as leis quando inexistem custos tangíveis, só vantagens, em fazê-lo?

"A razão", pondera Aristóteles, "sempre escolhe o melhor para si." Fazer o que traz satisfação e nos parece mais vantajoso, isso todos entendem; mas abrir mão de um benefício sem custo aparente — ou sacrificar-se pelos demais, principalmente quando são pessoas anônimas e desconhecidas por nós — requer explicação.

As ruas de Nova York foram o palco inadvertido de um vasto experimento de impunidade legal. Entre outras regalias, os 1,7 mil diplomatas de 146 países lotados na ONU (87% dos quais residindo nas imediações do edifício-sede do órgão) detinham um singular privilégio. Graças à imunidade diplomática, os seus carros (identificados por um D na placa de licenciamento, sem nome do país) podiam estacionar em locais proibidos sem que o não pagamento das multas aplicadas gerasse nenhum tipo de punição. Além da isenção de facto, os carros oficiais usados pelos diplomatas, oficiais de missão e familiares estavam também imunes à eventualidade de serem guinchados pelas infrações cometidas. A regra da imunidade vigeu até o fim de 2002, quando foi promulgada a lei de que a placa D seria confiscada após três multas não pagas.

O que se descobriu? Obviedades e surpresas. Entre novembro de 1997 e novembro de 2002 (período para o qual existem dados estatísticos detalhados), os diplomatas da ONU acumularam mais de 150 mil multas de estacionamento não pagas (as devidamente pagas foram desconsideradas), somando um total de 18 milhões de dólares. O número de multas não pagas por diplomata subiu em média 8,4% por mês adicional de residência em Nova York.

Entretanto, a partir de 2003, com a mudança da legislação e a rigorosa aplicação da nova lei, acabou a farra do estacionamento ilegal a custo zero: as violações despencaram 98% nos anos seguintes. O resultado corrobora o modelo da escolha (ou crime) racional. Se a punição é o preço do crime; e se o valor da punição aumenta, a incidência do crime cai. O que era um bom negócio (não é coisa fácil estacionar em Manhattan) deixa de sê-lo. O crime responde ao castigo.

A análise dos microdados, todavia, trouxe surpresas reveladoras. Pelo modelo da escolha racional da teoria econômica, a resposta ao ambiente de total impunidade deveria ser uniforme e valer indistintamente para todos os diplomatas. Se a multa é tão somente o preço do crime; e se o preço do crime é sabidamente nulo, então todos irão convergir no tempo para a prática irrestrita do crime sempre que for vantajoso fazê-lo. Os "agentes econômicos", como sustenta George Stigler, economista de Chicago, em "Economia ou ética?", reagem às situações e oportunidades da vida prática "de modos previsíveis e provavelmente imutáveis". Na eventualidade de um conflito entre autointeresse e ética, ele se arrisca a prever de forma conjectural, "na maior parte do tempo a teoria do autointeresse sairá vencedora". Maximizar a utilidade é o nome do jogo.

Não foi o caso. O experimento nova-iorquino revelou a existência de uma significativa — e crescente no tempo — disparidade na frequência das infrações de acordo com o país de origem dos envolvidos.

No período analisado, o número de multas não pagas por carro foi de 7,5 em média, mas variou de *acima de cem* por diplomata (em países como Kuwait, Egito, Sudão e Bulgária) a *zero* (Austrália, Suécia, Colômbia e Japão, entre outros). A diferença entre os países se mantém mesmo quando se controlam os eventuais efeitos da disparidade de renda per capita entre eles ou a diferença de remuneração dos membros das respectivas missões. Nem todos, portanto, reagiram de igual modo (como prevê a escolha racional) aos privilégios e conveniências desse singelo anel de Giges que era a placa D.

Como entender o resultado? A rigorosa aplicação da lei, como o experimento mostra, produz resultados tangíveis; mas ela está longe de ser tudo. "Os diplomatas", afirmam os autores do estudo, "trazem com eles para Nova York as normas sociais ou a cultura de corrupção da nação de origem." Daí a disparidade na incidência de infrações segundo a procedência. A variação de comportamento dos diplomatas, como eles evidenciam, é quase linearmente correlacionada com os índices que medem a *percepção* de corrupção (definida como "o abuso do poder instituído visando o ganho privado") nos diferentes países. Quanto mais corrupto se percebe o país de origem na ótica dos seus próprios habitantes, maior o número de multas não pagas por diplomata, e vice-versa.

A certeza de impunidade, em suma, permite que aflore e venha à luz o grau de enraizamento do compromisso ético — ou da ausência dele. A adesão às normas e o respeito às leis, mesmo em ambientes de segura impunidade, dependem da existência de uma rede de sentimentos e crenças morais compartilhada pelas pessoas. Se a consciência é aquela voz interior que nos alerta de que algo não é certo e alguém pode estar olhando, a começar por nós mesmos, e isso mesmo quando temos certeza de que não há ninguém olhando, exceto nós mesmos, então Giges nunca está só. Mesmo invisível ele não foge de si. O crime responde à consciência.

SÉTIMA PARTE

29
A descendência de Giges: ética e felicidade

Fulgurante e fugaz. Durou pouco a dinastia Mermnada inaugurada pelo Giges de Heródoto [1]. Tomado por desmedida ambição e insolente arrogância, o rei Creso, quinquaneto de Giges, foi derrotado pelo exército persa comandado por Ciro II, feito prisioneiro e sentenciado à morte. A derrocada selou o fim do reino da Lídia e confirmou a profecia das pítias de Apolo, em Delfos, de que a punição pelos crimes de Giges recairia não sobre ele, mas na quinta geração da família.

Ao ser conduzido à fogueira onde seria executado, Creso pôde ainda lembrar-se das advertências de Sólon sobre as incertezas da vida e o ciúme dos deuses, e por três vezes gritou seu nome. Como o sábio ateniense tivera o brio de alertá-lo em sua "visita" a Sardes anos antes, nos dias de glória e fausto, quando tudo no universo parecia conspirar a seu favor e ele se cria o mais rico e venturoso entre os homens, nenhum mortal pode ser chamado feliz enquanto vive, ou seja, enquanto ignoramos como terminará os seus dias. Melhor sorte não tiveram os filhos de Creso: o primogênito morreu jovem, vítima de acidente em caçada, ao passo que o caçula era surdo e mudo.

O Giges da fábula de Platão não tem prole biológica

nem dinastia; como constructo conceitual, ele não pertence ao mundo histórico. Nem por isso, todavia, carece de uma formidável linhagem de descendentes na história do pensamento moderno. O DNA do Giges-pastor da *República* — tal como retratado por Gláucon na fábula que introduz o desafio a Sócrates [2] — pode ser decomposto em dois elementos constitutivos ou traços essenciais.

De um lado, está a *premissa comportamental*: sua atitude em relação à justiça e à virtude. Como as ações do pastor após a descoberta do anel deixam claro, sua adesão às leis e às normas da moral herdada era inteiramente postiça e feita de prudência e hipocrisia, sem nenhum comprometimento ético genuíno. E, de outro, está a *concepção de felicidade*. O anel permite que venha à tona o sonho de realização adormecido na alma do Giges-pastor: ele seduz a rainha, assassina o rei, usurpa o trono, tenta subornar os deuses com oferendas e torna-se fabulosamente rico.

Os mesmos traços reaparecem na conjectura de Gláucon acerca da perfeita equivalência entre a pessoa justa e a injusta de posse do anel [7]. O cordato cidadão ateniense, obediente às leis e à moral dos costumes, mostra quem é: o Giges-sem-lei. Tomado de uma cupidez sem freios, livre do receio de punição, ele se entrega a uma carreira de crimes, impiedades e atos do mais cruel egoísmo a fim de saciar suas taras, impulsos e recalques. Como os irmãos de Platão declaram no diálogo — e Sócrates não contesta —, assim se exprimia a visão de felicidade e de uma vida plena na "opinião da maioria" e na voz de poetas e sofistas.

O DNA do constructo platônico percorre como um

leitmotiv a história da filosofia e da literatura ocidentais. Um mapeamento sistemático da longeva e prolífica linhagem do Giges-sem-lei — nem toda ela, é claro, descendente em linha direta de uma mesma fonte ou semente na filosofia antiga — seria tarefa cansativa e pouco acrescentaria; as variações ao redor do tema preencheriam um vasto (e talvez não menos enfadonho) tomo. Por sua relevância e especial clareza, contudo, alguns rebentos dessa ancestral linhagem merecem ser destacados.

Começo pelo fim: Freud. "Falando em termos gerais", ele diz, "a nossa civilização está alicerçada na supressão dos instintos." Mas como reagiria o homem ou a mulher comum frente a uma súbita e integral suspensão das leis e restrições morais que tolhem a livre expressão da personalidade e nos impõem a todos uma pesada carga de renúncia instintual?

A resposta oferecida pelo pai da psicanálise em *O futuro de uma ilusão* não poderia ser mais clara ou incisiva. "Imaginemos", propõe ele, que "as proibições [da civilização] fossem abolidas: um homem poderia escolher como objeto sexual toda mulher que lhe agradasse, poderia liquidar tranquilamente seu rival ou quem mais estivesse em seu caminho, também poderia tomar qualquer dos bens do outro sem necessidade de permissão, que beleza seria então a vida, que sequência de satisfações!". (É sintomático aqui, vale frisar, o viés de gênero: a mulher figura como ser-objeto passivo frente ao predador sexual, incapaz de rechaçá-lo ou oferecer-lhe resistência; mais sutil e realista, no caso, foi a conduta do Giges-pastor ao *seduzir* a rainha e conquistar sua cumplicidade servindo-se do poder do anel.)

SÉTIMA PARTE

O único porém, segue o argumento, é que a suspensão das interdições a que cada um está submetido não passaria no teste da universalização. *E se todos agissem assim?*, indaga Freud. Quem aceitaria ser destratado como destratou os demais? "Cada qual teria os mesmos desejos, e não o trataria de modo mais indulgente do que ele foi tratado. No fundo, portanto, apenas um indivíduo teria felicidade irrestrita, eliminando-se as restrições culturais: um tirano, um ditador que açambarcasse todos os instrumentos de poder." E mesmo ele, arremata Freud, o tirano que se põe acima do bem e do mal, "teria bons motivos para desejar que os outros observassem pelo menos um dos mandamentos da cultura: o que diz 'não matarás'".

O parentesco é inequívoco: a conjectura freudiana é a exata reencarnação do Giges-sem-lei de Gláucon. Sob o fino verniz da conduta civilizada; sob as máscaras e véus dos papéis que a vida em sociedade, a divisão do trabalho e os vínculos erótico-afetivos nos forçam a encenar, agita-se uma fera astuta e indomável à espreita do bote. Ao abrir-se a jaula, ela mostra quem é.

E, no DNA da fera, como sugere Freud, a nulidade do comprometimento ético (premissa comportamental) e a feroz ambição de gozar a vida sem travas e inibições, como "sequência de satisfações", de paroxismo em paroxismo (concepção de felicidade). Quanto ao teste da universalização, vale notar, o Giges-sem-lei, seguro no privilégio do seu Ancien Régime particular, não tem com que se preocupar: o anel é só dele. Nem um tirano goza de tal poder.

Ao recuarmos no tempo, isto é, às raízes da filosofia moderna europeia, a genealogia do constructo platônico se bifurca em dois troncos principais: Hobbes e Rousseau. Na vertente hobbesiana, como será visto, a figura do Giges-sem-lei se confunde com a realidade incontornável da natureza humana em qualquer tempo e lugar; ao passo que, no tronco rousseauniano, ela tem um caráter histórico definido, ou seja, não é uma condição imutável ou inerente ao animal humano, mas a resultante das imperfeições da ordem social existente. O Giges--sem-lei de Rousseau, assim como o seu equivalente na *República*, não é senão a réplica em letra miúda da sociedade injusta e corruptora em que veio ao mundo.

"O medo e eu somos gêmeos que nasceram juntos", dizia Hobbes ao recordar o fato de que sua mãe entrou em trabalho de parto prematuro no exato momento em que soube que a "invencível armada" espanhola se preparava para invadir a Inglaterra. A boutade é certeira. O autor do *Leviatã* é o filósofo do medo. Se, por um lado, é o temor da agressão alheia e morte violenta no "estado de natureza" que suscita o surgimento do Estado, é o receio de prisão e castigo, por outro, que leva o cidadão a abrir mão de recorrer à violência e o faz curvar-se diante do poder soberano e das leis: "pactos sem a espada não passam de sopro inócuo".

O medo de todos perante todos permeia o tecido social. É por isso, observa Hobbes, que, quando um homem sai em viagem "ele se arma e procura ir bem acompanhado e, quando vai dormir, tranca suas portas e, mesmo quando está em sua casa, tranca suas gavetas. E tudo isso quando ele sabe que existem leis e agentes públicos armados para vingar todos os danos que lhe sejam feitos. Que opinião tem ele dos outros homens quando anda armado; ou dos seus concidadãos, quando tranca as portas; ou dos filhos e empregados domésticos, quando tranca suas gavetas?". A *bête humaine* envolta em pele de cordeiro é um ser que "transporta a guerra na alma". Só a força do medo é capaz de subjugar sua natural propensão ao descaso pelos direitos e bem-estar alheios em meio à "perpétua contenda por prestígio, riquezas e autoridade" que alimenta uma situação de conflito e hostilidade latente na convivência humana.

O fulcro da filosofia política hobbesiana é a divergência radical e insanável dos juízos no campo da ética: "seja qual for o objeto do desejo de um homem, ele o chama de Bem, e tudo que odeia, de Mal". Ninguém se move de si. Grau zero da empatia.

O animal humano é por natureza um ser voraz, possessivo e insaciável, sempre em busca de prazeres e autoafirmação. "A felicidade", tal como Hobbes a define, "é o progresso contínuo do desejo de um objeto para outro, a obtenção do primeiro sendo ainda apenas o caminho para o seguinte [...] Afirmo tratar-se de uma inclinação geral de toda a humanidade, o desejo perpétuo e sem trégua de poder seguido de poder, que cessa apenas com a morte." E, como a adesão às normas morais e o poder da consciência para conter os impulsos antissociais que nos povoam são virtualmente nulos, cabe ao Leviatã prevenir por meio da vigilância — e evitar pela força — a recaída no estado de beligerância entre átomos humanos sem freios e inibições.

O Giges-sem-lei rousseauniano tem forte parentesco com o seu duplo hobbesiano, mas com uma diferença crucial. O seu modo de ser e agir não é algo constitutivo da natureza humana e, portanto, presente em qualquer tempo e lugar — nas tribos tupis não menos que na corte de Versalhes —, mas produto de uma formação histórica particular: a moderna civilização europeia. Se Hobbes é o filósofo do medo por excelência, Rousseau é o filósofo da vaidade e da hipocrisia.

O progresso da civilização, segundo Rousseau, *provocou* o retrocesso moral da humanidade. Quanto mais avançam e se sofisticam o aparato tecnocientífico e a economia, mais eles afastam a sociedade da inocência e simplicidade do mundo pré-moderno rumo à desigualdade, à depravação e à corrupção moral.

Se o homem na sua condição natural — o "selvagem" — precisa apenas do necessário a fim de viver em paz consigo e feliz, como "amigo de todos os seus semelhantes", o civilizado padece de uma psicologia moral deformada: "ele sabe como viver apenas na opinião dos outros e é, por assim dizer, somente do julgamento deles que deriva o sentimento da sua própria existência". Tomado por uma sede frenética de afirmar-se perante o mundo e consumido pelo verme do amor-próprio, ele é um eterno insatisfeito que vive negociando, fingindo, calculando e tramando engrandecer-se aos olhos de todos.

À medida que suas necessidades tornam-se menos naturais, o desejo de satisfazê-las torna-se mais apaixonadamente violento e, pior, também o poder para tentar saciá-las, "de modo que após prolongados períodos de prosperidade, depois de abocanhar imensos tesouros e arruinar um sem-número de homens, o meu herói [o civilizado] acabará por cortar cada pescoço até se tornar o único senhor do universo. Este, em resumo, é o retrato moral, se não da vida humana, ao menos das aspirações secretas do coração de todo homem civilizado". Não é difícil imaginar o que alguém tomado por tais desejos e "aspirações secretas" faria de posse do anel.

Aos olhos de Rousseau, todavia, não se pode atribuir à índole original dos humanos o que é puro efeito das relações sociais e de uma educação danosa. "A natureza", como ele declara em *Rousseau juiz de Jean-Jacques*, "fez o homem bom e feliz, mas a sociedade o deprava e faz dele um miserável infeliz." Como em Platão, portanto, o microindividual destila e concentra o macrossocial [8]. A corrupção e a hipocrisia reinantes não são um dado da vida em sociedades complexas, mas moléstias remediáveis, ou seja, anomalias passíveis de correção mediante um conjunto de transformações políticas: a eliminação da desigualdade, a extensão e aprimoramento das práticas educacionais e a reforma das leis e instituições. O Giges-sem-lei rousseauniano nega o que todos seriam por natureza. Ele é a perversão do que poderiam ser de outro modo.

Naturalizado ou historicizado; constitutivo da espécie ou produto de mutação tóxico-radioativa da modernidade europeia; conosco desde sempre ou de alguns séculos para cá — o colorido e os caminhos divergem, mas o resultado é na essência o mesmo: o Giges-sem-lei da *República* redivivo.

Em ambas as vertentes, o DNA do Giges-sem-lei carrega os seus dois traços definidores: o comprometimento ético nulo, exceto por astuciosa razão prudencial, e a concepção de felicidade como escalada de prazeres e fruição narcísica de poder seguido de poder.

Curiosamente, no tocante à vida pessoal, as atitudes de Hobbes e Rousseau face à paternidade guardam profunda coerência com suas visões de mundo. Enquanto o filósofo do medo, defensivo, morreu sem ter filhos (ou mesmo, ao que parece, vínculos erótico-amorosos), o filósofo da vaidade e da hipocrisia abandonou cinco filhos recém-nascidos, sem nome e indicação de paternidade, na porta de orfanatos parisienses ("pensei que me conduzia como um cidadão e um pai", ele alegou nas *Confissões*, "e considerei-me como um membro da República de Platão"). Se o medo trava e paralisa, a vaidade e a hipocrisia cultivadas ao extremo deitam o cuidado com o outro às favas.

30

O que há de errado com o Giges-sem-lei e sua prole?

O Giges-guardião [11] e o Giges-cristão [22] não têm pretensão descritiva ou empírica: eles incorporam *ideais* de perfeição humana. O propósito é demonstrar que a ética e a felicidade, longe do que possa parecer à primeira vista, e mesmo sem levar em conta quaisquer efeitos de ordem prática como a boa reputação e o apreço alheio, reforçam-se mutuamente e caminham juntas: a conduta ética é o lastro e o passaporte da plenitude humana.

O Giges-guardião e o Giges-cristão jamais dizem, fazem ou pensam algo que não desejassem visto ou ouvido por todos. Daí que a posse do anel, nos dois casos, em nada subverta ou minimamente altere suas escolhas e conduta. Em gestos, palavras ou pensamentos, visíveis ou não, nenhum deles nunca tem nada a esconder.

O Giges-sem-lei e sua prole são o contrário disso. Eles se apresentam não como ideais a serem perseguidos, o que é evidente, mas como *hipóteses* ou *previsões realistas* acerca de como reagiriam as pessoas comuns caso viessem a desfrutar do privilégio do anel. E o resultado do experimento mental, segundo essa abordagem, é o perfeito avesso da convergência sustentada e preconizada pelo ideal platônico-cristão. A posse do anel escancara a extensão da fratura no subsolo da alma: o divórcio entre ética e felicidade é quase absoluto. O Giges-sem-lei é o pesadelo platônico-cristão encarnado.

A vida em sociedade nos treina e afia na arte de expor e ocultar. Na foto, o sorriso; no Instagram, a vitrine. "Quanto mais civilizados se tornam os homens", observa Kant, "mais eles se tornam atores e querem exibir-se e fabricar uma ilusão." Mas, no recesso da mente, a realidade é bem outra. Liberte o ator social das cadeias do decoro; destrave os freios e afrouxe as amarras e inibições: o que se revela? O que emerge das grutas, porões e abismos da alma desimpedida, livre de embaraços, desgarrada das rédeas e antolhos da ordem civilizada?

De Gláucon a Freud, o Giges-sem-lei nos é oferecido como uma resposta objetiva e sobriamente realista à questão. O apelo persuasivo da conjectura é inegável, mas será razoável aceitá-la? Quais são os seus pressupostos? E quão robustas empiricamente são de fato a premissa comportamental e a concepção de felicidade constitutivas do DNA desse constructo conceitual? Até que ponto elas se mostram plausíveis do ponto de vista da vida comum e da psicologia moral do animal humano?

A figura do Giges-sem-lei se desdobra em dois tempos: *antes* e *depois* do anel. No primeiro tempo, ele é o *canalha astuto*: veste os trajes e a máscara do civilizado, sabe que a honestidade é (via de regra) a melhor política, mas não deixa de estar sempre com o radar alerta às oportunidades de "levar vantagem" quando a chance de fazê-lo sem maiores riscos se oferece.

Ele reconhece a necessidade das normas morais e das leis para a vida em sociedade; condena com veemência as transgressões e abusos dos demais, especialmente quando ocupam cargos de autoridade, mas sonha secretamente — por vezes até para si mesmo — com um mundo em que todos, exceto ele, sejam cidadãos honestos, confiáveis e cumpridores do dever. Diz a verdade quando não vê a menor vantagem em mentir, e mente quando não vê a menor vantagem em dizer a verdade; o mal nunca é a mentira em si, mas ser pego nela. A falsa face encobre o que o coração falso maquina. A virtude é o crime bem-sucedido.

A posse do anel subverte esse quadro. Inimputável, o canalha astuto se transmuta em *besta-fera*. Com a certeza da impunidade nas mãos, o Giges-sem-lei arranca a máscara, despe a pose e se revela por inteiro. Tem o mundo aos seus pés e a humanidade à sua mercê. Como um prisioneiro de súbito liberto e dotado de exorbitantes poderes, ele é capaz de toda transgressão que o conduza mais rapidamente aos seus objetivos; ele não hesita em tratar a todos indistintamente como meios ou instrumentos para suas fantasias, caprichos e desígnios. É a fera livre da jaula moral.

Os dois tempos do Giges-sem-lei pedem análises e críticas distintas. Comecemos pelo Giges-sem-lei pré-anel: o canalha astuto. O que há de errado com ele? Embora nos seja oferecida como fruto de sóbrio realismo, a hipótese comportamental do canalha astuto não se sustenta empiricamente. Ela nega a realidade do ético na existência humana, toma a cauda da distribuição pelo padrão dominante de conduta na vida prática e naufraga no teste da universalização.

O canalha astuto, é certo, *existe* (ainda que ninguém, talvez, o seja em tempo integral ou com o rigor e a consistência de uma construção lógica). Ele pode ser encontrado sob diferentes nomes, disfarces e feitios não só nos jornais e livros de história, mas também nos romances, teatro, cinema, canções populares e novelas de TV. Sua presença nas ruas e no cotidiano — na vida privada e na política — ganhou nome próprio em diferentes culturas: ele é o *furbi* siciliano, o milongueiro platino, o *wiseguy* nova-iorquino, o malandro carioca. A questão, portanto, não é se ele existe, mas a *frequência estatística* da sua presença em diferentes sociedades. Quão representativo é de fato — ou pode chegar a ser — o canalha astuto?

A confiança interpessoal é o cimento da vida em sociedade [26]. Se uma proporção significativa de pessoas vivesse de fato como canalhas astutos — mentindo e quebrando promessas como exímios artistas do verbo; furtando e trapaceando sempre que pudessem fazê-lo impunemente; explorando e manipulando os outros sob o manto da mais refinada hipocrisia e de uma reputação ilibada —, o edifício social implodiria.

Colher sem plantar pressupõe plantio: o parasita não vive sem o hospedeiro. Se a presença de canalhas astutos na sociedade aumentar de forma desproporcional em relação ao restante da população; e se o oportunismo irrefreado, como consequência, passar a dar as cartas e dominar todas as relações profissionais, comerciais, familiares e afetivas, às custas de quem viverão eles? Em prejuízo de quem irão aplicar seus golpes, blefes e ardis? Em cima de quem irão "levar vantagem"? A canalhice astuciosa só vinga e se mantém lucrativa enquanto a veracidade e a honestidade prevalecem como normas de validade geral. A exceção é parasita da regra.

SÉTIMA PARTE

Além de falhar no teste da universalização, a premissa comportamental do Giges-sem-lei pré-anel — a conduta moral como prudência astuciosa convertida em aceitação social e boa reputação — não se sustenta empiricamente. As evidências mostram que uma fração relativamente pequena das oportunidades de ganho ilícito, mesmo em situações de impunidade, é de fato explorada (como no experimento das "carteiras perdidas" [26] e no uso das placas D pelos diplomatas da ONU [28]).

A hipótese do canalha astuto nega a realidade da ética na vida comum. Ela assume que a humanidade (ou sua parte civilizada) é governada por uma parcela apenas das motivações que a governam — o oportunismo crasso e dissimulado — e, em relação a essa parte, supõe que ela seja mais fria e calculista do que na verdade é.

De Calígula a Catão; de Genghis Khan a Teresa de Ávila; de Hitler a Luther King; de Mobutu a Gandhi — o arco do comprometimento ético abarca um vasto e multifacetado espectro. As elites do bem e do mal demarcam pontos extremos. O intervalo relevante para a vida comum não está nem lá nem cá, mas no miolo do arco. A posição de alguém nesse arco pode variar ao longo do ciclo de vida ou em diferentes esferas de atuação e circunstâncias. Ao tomar a cauda amoral da distribuição e generalizá-la para o conjunto da nossa espécie (ou para a modernidade ocidental), a hipótese do canalha astuto não é condizente com os fatos da vida comum e com as evidências empíricas, nem faz jus à complexa diversidade da pessoa humana.

As ações e motivações humanas, é certo, nem sempre são o que parecem. Mas daí a concluir que elas *nunca* são o que aparentam ser, de modo que o universo da ética se reduz à nulidade ou à hipocrisia — à irrealidade de uma "falsa consciência" ou mera fachada postiça feita de embuste, racionalização e autoengano — vai uma longa, e não menos absurda, distância.

O compromisso com a verdade, vale lembrar, é ele mesmo um compromisso ético. Quem se propõe a contestar a realidade da ética pode estar certo ou errado ou, ainda, algumas vezes certo, outras errado. Mas ao buscar a verdade e procurar desvendar as coisas como elas de fato são, e não como parecem ser, o contestador estará afirmando de forma implícita aquilo que nega: o seu compromisso ético com a verdade. A probidade no raciocinar e inquirir é consanguínea da probidade no agir: "a lógica", como resume Charles Peirce, "é a ética do entendimento".

Por que acreditar que a desonestidade e a má-fé são o que são, ao passo que a ética e a virtude são alguma coisa epistemicamente frágil e suspeita — algo a ser invariavelmente desmascarado? Se Brás Cubas é crível, por que não dona Raimunda [25]? Será o bem menos real que o mal? A integridade menos veraz que o descaramento? "Aos olhos do vil a sabedoria e a bondade parecem vis." A honestidade parece conter algo de tóxico e irritante à pele e ao olhar de quem nela não crê. Às vezes é preciso arrancar a máscara ao desmascarador. Sóbrio realismo não é o mesmo que cinismo.

31

O Giges-sem-lei à solta: que felicidade é essa?

O Giges-sem-lei pós-anel é outro capítulo. A posse do talismã escancara a fantasia de felicidade guardada e encolhida na alma do canalha astuto. Como borboleta a romper o casulo, emerge a figura da besta-fera.

A liberdade alheia a limites na esfera do *nómos* [17] permite que ele aja sem medo de represália, segundo o que julga melhor para si. Sua única regra de conduta é a que o leva a preferir tudo que o faz sentir-se bem ou feliz, sem importar o mal que sua primazia possa causar aos demais. Tomado pela ânsia do prazer possessivo unido ao feroz, o Giges-sem-lei à solta é um estuprador serial (Freud); um microleviatã lobo do homem a quem a espada do Leviatã não alcança (Hobbes); um buraco negro de vaidade e hipocrisia disposto a "cortar cada pescoço até se tornar o único senhor do universo" (Rousseau). O seu sonho de realização é o pesadelo de todos que têm o infortúnio de interagir com ele.

A conjectura do Giges *qua* besta-fera, entretanto, assim como o canalha astuto do qual deriva, não resiste a uma análise criteriosa. Ela pressupõe uma noção de felicidade internamente frágil e não menos duvidosa do ponto de vista da nossa psicologia moral. Ela destila o

O GIGES-SEM-LEI À SOLTA: QUE FELICIDADE É ESSA?

que há de mais bilioso, incontinente e egoísta em nosso psiquismo, ignora a dimensão da sociabilidade e não hesita em recriar o detentor do anel à imagem de um tirano adolescente, obcecado pela autoafirmação narcísica, e com traços inequívocos de psicopatia.

As ações do Giges-sem-lei à solta não têm por objetivo o mal dos outros em si, mas o seu próprio prazer em forma de satisfação sexual, status, afirmação de poder e uma mais forte excitação nervosa. Se esse prazer acarreta o sofrimento e o desprazer alheios, tanto pior: sem risco de punição ou vingança, em nome do quê ele se privaria da gratificação ao seu alcance?

E, como o anel — um bem guardado segredo — é de propriedade exclusiva sua, o teste da universalização não se aplica: a ameaça de recaída na fogueira hobbesiana — "a guerra de todos contra todos" — inexiste. A regalia da inimputabilidade é monopólio inconteste de um só.

A violência da irrupção causada pelo anel dá o que pensar. Ela é índice da frustração e ressentimento em que transcorria a vida do canalha astuto. É razoável supor que, no primeiro arroubo após a descoberta do anel, tomado pela "coragem para ser gente com violência e audácia", farto de "andar sempre agarrado às saias da civilização" e no afã de ousar viver de acordo com o seu delírio, ele busque o desafogo: saciar desejos e fantasias longamente sonegados; revidar desfeitas e humilhações; acertar contas com as mágoas, desafetos e dívidas do passado. Acabou a era dos sonhos tolhidos e impulsos sufocados — a longa espera. O carnaval do anel chegou.

A questão é: *por quanto tempo?* Durará indefinidamente a ilusão das gratificações que aplacam e distraem

SÉTIMA PARTE

por alguns momentos nossa fome de primitivo alimento? Depois de extravasar "a ânsia das coisas mais cruéis e abomináveis"; depois de explorar léguas de coxas e mucosas e peles sedosas e de possuir como um sultão lascivo os mais belos corpos; depois de acumular pelo roubo ou astúcia obscenas riquezas; depois de "cortar cada pescoço até se tornar o único senhor do universo" e de ungir suas feridas narcísicas com doses cavalares de poder seguido de poder — e então? *Que felicidade é essa?* Aonde se chega assim? O garanhão tolhido e trancafiado nos porões da mente toma o freio nos dentes, deita fora o cavaleiro e arranca em louca disparada — mas aonde pretende chegar? Uma cavalgada cega e explosiva sem fim? O que afinal deseja do fundo da alma o Giges-sem-lei à solta?

Seria ingênuo, é inegável, supor que os nossos mais profundos desejos, aspirações e necessidades, sejam quais forem, produzam motivações invariavelmente harmoniosas e compatíveis com os direitos e o bem-estar dos demais. O animal humano moldado pelo processo evolutivo é herdeiro de um psiquismo arcaico saturado de pulsões e propensões antissociais e que se manifestam na agressividade, na sexualidade abusiva e no egoísmo cruel. Daí que a convivência em qualquer sociedade reconhecivelmente humana exija um aparato de normatividade (*nómos*) e cobre dos seus membros um constante exercício de autocontrole e autocontenção que geram, por sua vez, camadas adicionais de frustração, ressentimento e hostilidade difusa.

Tudo isso é certo. Negar a existência dessa realidade seria incorrer na fantasia de um ingênuo primitivismo e na falácia do "bom selvagem". O equívoco, todavia, é tomar a parte pelo todo. É fazer das propensões antissociais, possessivas e ferozmente egoístas do nosso psiquismo — a "energia escura" no campo gravitacional da alma — a totalidade das motivações e anseios humanos. Para aquém de qualquer juízo ético, a redução da psique aos seus componentes antissociais e a injustificada entronização, no reino da mente, de um ego narcísico em pé de guerra com um mundo hostil, deturpam e tornam insustentável a concepção de felicidade do Giges-sem-lei como hipótese ou prognóstico de validade geral.

A filosofia de vida do Giges-sem-lei à solta está baseada na solidão absoluta. Nela não há lugar para nenhuma espécie de vínculo afetivo não instrumental entre uma pessoa e outra. Sua fantasia delirante de felicidade — tornar-se um todo-poderoso arquiduque do mundo e gozar a vida como um insaciável corsário do prazer — ignora por completo a dimensão da sociabilidade. Como um político corrupto e orgulhoso da glória e riqueza amealhadas no roubo, ele prefere ser tido — e ter-se — em alta conta pelo que não é a ser tido na devida conta — e ter-se — pelo que é.

Mas quão feliz ou satisfatória pode ser uma vida assim? Uma existência calcada na mais impermeável autossuficiência egocêntrica e desprovida de qualquer vestígio de empatia? O escândalo aqui não é de ordem ética, embora também o seja, mas remete à profunda inadequação e falta de aderência desse modelo de personalidade à realidade da psique do animal humano tendo em vista o que sabemos e podemos observar acerca da nossa condição como seres eminentemente sociais e finitos.

A concepção de felicidade do Giges-sem-lei assenta na falsa premissa do caráter radicalmente solitário e egoísta da natureza humana (ou sua deformação civilizada). O fato inelutável, todavia, como aponta Adam Smith no parágrafo que abre a *Teoria dos sentimentos morais*, é que, "por mais egoísta que se suponha um homem, evidentemente há alguns princípios em sua natureza que o fazem interessar-se pela sorte dos outros, e considerar a felicidade deles necessária para si mesmo, embora não extraia disso senão o prazer de poder assistir a ela. [...] O maior truculento, o mais contumaz infrator das leis da sociedade, não é totalmente desprovido desse sentimento". Em círculos concêntricos que se abrem e expandem a partir das pessoas de quem nos sentimos mais achegados, a aflição alheia aflige, a alegria alheia alegra. O outro em nós.

Podemos, é certo, imaginar alguém inteiramente privado da faculdade de transportar-se em pensamento e colocar-se no lugar de outras pessoas — a começar pelas que nos são mais próximas afetivamente — de modo a ver e sentir as coisas como se pode supor que veem e sintam. O extremo patológico, porém, não se confunde com a norma. Ao introduzir a *simpatia* (grego *sun*: "com" + *pathos*: "sentimento" = "sentir com" ou "acompanhar o sentimento de") como princípio constitutivo da nossa psicologia moral — e com raízes no processo evolutivo da espécie humana —, o postulado de Smith supre um vital corretivo e impugna o solipsismo afetivo do Giges--sem-lei como generalização de amplo alcance.

Violência, fraude, manipulação, invasão de privacidade: a posse do anel *faculta* ao seu detentor tratar a todos indistintamente como meios ou instrumentos para os seus fins pessoais. O Giges-sem-lei não hesita em explorar essa prerrogativa ao limite.

O dano e o sofrimento causados por suas ações em nada o afligem ou abalam, assim como as suas alegrias e "conquistas" — sexo, riqueza, fama, poder — são desfrutadas em esplêndido isolamento, sem que ele se veja motivado a dividi-las e compartilhá-las com terceiros (inclusive pelo sério risco que passaria a correr caso abrisse o jogo ou deixasse escapar o segredo). Para ele, não importam a aprovação sincera ou o apreço e a estima calcados em motivos verdadeiros — a moeda falsa do logro e da manipulação lhe bastam. Grau zero da consciência simpática, a admiração e a estima que ele nutre por si mesmo garantem a sua felicidade.

Mas será minimamente plausível supor alguém assim? Como imaginar a felicidade de um ser humano trancado e ilhado em si mesmo, indiferente à interioridade dos demais? Alguém que lida com todos indistintamente, nas suas relações pessoais e familiares não menos que na vida pública e profissional, como se não passassem de objetos ou seres do mundo natural sujeitos ao seu livre e caprichoso dispor?

A conjectura proposta por Hume sugere o que há de errado com essa ideia: "Consinta que todos os poderes e elementos da natureza conspirem a fim de servir e obedecer a um homem; deixe o sol nascer e se pôr sob seu comando, os rios e oceanos fluírem ao seu agrado e a terra fornecer a ele espontaneamente tudo que lhe seja útil ou aprazível: ele será ainda desgraçadamente infeliz [*miserable*] até que você lhe dê ao menos uma pessoa com a qual possa partilhar sua felicidade e de cuja afeição e amizade possa desfrutar". Outra não era, entre os antigos, a conclusão de Aristóteles — "pois, sem amigos, ninguém escolheria viver, mesmo que possuísse todos os demais bens" — e de Epicuro: "Dentre aquilo que a sabedoria prepara em vista de garantir a felicidade ao longo da vida, de longe o mais importante é a posse de amizade".

A amizade dissolve as fronteiras entre autointeresse e benevolência e transcende a dicotomia egoísmo × altruísmo, pois nela o desejo pelo bem alheio se mescla e se funde com o desejo do nosso próprio bem. As afeições simpáticas — a boa disposição natural, a amizade e o amor, a cordialidade espontânea nos contatos interpessoais — são virtudes que não cobram renúncia ou autossacrifício e conferem benefícios aos demais. Elas harmonizam a convivência ao mesmo tempo que deleitam a alma e tornam nossas vidas mais reais: o *bem* e o *bom* em uníssono. Uma ponte — ao lado de atividades como a criação artística, a excelência no exercício prazeroso de um ofício, a apreciação da beleza e a busca do conhecimento — entre ética e felicidade.

E o Giges-sem-lei? Do alto da sua prepotência, ele julga não precisar de ninguém a fim de ser alguém. Ou por outra: precisa tão somente usar (e abusar) dos demais a fim de sentir-se no topo do mundo, superior a todos, "como um deus entre os homens". Livre das rédeas da moral e dos limites da lei, porém enclausurado em si mesmo, com a alma e o coração lacrados à possibilidade do genuíno contato humano, a forma de vida do Giges-sem-lei exclui o respeito e o reconhecimento do outro *como igual*, ou seja, não como um meio ou degrau para os seus objetivos, mas como um fim em si mesmo.

O GIGES-SEM-LEI À SOLTA: QUE FELICIDADE É ESSA?

Sua ideia de felicidade como "sequência de prazeres" e picos hedônicos (fantasia típica de certo estado febril dos mais jovens) e como "poder seguido de poder" até "a obtenção da glória de todos os reinos do mundo" (como na terceira tentação de Jesus Cristo por Satã) ignora por completo a construção de vínculos interpessoais densos — a consciência de amar e de ser amado, compreender e ser compreendido — como fonte de alento, saúde e ânimo vital.

Acreditando-se apto a experimentar em si mesmo e por si mesmo, graças à afirmação intransigente da personalidade, a plenitude da vida, ele cai no pleno isolamento. O deserto interno do seu egotismo se projeta na aridez do deserto à sua volta — espelho de si. "É o visto o que vê." E ao mirar sua vida em retrospecto, premido pela fuga irreparável dos anos e pela morte que se avizinha, o verme roedor de uma dúvida talvez lhe venha assombrar a mente — *levará o quê* do seu fabuloso rastro de prazeres furtivos e dos seus impérios de enganos? Deixou o quê? Poderá dizer que foi feliz?

O paraíso dos persas não é o dos gregos; o dos sedentários não é o dos nômades. Uma forma de vida pode ser contestada e criticamente avaliada, mas não é passível de ser refutada como uma hipótese empírica ou um teorema infundados. Embora se pretenda sobriamente realista e fiel à realidade da natureza humana (ou sua deformação civilizada), o modelo do Giges-sem-lei, penso eu, simplifica e generaliza de forma inadequada e caricatural a resposta ao desafio do anel.

A hipótese moderna da besta-fera baseia-se em falsas premissas. Ela manifesta uma compreensão deficiente das necessidades e anseios constitutivos da psique do animal humano e projeta uma visão de felicidade inane, restrita à satisfação irrefletida das carências e pulsões do fundo-inferno da alma. Endossá-la como uma generalização de amplo alcance equivaleria a tomar (com um toque de exagero) as Medeias e os Cains deste mundo como figuras representativas do padrão tipicamente humano de afeição materna e fraterna.

Verso e reverso, luz e breu: os contrários se definem e se põem mutuamente. O Giges-sem-lei é o avesso pseudorrealista do Giges-guardião e do Giges-cristão. Mas, se as éticas platônica e cristã falham na pretensão de astrônomas do ideal, o Giges-sem-lei não fica atrás: a hipótese modernista da besta-fera — "o homem no fundo é um animal selvagem e terrível" — naufraga na pretensão de espeleóloga da alma.

A parte não é o todo. Nem só de gratificação narcísica irrefletida e de descaso pelos direitos, integridade e bem-estar alheios é feito o animal humano liberto das amarras da moral e das leis.

32

E agora, Giges?

Olhemo-nos nos olhos. Sem intermediários. E se o anel que Rousseau preferiu jogar fora [19] viesse parar no dedo de um de nós? A pergunta dirigida ao Giges-sem-lei pode ser feita a mim e a você, improvável leitor: o que afinal desejaríamos do fundo da alma se estivéssemos de posse do anel? Quem poderá dizer *quem seria* e *o que faria* — ou jamais admitiria fazer — diante da súbita e perturbadora expansão do campo de escolha?

    A resposta à pergunta, penso eu, é refratária a qualquer pretensão de generalização. O uso do anel (começo pelo óbvio) depende da pessoa que se é. Cada criatura humana é o resultado de contingências, heranças, influências e tudo mais que o acaso e as escolhas de uma vida definem; as circunstâncias e os temperamentos individuais, não menos que os nossos sonhos e potencialidades, fazem-nos portadores de uma subjetividade única — um universo em si mesmo — e variam ao infinito. Isso invalida a pretensão de prever o uso específico que cada pessoa faria do anel no seu próprio caso. Não há ciência possível do absolutamente singular — e menos ainda, é claro, quando o enigma e a esquisitice do bicho humano estão em jogo.

SÉTIMA PARTE

Não menos descabida, acredito, é a pretensão absolutista e universalizante comum a diversas correntes de reflexão ética: a crença de que exista *um único* caminho ou forma de vida capaz de conduzir ao bem maior e à plenitude de uma existência humana. Se essa forma de vida existisse e pudesse ser descoberta; e se estivéssemos justificadamente seguros de conhecê-la, então o detentor do anel estaria de posse de um saber que lhe permitiria dar uma resposta objetiva e vinculante à questão proposta, ou seja, *quem seria* e *o que deveria fazer* de posse do anel. Os postulados da ética teriam a força inconteste das demonstrações matemáticas.

Segundo essa perspectiva, existiria *um-e-somente--um* ótimo moral ou modelo de perfeição ética, embora existam infindáveis maneiras de ficar aquém do ideal prescrito ("cada um pilota o seu próprio naufrágio"). O estado ótimo de perfeição, não importa como especificado, seria um atributo exclusivo de um código ético ou escola de filosofia moral — platônica ou cristã, kantiana ou utilitarista — e uno por definição, como o deus das religiões monoteístas.

Todavia, a crença de que possa haver *uma-e-somente--uma* resposta certa ou válida à questão central da ética — como devemos viver — deve ser rejeitada. Além de pressupor a infalibilidade (ou condição divina) dos formuladores da solução proposta, o que é por si deveras duvidoso, um código de ética com pretensões absolutistas e universalizantes — a ideia de que exista um único ideal ou ótimo moral válido para todos indistintamente — implica um estreitamento do horizonte de descoberta e experimentação na arte de viver, com efeitos e perdas inaceitáveis.

Os argumentos são essencialmente dois. A crença na univocidade do ideal humano anula por completo a perspectiva e a subjetividade peculiar de cada pessoa, reduzindo o indivíduo — e a todos indistintamente — à condição de uma abstração, ou seja: alguém destituído de identidade própria e dos sonhos de realização que o definem e conferem significado e substância à sua vida. O projeto de uma ética calcada na ideia de um ótimo moral absoluto anula a nossa individualidade e esvazia a humanidade do que nela há de misteriosa e milagrosamente humano — a vida como aventura e aposta no imponderável. Mar aberto.

Por outro lado, a crença na existência de um único bem ou ideal de perfeição, capaz de atender simultaneamente e sem custos a todos os quesitos de uma vida ética e feliz, ignora a existência de múltiplos valores e objetivos rivais que não são necessariamente comensuráveis ou convergentes entre si, como, por exemplo, no abandono relativo de um talento (ou dimensão da vida) tendo em vista o mais pleno cultivo de outro talento (ou dimensão), ou, ainda, na distribuição de valores no tempo, como no dilema entre desfrutar intensamente o presente e investir em projetos de longa e incerta maturação. Trilhar um caminho — ou recusar-se à escolha de um — é abrir mão de infinitos outros.

Não há, portanto, *o* ótimo ou *a* perfeição suprema, mas ótimos parciais e perfeições relativas. A propensão dos filósofos e líderes religiosos para recriar a humanidade à sua imagem e semelhança e, ainda por cima, dar a essa projeção idealizada de si a aura e a autoridade — secular ou divina — de um código ético de caráter universal-vinculante é um dos prodígios do humano pensar.

SÉTIMA PARTE

O que esperar do Giges-um-de-nós? Tanto do ponto de vista empírico-preditivo (o que provavelmente *será*) como do ético-normativo (o que *deveria ser*), o resultado é o mesmo: a vocação natural da pergunta não é a quimera de uma lei dos grandes números ou norma geral, mas uma resposta na primeira pessoa do singular. O *eu* idiossincrático — ou "n de 1" como diria um estatístico — em vez de um duvidoso e sutilmente aliciador *todos* ou *nós*.

Como saber? O ideal científico seria adotar o método experimental, como no teste de um novo remédio ou vacina; bastaria "dar" o anel a alguém (a pessoa ignoraria tratar-se de um experimento) e observar como reage à situação — em que situações recorre a ele; as escolhas e ações praticadas; a extensão da metamorfose entre o antes e o depois; a quem revelaria (ou não) o segredo; os efeitos colaterais. A ideia do teste, entretanto, para além do óbvio insulto às leis da física, quase certamente esbarraria em intransponível paredão ético-legal. Seria absurdamente irrealista imaginar que o teste possa ser compatível com o mínimo respeito devido aos direitos, integridade e bem-estar de terceiros.

Resta, portanto, o caminho da introspecção. A pergunta é simples, direta e pode ser feita por qualquer um: *o que eu faria de posse do anel?* A resposta, no entanto, é tudo menos simples ou direta. Ela nos remete a um campo minado de armadilhas e ciladas e enreda-nos num labirinto de embaraços.

Cada um, é claro, responde por si. Longe de mim a presunção de falar por outrem, ainda que ocasionalmente me pegue a especular sobre como alguém em particular

— um amigo ou amiga, uma ex-namorada, um parente, um político, um ídolo cultural do meu especial apreço — reagiria. Se o leitor se dispuser ao desafio, faça o teste consigo e reflita. Respondo somente por mim.

(Limito-me, em breve parêntese, a um singelo registro com base no que pude observar nas ocasiões em que provoquei amigos, familiares e conhecidos a dizer algo sobre como lidariam com o anel de Giges. Foram justamente as pessoas (poucas) que se mostraram mais convictas e autossatisfeitas quanto à sua plena confiança de que *em nada mudariam* sua conduta e modo de ser, aquelas que mais me intrigaram e despertaram suspeitas. Não creio que mintam, mas a prontidão da resposta e a ausência de dúvidas, sem falar no que sei sobre elas, fizeram disparar todos os meus alarmes. Se existem somente dois tipos de homens, como dizia Pascal, "os justos que se creem pecadores e os pecadores que se creem justos", não é difícil saber a qual deles pertence esse grupo.)

O anel veio parar no meu dedo — *e agora, Giges?* Quando e como eu me sirvo dele? Vertigem. A sensação não é propriamente a de comportas de uma represa ou grades de uma jaula se abrindo, como na fúria desgovernada do Giges-sem-lei à solta, mas de um abismo aos meus pés.

A mera perspectiva de girar o anel e sair por aí, pois sei que não me furtaria a fazê-lo, deflagra em mim um turbilhão de impulsos e tentações, vislumbres e devaneios, desejos e inquietações. Procuro tomar distância e mirar-me de fora; aplacar o tumulto; pesar prós e contras; submeter a cornucópia de possibilidades ao crivo de uma peneira capaz de discernir o que é miragem e poeira fugidia do que há de real e permanente no vórtice da alma alvoroçada.

Toda a minha loucura, reflito, ninguém alcançará saber — e, mesmo eu, mais próximo de mim do que ninguém *parte dela apenas*. Mas entre ela e o mundo da ação, logo me dou conta, vai colossal distância: a certeza de impunidade não precipita o abismo.

Transparência física e nudez moral. Ficar invisível ao olhar alheio é uma coisa; relatar a terceiros o que faríamos nessa condição é outra bem distinta. A ideia de me abrir e expor publicamente o que me vai pela alma em tumulto; o intuito de nada omitir a fim de contar em detalhe o que faria (ou nunca) de posse do anel — sempre supondo, é relevante frisar, que isso estivesse líquido, claro e acessível como um livro aberto para mim mesmo — equivale à proposta de realizar um striptease em praça pública e letra impressa sob a luz vertical do sol do meio-dia. Sob tortura, talvez. Ou então pela hora da morte.

Sob o olhar guloso e o escrutínio da plateia sempre à espreita das verrugas e pecados, fraquezas e perversidade alheios, pedras nos bolsos e armas digitais na ponta dos dedos, a vergonha e o receio da nudez moral não seriam menores ou menos constrangedores que a vergonha e o receio da nudez corporal. Não foi por outro motivo que o bom Rousseau, ao provar o anel, recorreu ao subterfúgio ingênuo do diário íntimo estritamente pessoal, destinado a nunca ser lido ou publicado, e mesmo assim evadiu-se e cobriu de silêncio as partes íntimas quando o desnudar-se escrito ameaçou revelar-se especialmente espinhoso e comprometedor [20].

Como vencer o pudor? Se eu fosse (ou me desse ares

de) um verdadeiro santo varado de luz — um Giges-guardião ou um Giges-cristão —, não existiria problema. Como alguém que jamais diz, faz ou deseja algo que todos não possam também ver ou saber, eu nada teria a esconder de ninguém. O meu striptease poderia ser exibido nas escolas médias e servir de exemplo às futuras gerações. Ele seria altivo e sublime como a alma de um rei-filósofo; puro e casto como o ventre da Virgem imaculada; reto e impessoal como um autômato do dever kantiano ou finamente calibrado como o otimizar utilitarista do bem geral. E não teria nada a ver comigo.

O pudor do olhar alheio, porém, não é tudo. Pois o fato é que o abrir-se confessional do Giges-um-de-nós não é uma narrativa autobiográfica, ou seja, o relato de uma vida em retrospecto ou desde o fim (como no diálogo dos mortos [16] ou nas memórias póstumas [25]), mas um *diário em progressão*: uma vida sendo escrita, desbravada e passo a passo descoberta em tempo real. Uma obra aberta, parcial e inconclusa, e que, embora de nossa lavra, nunca nos é integralmente lúcida ou sequer acessível em sua inteireza, dubiedade e profundidade.

Senão vejamos. De tudo que há para ser dito e contado sobre o que eu faria com o anel, há coisas que todos sem exceção poderiam saber (a começar daquilo que não faria em nenhuma hipótese, os óbvios candidatos, incesto, canibalismo, homicídio, estupro e violência física em geral). Há coisas que não revelaria a todos, porém somente para algumas pessoas mais próximas e íntimas. E, por fim, há coisas que eu não revelaria nem a essas pessoas, mas apenas a mim mesmo, e ainda sob condição de total sigilo. A sequência, todavia, não termina aí. Pois, para além do que só contaria a mim mesmo, existem as coisas que temo revelar — e muito provavelmente serei capaz de ocultar — até para mim mesmo. Quais são elas? Por definição, é óbvio, não sei; contudo, estou seguro de que existem. E mais: são justamente elas que mais me assombram, embaraçam e perturbam.

Nudez física e transparência moral. O corpo vê-se; a alma é o que se adivinha. Assim como os corpos têm superfície e aparência, tenho o meu modo social de ser. A posse do anel me faculta, até certo ponto, deixar de ser quem nunca fui; despir o que há de falso e ator em mim e aposentar a elaborada persona sob a qual me protejo ao cumprir os rituais e exigências da vida em sociedade, preservar a estima dos que me são queridos e exercer meu papel na divisão do trabalho.

Mas, assim como ninguém é tal como os outros o veem, ninguém é somente o que consegue — ou ousa — ver em si mesmo. Embora eu possa deliberar e escolher se convém expor ou ocultar dos demais algo que eu pense, sinta ou creia, não sou capaz de alcançar a completa transparência interna — de mim para mim mesmo — acerca do que em mim está pensando ou sentindo.

Daí que a ideia do striptease moral guarde uma crucial diferença em relação ao seu análogo corporal: o desnudar do corpo tem um passo a passo definido e alcança um termo final, enquanto o desnudar da alma, inclusive para mim mesmo, embora sujeito a gradações, segue por caminhos sinuosos e galerias deslizantes, não raro labirínticas, e *nunca é final*. Os corpos se desnudam, mas as almas não, visto que sempre há mais. A teima interrogante do autoconhecimento — "conheça-te a ti mesmo" — é uma expedição rumo ao horizonte. Algum avanço é possível, sempre, mas não há porto de chegada. E o caminho já percorrido pode se descobrir diverso do que pareceu ser.

Uma prova robusta disso são as profundas transformações causadas por traumas, experiências e situações-limite em nossas vidas. Sob o efeito da inesperada ocorrência — um quase fatal acidente ou doença; o raio inapelável de fulminante paixão amorosa; o cano de um revólver contra o peito; a cura miraculosa de uma filha desenganada pelos médicos — somos levados a territórios anímicos de difícil acesso e dos quais antes não podíamos suspeitar.

A experiência não só descortina novas camadas e dimensões da nossa interioridade, como não raro altera nossa percepção de valor e nos obriga a rever certezas que alimentávamos sobre o que nos define e o que governa nosso modo de ser. O choque subverte o campo de forças da personalidade, inspira-nos a repensar o que de fato importa na vida, e nos revela a nós mesmos.

A experiência do anel, penso eu, pertence a essa classe de eventos, porém com um agravante: a natureza e a direção do impacto sobre a conduta e o campo de forças da personalidade são radicalmente indeterminadas. Como estar seguro ex ante sobre *quem serei* e *o que farei* de posse do anel? A prerrogativa da invisibilidade física recrudesce o que há de capcioso e intratável no desafio da nudez moral. Como ser, afinal, quem se é, livre das amarras e do enquadramento moral-legal, se se está condenado a nunca saber ao certo quem se é? Toda certeza é duvidosa.

SÉTIMA PARTE

Se a conhecida fórmula — "o poder tende a corromper, e o poder absoluto corrompe absolutamente" — atesta uma síndrome comum do poder político e eclesiástico, que dirá do exorbitante poder do anel? A possibilidade é real: em sã consciência, quem poderia descartá-la?

O fato, porém, é que ela é *uma* possibilidade entre outras. Por que restringir-se a ela? Por que prejulgar o efeito e supor que a posse do anel invariavelmente envileça e corrompa; que ela favoreça única e tão somente o aflorar e o intensificar do que temos de mais sombrio e vil nos porões da psique? O desejo sincero do bem não é menos real que a tentação do mal. Os trajes criam a nudez: a existência das trevas que assombram a alma pressupõe a existência da luz. Ou focos de luz.

E mais: *não há aprendizado?* Será razoável imaginar que o uso continuado do anel não produza mudança alguma no nosso modo de ser e conceber a própria felicidade?

E se o Giges-um-de-nós, à luz da experiência, se desse conta de que a felicidade a qualquer custo — "hei de subir ao bastião mais elevado, pela justiça ou pelo dolo tortuoso" — não vale o artigo genuíno, ou seja, a felicidade *pelas razões certas*? E se ele afinal concluir que ética e felicidade são valores convergentes, e que nada supera a dádiva de uma vida construída em bases reais, no âmbito do universo moral — afetivo, solidário, criativo e cognitivo? Uma felicidade que, agora mais que nunca, está ao seu alcance? Se o poder não raro corrompe, a experiência instrui. Sob a prova do anel, como é que me serei? Que Giges sou eu?

POSTSCRIPTUM: DESENREDO

33

Uma visita inesperada: diálogo dos vivos

Contratempos acontecem. Nada tão grave assim. Estava a ponto de começar o último capítulo do *Anel de Giges*, administrando a pressa e controlando a ânsia de dar o parto por encerrado, voltar à tona da vida, quando a chegada do Carnaval a Tiradentes, no interior de Minas Gerais, pôs os meus planos por água abaixo. Tentei persistir, mas em vão.

    Foram-se a paz e o sossego. A invasão dos turistas, o tumulto, o barulho infernal noite e dia, arruinaram qualquer pretensão de seguir o trabalho e entregar a primeira versão do livro à editora, como previsto, antes do reinício das aulas. Nem o aguaceiro foi capaz de deter o furor da multidão ruidosa. Ora os alto-falantes da pracinha bem defronte ao meu quarto-escritório na pousada; ora os carros de som de estourar os tímpanos; ora os batuques e o rufar de tambores madrugada afora até o raiar do dia — que ânimo o dessa gente! Parece não ter fim. E há quem diga que brasileiro é preguiçoso.

    Não insisti. Resignei-me ao atraso no cronograma — "quem sabe na Semana Santa ou então nas férias de julho, no pior cenário, termino" — e adaptei-me ao clima reinante. Passei a ocupar os dias do sabático que me restavam com atividades prazerosas ao meu alcance: longos passeios pelas matas da serra de São José; banhos nas termas de Águas Santas, uma vila balneária decadente do outro lado da serra; uma ou outra leitura amena ou série de TV; flanar a esmo mirando os blocos e foliões e, ninguém é de ferro, rescindir a "lei seca" (exigência autoimposta do meu regime de trabalho) postado à mesa de algum bar.

Entre os bares da cidade, não são poucos, o meu favorito é o Colina's, no largo dos Malas; um boteco à antiga, fora do badalo turístico, frequentado só quase por gente local, com mesinhas rústicas na calçada estreita e funcionamento bissexto. Fim de tarde, sexta-feira. Era um dia especialmente quente e chuvoso, as ruas apinhadas de gente, raios do sol poente perfurando as nuvens errantes e fazendo luzir as pedras umedecidas do velho calçamento; o calor e o ar abafado açoitavam a sede, e eu acabara de me sentar na solitária mesa disponível e pedir uma geladíssima cerveja, bloquinho de anotações à mão. Foi quando ela apareceu.

EU: Mas que coincidência! Você por aqui, Vânia, bem no meu refúgio?! E nem para avisar que vinha... não me conformo, isso não se faz... Sente-se comigo um pouco, aceita um drinque? Acabei de pedir uma cerveja.

ELA: Coincidência?! Ora, seria um pouco demais, não acha? Vim por sua causa, acabei de chegar. Vou passar o Carnaval em Ouro Preto com uns amigos, o Alex já está lá, e daí decidi de repente arriscar e fazer essa escala a caminho, *por que não?* Queria te ver. Era para ser surpresa, ia bater no Solar amanhã. Sei que você está trabalhando a mil; não quero atrapalhar demais. Você está bem? Terminou?

UMA VISITA INESPERADA: DIÁLOGO DOS VIVOS

EU: Que delícia te ver por aqui... Atrapalhar? Nem pense nisso. Você não imagina como estou precisando conversar. Estava no maior pique de trabalho, sentindo o gosto de acabar no prazo, mas fui obrigado a interromper bem na reta final; ficou impraticável com toda essa zona de Carnaval dia e noite. O barulho é que mata. Cheguei a cogitar de antecipar a volta a São Paulo, mas depois relaxei e resolvi curtir a cidade. Senta um pouco, vai. Veio sozinha?

ELA: Não, a Lavínia está comigo, ficou na pousada conversando com o namorado, passam horas e horas por dia no Skype. Foi uma batalha convencê-la a vir... agora a luta será arrancá-la do tablet. Uma praga. Não está nem aí para a cidade.

EU: É da idade... E então, chegou a ler o material que eu te enviei por e-mail? Penso direto nas nossas conversas desses trinta, sei lá, quarenta anos, enquanto escrevo. Você sabe como essa história do anel me persegue há décadas...

ELA: Li sim, li sim. Aliás, foi por causa disso, fora a saudade, que me bateu o desejo de dar essa esticada para te ver. Só que eu preferiria caminhar, se você não se importa. Passei horas e horas espremida na poltrona do ônibus, preciso estirar os músculos. Acho que a gente vai poder conversar melhor se formos a um lugar mais sossegado, isso aqui está um fuzuê danado, quem diria, nunca imaginei topar com você no meio desse rebuliço...

EU: Mas é claro, Vânia, com prazer. Vou só ali no caixa pagar e te convido para um passeio até o Alto do São Francisco, um lugar adorável, supercalmo, a melhor vista da serra e do casario, o mais belo cartão-postal da cidade. É onde costumo ir toda vez que a fonte começa a secar e saio em busca de inspiração, quase um ritual.

(A caminho do Alto conversamos amenidades, atualizamos o software da amizade, eram mais de dois meses sem nos falarmos: notícias dos filhos, pais doentes, o festival de horrores da política, as novidades e intrigas da faculdade onde lecionamos. Logo ao chegar, porém, a conversa naturalmente gravitou para o *Anel*. Ela queria falar e eu, ainda mais, ouvir. Sentamos os dois na bancada de madeira ao pé da capelinha, com a vista da igreja da Matriz ao fundo, e puxei o assunto:)

EU: Que bom saber que você arrumou tempo de ler. E aí? Estou curiosíssimo. O meu jeito de trabalhar me deixa absurdamente isolado por muito tempo, às vezes temo perder a noção das coisas, você é minha primeiríssima leitora. O que achou?

ELA: Aprendi um bocado, isso é inegável. O volume de pesquisa que você juntou, com leveza e erudição, não é brinquedo. Gostei também da urdidura; é incrível como em alguns momentos você passeia de um assunto a outro sem que a gente se dê conta da ousadia da transição. Mas vou ser bem franca, não se zangue, acho que a nossa amizade permite...

EU: Mas é claro! sem papas na língua. Depois de tanta estrada, era só o que faltava... Eu sei como você costuma ser crítica sempre que peço uma opinião. Isso só faz valorizar a nossa amizade.

ELA: Eis o que penso: você devia ter sido menos erudito e mais direto. Esconder-se menos. A impressão que me fica, e não é a primeira vez nos seus livros, senti exatamente o mesmo com *Autoengano* e *Felicidade*, é que

UMA VISITA INESPERADA: DIÁLOGO DOS VIVOS

você é o mestre consumado do rodeio, o rei do subterfúgio. Parece que você ameaça, ameaça, roda, roda, vai para lá e para cá, mas *na hora H* se recusa a assumir o ônus de dizer com coragem, na lata, o que *você mesmo* — e não fulano ou sicrano — pensa, sente e acredita. É como se você fugisse da raia e nunca ousasse, ou se permitisse, sei lá, se pôr por inteiro na coisa. O anel de Giges, como você mesmo fala no texto, clama pela primeira pessoa do singular. Pois bem, *cadê?* Onde fica *você* nessa história? Vai se esconder na moita da erudição, ficar encolhido atrás de uma pilha de livros e citações até o fim? Você se esmera em dizer tudo *o que não é*, o Giges-guardião, o Giges-cristão, a besta-fera do Giges-sem-lei... Mas nunca diz *o que você é*. Cadê você nisso tudo? Desculpe dizer assim à queima-roupa, é o meu jeito, você sabe; o livro, é claro, tem uma porção de coisas bacanas, um estojinho de preciosidades, mas é muito colarinho para pouco chope.

EU: Entendo a sua frustração, Vânia. Pois saiba que ela não deixa de ser minha também. Concordo em parte com sua crítica, mas não me subestime tanto assim. Não pense que a ideia de me expor como você cobra não me cruzou mil vezes a cabeça enquanto trabalhava no livro. É óbvio que cruzou! Cheguei a fazer anotações copiosas, acordar de madrugada com alguma fantasia pipocando no cérebro, o que não dava para fazer com o anel...

ELA: E por que não fez? Seria o máximo, tenho certeza. Solta isso que está preso e amarrado aí dentro. Desenreda. Dá tempo ainda!

EU: Isso não sei. Mas uma coisa eu sei: eu não posso ser diferente do que sou. Eu não sou — e nunca serei

POSTSCRIPTUM: DESENREDO

— um desses autores que de repente *o diabo cavalga*; que entram numa espécie de transe enquanto escrevem, como sob o rapto de uma força sobrenatural, o estupro do talento pelo inconsciente. Se é isso que você espera de mim, esqueça. Eu sou justamente o contrário, um *control freak* das letras, e seria patético, tenha certeza, se tentasse ser outra coisa. Não é questão de querer ou não querer, de gostar ou não gostar. Ninguém, nem eu nem você, escolhe ser quem é; ninguém é o seu próprio pai e mãe; a gente só pode fazer o melhor daquilo que a gente vai aos poucos se dando conta que é. Quando você reclama que eu fico escondido sob o manto de outros autores, que eu cito demais e penso de menos, que eu recuso o contato furioso da vida nos meus livros, você está coberta de razão. Não discordo.

ELA: Mas então por que tanta cerimônia? Por que não desembucha de uma vez?

EU: É que não é só isso. Veja só: que importância pode ter na ordem das coisas o que *eu pessoalmente* sou? O que sinto ou acredito? Não faz a menor diferença! Serei eu, um acadêmico de província, um mero amador entre tantos filósofos genuinamente grandes, o demiurgo da ética? Você me cobra um striptease moral, um reality show do anel, mas até que ponto fazer isso não seria apenas um gesto da mais precariamente dissimulada vaidade e puro exibicionismo, o anticlímax de uma insípida nudez? Sei que não é o seu caso, mas confesso que me incomoda demais essa curiosidade mórbida das pessoas pela intimidade alheia; esse desejo de ver e flagrar os outros em situação extrema ou ridícula. E, não menos, a outra face do mesmo impulso: essa estimulação e culto excessivos da autorrevelação, por parte de cada pessoa, dos seus gostos, diferenças e manias, sua personalidade única e singularíssima, algo que, convenhamos, salvo quando é digno de ser relatado e feito público, o que é raríssimo, nada interessa a ninguém que se revele. De onde essa gana de dar-se a conhecer, exibir as entranhas, expor-se sem pudor aos olhos de todos, como se isso fosse desejável ou possível?

ELA: Mas não é disso que se trata. Olha aí sua postura hiperdefensiva outra vez. Eu não estou propondo, não me entenda mal, que você deixe de ser quem é como pessoa ou autor. Eu só queria um pouco mais de *audácia* da sua parte. Pôr as cartas na mesa. Isso não pode ser tão complicado assim. Por que se prender tanto ao que os outros poderão achar... se vão dizer que é vaidade, exibicionismo, pretensão descabida, pieguice ou o que for? Esqueça o que pode parecer. Isso é problema deles. Mas acontece que um livro como esse que você se propôs a fazer só estará completo e, vou além, só fará pleno sentido se você se dispuser a ir mais longe, mais fundo; se você correr o risco de se abrir e dizer coisas que nunca ousaria confiar a alguém.

EU: Mas o que você quer? Você não pode estar esperando que eu dê agora uma de Rousseau nos *Devaneios*? Depois de tudo que eu tentei, não sei se consegui, mostrar, o blefe fajuto do diário íntimo e tudo mais?

ELA: E por que não? O exemplo dele, apesar de tudo, pode ser inspirador. Sim, um dos pontos altos do livro, concordo, foi o capítulo em que você desmascara e desanca o artifício do diário. Pois bem, vou dizer: apesar de toda a fragilidade daquele truque retórico, Rousseau ao menos correu o risco, ousou transpor fronteiras, foi mais longe que você e que todos os outros no enfrentamento do teste do anel. Digam o que for, *só ele pôs o anel*. Só ele teve peito de encarar o desafio não como exercício teórico, mas como uma *questão pessoal*. Ademais, você se contradiz. Se o que você teria a dizer não tem a menor importância, se tanto faz tanto fez, não fará diferença alguma, por que tamanha cautela? Por que a paúra de expor-se ou parecer ridículo, sei lá, toda essa reticência que foi me deixando exasperada na leitura? "Anotações copiosas", hein? Acordar no meio da madrugada... é óbvio que você não se aguenta de vontade de pôr o anel. Agora quem ficou mordida de curiosidade fui eu...

EU: Entendi. Você veio até aqui a fim de me arrancar uma espécie de confissão ao pé do ouvido, um showzinho particular. Então é isso?

ELA: Prometo que ficará entre nós dois. A não ser, é claro, que você mude de ideia e faça depois o que sugeri. Ainda há tempo.

34

Retrato de um Giges quando jovem

EU: Só você, Vânia. É sério. Ao te ouvir criticar o meu livro, dei-me conta de algo que não tinha me ocorrido. Depois de toda a defesa que eu faço da realidade interna de cada pessoa, com sua subjetividade única, particular e intransferível; depois de tudo que eu disse contra as pretensões universalistas e uniformizadoras das éticas tradicionais, com suas exigências delirantes de total impessoalidade e imparcialidade, como se o senso de dever pudesse ou, pior, *devesse* anular o que nos faz quem somos — os sonhos, projetos e vínculos afetivos parcialíssimos que nos definem —, seria de fato uma enorme incoerência eu agora sair de fininho, tirar o meu da reta, fingir que não é comigo. A lógica interna do livro *pede* o que você veio me cobrar; a linha mestra do argumento praticamente exige isso, não posso negar. Seria um contrassenso, covardia até, como você acusa, fugir. Acho que você atirou no que viu e acertou no que não viu...

ELA: Ufa! Até que enfim você se dá por achado. *Coràggio!*

EU: Mas não é tão simples. Se estivesse ao meu alcance, juro, fazia o striptease agora mesmo, aqui na sua frente; punha o anel no dedo e contava tim-tim por tim-tim tudo que faria com ele, sem medo de parecer monstruoso ou pueril ou as duas coisas ao mesmo tempo. Eu sei que com você, a essa altura da vida, não há por que me preocupar em parecer bom ou puro ou ridículo. Falo com você como se conversasse comigo mesmo, quase como um só falando. Mas aí é que está. *A nudez moral é um mito*. A minha alma é uma tremenda colcha de retalhos. É como se em cada canto dela houvesse um altar a um deus diferente. Se eu fosse cristão, seria daqueles consumidos, *ao mesmo tempo*, pela ânsia de ir para o céu e de pecar mais na terra; se fosse ateu, seria daqueles que quando o bicho pega e bate o desespero torcem e rezam... não se vexam de acender velas e fazer promessas. O anel me dá ganas de ser sincero contradizendo-me a cada passo. Rasteiro e elevado, decente e vil, altivo e abjeto, tudo entremesclado.

ELA: Mas isso tudo você já disse no *Anel*. Você não vai bater nessa mesma tecla e insistir nessa ladainha até o final dos tempos, não é? Colcha de retalhos, pois bem. Que seja então — *qual o problema?* Mostra ela. Não é porque você passou a vida enfiado nos livros, como um refugiado, evitando as agruras e a desordem da vida, que seu coração e sua alma têm de ter a lógica raciocinada e asseio dos livros, ainda mais os livros sisudos e metidos a besta que você passa a vida lendo e relendo...

EU: Vamos por partes, Vânia. O anel me faz duvidar de quem sou. E me faz voltar a ser quem eu era quando nos conhecemos, no início da faculdade. Penso no jovem que eu fui. Naquele tempo, eu era outro. Logo me vejo, dono do anel, aos vinte e poucos anos. Retraído ao extremo, inseguro, obscuramente ambicioso. Quase tudo em mim era turvo, invejoso, ressentido, envenenado. Queria ser famoso, poeta, sorver a tragos demorados o vinho da adulação pública, não era; queria me apaixonar até a medula por alguém que me amasse, vivia atormentado por um desejo difuso e voraz, não conseguia me aproximar de ninguém. Um beijo amoroso que eu visse era como uma punhalada no meu coração. Se o anel me caísse nas mãos, eu ia aprontar o diabo. Sei lá, coisas frívolas, como dar um jeito de levar **** para a cama, e tantas outras depois dela; ou ficar íntimo de **** e fumar um beque com ele depois do show em Nova York; ou espiar **** compondo um poema, quem sabe até não ia memorizar e publicar antes, em meu nome, um pouco modificado para não dar na vista (a inveja que me dava — *e dá*); ou quebrar a banca em Monte Carlo; ou atazanar o papa em Roma como o Fausto de Marlowe...

ELA: Fausto de Marlowe? Que história é essa?!

EU: Ah, bobagem. É que na peça dele tem uma passagem curiosa, faz lembrar o anel, quando Fausto e Mefistófeles vão a Roma. Por puro espírito de molecagem, Fausto pede ao demo que o torne invisível diante do sumo pontífice, no Vaticano, e daí começa a infernizar a cabeça do papa com todo tipo de traquinagem. E isso, imagine só, no século XVI! Fausto, você sabe, fez um pacto com o Diabo, cedeu vinte anos de vida em troca de virar "o grande Imperador do mundo", uma sede infinita de glória e poder... aliás, dava uma bela genealogia... os Faustos de Goethe, Pessoa, Thomas Mann... sem falar do fáustico Riobaldo.

ELA: Ok, ok, já entendi. Não precisa explicar mais. Você é impossível, logo dá um jeito de escapulir pelos livros. É a sua especialidade. Não deixa de ser a maneira bem sua, mineiro-erudita, de ficar invisível...

EU: Mas tem também, se quiser, aquela música antiga do Chico Buarque, é claro que você vai lembrar, "Quando o Carnaval chegar". Quantas vezes não voltei a ela enquanto trabalhava no livro. Tem tudo a ver com o anel: as vidas não vividas, o descolamento entre a persona social e a pessoa interna, a vontade de um grande desafogo, dar o troco, acertar contas com a opressão e os ultrajes do mundo, aplacar todo tipo de fome. Eu me identificava demais com aquilo, exceto, olhando de hoje, aquele verso, "eu vejo as pernas de louça da moça que passa e não posso pegar" — olha o Giges-sem-lei aí! Mas não precisava ser sôfrego assim, não acha? Eu ia é mexer todos os pauzinhos, manipulá-la de tudo que é jeito, até conseguir seduzi-la. Aí sim! *A mulher que eu quero, na cama que escolherei...* Mas ela me desejaria como eu a desejo, ou mais.

ELA: Claro que lembro, virou filme depois. Mas até aqui, qual a novidade? Não vi nada de mais. Tudo que você diz só mostra que antes de virar o Doutor Filósofo, PhD, acadêmico de respeito, você foi jovem como qualquer um; meio tímido e encucado, talvez, mas igualmente febril e fantasioso; tarado por sexo, inseguro, faminto de amor, eternamente frustrado, obcecado por algum tipo de glória e fama, como todos os outros. Na idade dos enganos e do sangue fervendo nas veias, em que o espírito se agita e se inflama à menor centelha, quem não há de arder e de se queimar? É como perguntar a macaco se quer banana.

EU: Não discordo. Até aqui tudo é banal. O que não

é banal, ia chegar lá, o que me dá calafrios e abre uma fratura entre o que sou hoje e o jovem que eu era, é algo que veio um pouco depois. Acontece que em algum momento eu me *converti* — a palavra é exata — ao marxismo, e pior: ao bolchevismo mais delirante. Virei trotskista. Respirava luta de classes. Passei a militar numa organização clandestina. Não tinha, é verdade, ganas de poder pessoal; nunca me imaginei, como outros companheiros, um chefe, um líder das massas, um novo Lênin ou Trótski. Minha verdadeira ambição era virar um mestre do marxismo, lido e respeitado mundo afora... um Lukács, um Hilferding, um Gramsci tropical. Eu me sentia como um apóstolo em meio aos alienados e filisteus, a "bíblia da classe operária" sempre à mão. Queria ter poder sobre as *crenças* alheias, sobre o que as pessoas pensam e sonham, não sobre partidos, orçamentos, exércitos. Se o anel me caísse em mãos, o estrago seria descomunal.

ELA: Mas àquela altura poucos de nós na universidade não se fantasiavam "marxistas revolucionários". O bolchevismo não floresce em qualquer vaso; o ar rarefeito e as trevas da ditadura, a repressão e a censura ferrenhas sob as quais nos formamos, têm muito a ver com isso. Ninguém sai ileso. Uns eram maoistas, outros, sei lá, guevaristas da linha cubana, sem falar do eterno Partidão. Quem era mais dialético, mais ortodoxo? Só não vejo por que tanto alarme. Mesmo naqueles tempos, cabeludo, jaqueta trash militar, você sempre me deu a impressão de uma pessoa plácida, cool, ponderada.

EU: Mas não era! A verdade, Vânia, é que por trás daquela placidez aparente eu era um fanático. Fui tomado por uma ira revolucionária, um ódio de classe violentíssimo. Minha fúria contra "o capitalismo" desconhecia limites. A Revolução era o absoluto. Se você acha que exagero, veja o ponto a que cheguei. O ano era 1977. Um dia o meu irmão mais velho me chama para ir com ele conhecer um garimpo de ouro perdido no meio da selva amazônica (a firma de mineração em que ele trabalhava queria avaliar o potencial da mina). Interesse pela natureza, como bom marxista, eu não tinha nenhum; a natureza, como dizia Hegel, era "a lepra de Deus"... o ente inóspito a ser subjugado e rendido pelo avanço do espírito e das forças produtivas. Mas como o meu irmão insistiu, eram só poucos dias e eu estava de férias, aceitei ir. Fui sem a menor vontade, mas fui. E como você bem pode imaginar, Vânia, lotei a mochila de obras marxistas para ler na viagem. Passei os quatro dias enfurnado no acampamento, sem manifestar o menor interesse por nada além dos clássicos e dos comentadores do marxismo. O meu irmão, é óbvio, achou aquilo bem estranho. Na viagem de volta, preocupado, puxou conversa, tentou entender. Estávamos os dois no embarque em Manaus, aeroporto quase deserto, quando ele, com muito tato, muita candura, perguntou: "Mas imagine que um dia essa revolução de que você tanto fala comece de verdade; imagine que, para garantir o seu êxito, seja necessário fuzilar toda a alta burguesia financeira do Brasil, incluindo o papai — de que lado você ficaria? Ia se opor ou se aliar aos que queriam matá-lo?". Olhei para ele. Fingi refletir por alguns instantes e, por fim, respondi: "Fico com a Revolução". Incrédulo, ele insistiu: "Então você *matava* o papai?". E eu: "Matava". Aí está, Vânia, a ponderação do seu plácido rebelde. Agora dê o anel de Giges ao jovem que eu fui. Abria as portas das cadeias do Brasil inteiro e soltava os presos. Bagunçava o *Jornal Nacional*. Assaltava milhares de bancos e entregava tudo à causa revolucionária, era só mais-valia mesmo, "a expropriação dos expropriadores", como diria Marx (dava o livro, capítulo e versículo). Ouro de Moscou seria fichinha.

ELA: Quem diria? O enfant gâté dos Jardins, o "filho da prosperidade", a fina flor da elite burguesa engrossando as barricadas da vanguarda revolucionária; disposto a matar e morrer pela causa proletária...

EU: Pode rir à vontade, eu também rio. Mas não me venha com essa de que a origem de classe condena alguém automaticamente a ser mais desprezível e impuro, menos digno de apreço; como se nascer no barracão por si só santificasse e nascer na mansão corrompesse. Daqui a pouco alguém como eu vai ter que sair por aí implorando perdão e expiando a culpa por ter nascido rico, branco, homem e, como se não bastasse, hétero; por ter estudado em escola de elite e feito pós no exterior. Isso é preconceito invertido da pior espécie. Nem eu nem você escolhemos nascer onde nascemos, ter o pai e a mãe que tivemos. Acontece que eu me rebelei radicalmente contra o mundo do qual eu vim, ainda por cima com aquela ditadura militar, "ninguém segura esse país", dando as cartas. O que exatamente viria depois da Revolução quase não nos ocupava; as soluções seriam forjadas no bojo do processo revolucionário... "a humanidade só se coloca os problemas que ela já é capaz de resolver" era o mantra; o negócio era destruir tudo o que aí estava, não deixar pedra sobre pedra da velha ordem. A raiva que eu carregava do mundo. Era ódio mesmo.

POSTSCRIPTUM: DESENREDO

ELA: Bom, agora entendo o que você quis dizer com "estrago descomunal". Mas se matar alguém em pensamento, mesmo que pai ou mãe; se delitos virtuais fossem crimes punidos em lei, não haveria criatura humana fora da prisão. O bizarro no seu caso é ter feito isso sob o escudo ou manto protetor de um sagrado e irretocável senso de justiça, uma miragem doutrinária, uma fantasmagoria livresca. Impossível não detectar aqui um guardiãozinho platônico embrionário, pronto a sair do casulo e alçar voo... a cometer as piores atrocidades sem perder o sono dos justos... a cumprir a "nobre missão" ancorado na certeza de que está de posse da verdade dos eleitos, capaz de instaurar o reino da paz e justiça no mundo. Pelo visto, você não se sairia tão mal naquele delirante pentatlo pedagógico do Platão para os jovens dotados de "temperamento filosófico".

EU: Na mosca, Vânia. Acho que falta só uma pitada de cristianismo para completar a poção do meu entusiasmo moral. Falo da crença no Juízo Final Revolucionário: o inevitável acirramento da luta de classes produzindo o despertar das massas e o grande salto dialético da definitiva redenção... Hegel, Hegel... ao cabo da via-crúcis capitalista, a insurreição-ressurreição comunista. O enredo secreto da História decifrado... o sinuoso rio da História desaguando no mar... o fim da pré-história da humanidade... nenhum sacrifício foi em vão... a primavera dos povos. E como tudo isso pareceu real na época, tão próximo de tomar as ruas e virar realidade! A iminência do Reino da Liberdade era a iminência do Reino dos Céus. Mas, justiça seja feita, Platão teve ao menos o cuidado de frisar que ninguém chegaria a guardião da

República antes dos cinquenta anos. "A juventude", dizia um sábio francês, "é uma longa intoxicação, é a razão em estado febril." Um dia passa.

(Enquanto conversávamos, a noite encobriu a cidade. Do Alto do São Francisco, sem que nos déssemos conta, a fachada do casario e a silhueta das ruas e vielas deram lugar a pontos de luz dispersos na escuridão. E o sino da Matriz tocou outra vez.)

ELA: Puxa, que pena... ficou tarde, que horas serão? Desculpe, preciso voltar. Queria demais continuar, mas combinei com a Lavínia que não ia demorar. A essa altura ela com certeza já está com fome e irritada...

EU: Claro, Vânia, desculpe se me alonguei. Que tal um passeio amanhã na Trilha do Carteiro, o céu clareou, devemos ter sol, com direito a banho de cachoeira? O ideal é sair lá pelas nove...

ELA: Cachoeira! Uau, que maravilha, vamos adorar! Quem sabe assim ela se anima a sair pelo menos um pouco da maldita caverna digital.

35

Devaneios do viajante solitário: coração a nu

o tempo é uma coisa gozada... dá-nos a sensação de que o instante, *aqui & agora*, é tudo que há, mas é só piscar os olhos & pronto — já não é nada. outro dia na cachoeira com Vânia & Lavínia, corpo-pluma ao sol, agora este ônibus encardido, sem ter onde esticar as pernas... nove horas de estrada, com sorte... se ao menos pudesse dormir... mas como? sem um pingo de sono... e segunda *adeus*, fim da mamata... faculdade, aulas, e-mails acumulados, encarar a nova classe, a velha guerrilha, alunos de olho no mercado & sem tempo a perder com humanas, orientandos munidos de calhamaços "leia-me", a eterna burocracia... trinta anos de aula.

pena a conversa com a Vânia não ter seguido... achei que daria... mas com a filha junto & emburrada, sem condições... quem sabe na volta? foi bom ter levado aquele tranco, ela deu o recado... assim que chegar, primeiríssima coisa, anotar tudinho, a erudição como fuga, o toque do Rousseau... não posso esquecer... e o livro? preciso planejar... vai ser chato explicar na editora, furar o combinado... pelo menos tenho o que mostrar, não é que não trabalhei. de um jeito ou de outro termino... se desistirem vou atrás de outra... agora é pegar no tranco em cima do papo com a Vânia... o grosso tá feito... incrível ela surgir do nada... cheguei até aqui... só não posso ter pressa.

como a gente muda! o nome era o mesmo, a cara jovem, a mesma, o mesmo jeito de andar & tom da fala — *mas era eu?* como ficou pálido o vínculo com aquele jovem tímido & orgulhoso, fanático, desbragadamente sonhador que eu fui... e, no entanto, *era eu*. no menor gesto & fantasia, no pior engano & autoengano, *eu*, como que a lutar em meio à névoa dos hormônios & tempos sombrios pra me tornar... o quê? pra me tornar quem sou?! ridículo... só se acreditasse em destino... mas por que afinal seria *ele*, o pirralho trotskista, o pateta arrebatado, menos real & verdadeiro, menos *eu*, que eu maduro, gasto, sessentão... o comportado acadêmico & professor de economia? como era mesmo?... *na mocidade combatia, na maturidade passou a sorrir com descrença*... estranha distorção... o presente domina tudo & não é nada... a vida é compreendida em retrospecto mas vivida em mar aberto.

imagino-o vendo-me aqui & agora neste ônibus a mirar a paisagem & a pensar nele, a buscar compreendê-lo na distância que se cavou entre nós, a procurar em mim o que ele foi... imagino-o aos vinte e poucos anos lendo o *Giges*, o livro que *ele* viria a escrever tantas décadas depois, como poderia imaginar?... o que diria se soubesse que era *dele*... quem sabe um presente do nosso velho pai? na certa detestaria... ética? "superestrutura burguesa, falsa consciência"... e se daqui a vinte ou, sei lá, trinta anos, se viver tanto, eu me vir com igual perplexidade... a mesma liga de estranheza & familiaridade que sinto agora ao me-ver-não-me-ver no rebelde encorujado que eu fui? *será possível isso?*... não, nada impossível.

a provocação da Vânia com o Rousseau calou... digam o que for — *ele pôs o anel.* e comigo? ia mexer bastante, isso é certo, mas de que jeito? o Rousseau foi do bem ao abismo & jogou fora o anel (curioso não tê-lo *destruído*... como não lhe ocorreu que alguém podia encontrar... um tirano, sabe-se lá). mais provável, comigo, o caminho oposto, do abismo ao bem — "abismo"?... não, exagerado... mas que eu ia extrapolar ia... nada de abrir cadeias, claro, importunar beldades, dar uma de Giges-sem-lei... mas então o quê? bom, certas coisas faria em total sigilo... coisas que ninguém em hipótese alguma viria a saber... acho que ia aprender também...

gana de muita grana nunca tive... se tivesse, tinha ido ralar em banco, estava podre de rico como o ****, convite não faltou. com o anel daria pra fazer o que desejo & não posso, mas também pra *parar de fazer* o que não desejo & preciso. trinta anos dando aula... até quando?... duvido que continuasse na facu... ia sentir falta dos alunos, é verdade, sempre aparecem dois ou três que salvam a classe... a massa obtusa & narcotizada, ciscando na rede, cada ano piora, o estrago da bolha digital... como pedir que leiam Marx & Mill?... o fetiche das mercadorias, o liberal clássico *contra* o direito de herança, meticulosamente justificado... parece outro mundo, antigamente liam... mas já deu... se tivesse o anel, daria um jeito de nunca mais ter de pensar em dinheiro... ficava em Tira & terminava o livro... não estaria sacolejando na Fernão Dias.

mas como ia ser?... nada de assaltar banco ou abusar de *insider trading*... deixa isso com *eles*, as hienas da alta finança... na maior caradura... bastava um único lance bem dado, um *shot* preciso, um golpe de "sorte"... fraudava um sorteio da Mega-Sena ou de outra loteria... o detalhe operacional pesquiso depois, não deve ser tão complicado... o prêmio, é sopa, acumulou de novo, 190 milhões de reais! ok, ok, é ilegal, não tem como negar... mas ninguém ia ficar sabendo... e dentre as opções não seria essa, talvez, como vou dizer... a mais simpática, a mais suave? *sorte é sorte.*

quem aposta em loteria aposta, contra toda lógica, em risco... sabe que a perda é quase certa... pois bem! o risco desta vez *fui eu*! o acaso se materializou na minha invisível presença... colhi, como todos fantasiaram ao apostar, o que não plantei... e tem ainda a vantagem de não prejudicar ninguém diretamente, como outros crimes... afinal, entre milhões de apostadores, quem deixou de ser o ganhador?... nem Deus sabe... quis o acaso, esse deus caprichoso, que eu estivesse lá... preservo o anonimato do prêmio & aquele abraço... *ah! trapézio dos meus pecados*... acabo ficando bom nisso... mas nem tanto... outros com certeza, conheço vários, sentiriam o gosto de sangue, iam querer mais & mais... o lobo hobbesiano, como um vício real... eu não... *um só lance de dados*, posso conviver com isso.

livre da tirania da grana, *très bien*... e aí? ia fazer *o quê*, além de me enfiar nos livros & escrever essas pirâmides que ninguém mais tem tempo & estômago de ler?... não, não ia parar só nisso, pensar só em mim... seria mesquinho, covarde, virar um dândi epicurista a contemplar em sossego os desvarios do mundo... cálice de cassis ao som de Chopin... *o tumulto inconsciente em que anda a humanidade de uma a outra banda... a vontade de dormir... o desprezo de quem manda...* mas então o quê? o que fazer *pelos outros* com o anel?... parentes, amigos, anônimos, talentos à espera de um bafejo, refugiados... ajudar a quem exatamente — & como?

desigualdade, fome, miséria, crimes ambientais, perseguição étnica, povos indígenas à beira do extermínio... a lista é tremenda... podia seguir aquela dica inadvertida do Cícero & fraudar testamentos bilionários, desviar montanhas de recursos pra ONGs & causas nobres... um utilitarista puro-sangue, Peter Singer, aplaudiria... Kant jamais! a vontade era virar um Robin Hood do anel, mas ia ser difícil não dar na vista, manter o segredo & anonimato... difícil imaginar que conseguisse... e seria preciso começar de algum lugar — mas *qual?* o melhor era evitar ações locais, ser transversal... ir direto ao centro nervoso do poder, o QG das grandes decisões que afetam a vida, direitos & bem-estar de todos, a começar dos mais vulneráveis & gerações futuras, os que nunca têm voz & mais sofrem com nosso absurdo egoísmo & estupidez... *everybody got to wonder what's the matter with this cruel world today.*

o que houve com o mundo? essa degradação da esfera pública; essa ascensão da ultradireita populista & raivosa que sabe como ninguém tirar proveito da cracolândia digital & da praga das mídias sociais (como não lembrar do Hitler usando com inédita maestria o rádio & cinema, mandando tocar fogo no Parlamento & imediatamente indo postar-se diante do prédio em chamas, mídia a tiracolo, acusando os comunistas pelo incêndio); o culto da força misturado ao cultivo do medo; a erosão da democracia como um cancro devorador; a desfaçatez com que mentem, caluniam & debocham de todos... não, não, passou já dos limites... alguma coisa precisa ser feita... assistir inerte & calado ao descalabro... é crime!

ia ser trabalhoso, ia exigir planejamento & extremo cuidado, mas valeria a pena... usar o anel pra invadir em total sigilo as tripas & porões do poder... gabinetes & ministérios, jatinhos & residências oficiais, ouvir as conversas mais comprometedoras com os mais íntimos comparsas, privar da lavagem de roupa suja, ler documentos de máximo sigilo & anotações pessoais, monitorar celulares & laptops, escutar confissões & desabafos, ficar por dentro de tudo-tudo no pântano da vida pública, o que andam dizendo ex-aliados & desafetos, os milicianos, aquilo que todos suspeitam & não têm meios de provar, salvo a vida interior dos boçais... o miasma que ouvidos não escutam & sentidos não captam, quem suportaria o fedor?

depois era só exibir ao mundo as provas inapeláveis... os dossiês & áudios capazes de desmascarar sem dó, tudo documentado... impactar os que votaram & ainda creem neles... quantos neste ônibus?... gente humilde, rostos exauridos... fartos de tudo & com razões de sobra & sem a menor noção... como podem acreditar?... escancarar a falsidade demagógica, o populismo cínico, as falcatruas & maracutaias, a manipulação descarada, os esquemas fraudulentos visando unicamente o *poder seguido de poder*... provar por a + b como é *falso nos seus próprios termos* esse "projeto" de governo... expor a céu aberto o enredo sinistro... as coxias da macabra chanchada que nos acometeu... dar à verdade a contundência que o horror dos achados reclama.

mas será? o direito à resistência, ok, é uma coisa... toda ação contra um governo ilegal é uma ação legal... difícil, porém, afirmar que é o caso... o meu horror & senso de justiça não podem servir de parâmetro... mas como combatê-los sem espelhá-los?... nem toda a ação contra um governo abjeto & inepto é uma ação lúcida & escrupulosa... onde a fronteira?... por que o meu crime não tem o peso & feição repulsiva do crime alheio... só porque é *meu?*... só porque é fruto das mais ilibadas & nobilíssimas intenções?... não, não posso entrar nesse jogo... muito cuidado aqui... o risco é terminar igualzinho a eles, abraçados no mesmo lodo.

pensando bem, o jogo é por demais perigoso... soltar tudo de uma só vez ia dar tilt na certa, sobrecarga... melhor dosar os vazamentos, ir pingando o veneno a conta-gotas, uma revelação vergonhosa aqui, um fato comprometedor ali, um áudio devastador acolá... mas como reagiriam as bestas-feras, acuadas & feridas, cruamente expostas, sem noção de como tudo aquilo acontecia?... não iam ficar prostrados, é evidente, vendo sem reação o castelo desmoronar... iam soltar os demônios, arreganhar os dentes... à toa à toa a situação fugiria do controle... e depois? o pandemônio & paranoia geral... quem ousaria prever?

decerto uma reação em cadeia... espasmos & gestos violentos, gente se estraçalhando nas ruas, o exército atirando, o país rachado ao meio.... tem tudo pra provocar um revertério pior que a Primavera Árabe ou nosso junho de 2013... a ilusão de um despertar dos povos, o começo auspicioso... mas quem capturou a onda feroz antiestablishment & toda a raiva da política necrosada não fomos nós, *foram eles*... aí está... a escalada do conflito seria inevitável, onde ia parar... guerra civil?

o desvario das massas é incalculável... a alma do povo abriga trevas que convém não provocar... triste a sina dos intelectuais que se metem & aventuram na política... a tragicômica galeria... Platão feito escravo na Sicília... as mãos de Cícero decepadas... Sêneca tutor do jovem Nero... Rousseau feito ideólogo do Terror... o materialismo histórico de Stálin... o cajado de Nietzsche empunhado por Hitler etc & etc... patético cortejo... eu não seria o primeiro a fazer o mal querendo só o bem... então nada aprendi? *tropeços e desastres correm nas veias das ações mais altas*... belo aprendiz de feiticeiro eu seria.

deus do céu! os bicos que essas coisas têm... os meandros & ramificações... quem daria conta?... encrenca maior, só o amor... ah... o anel no amor! *amor bobagem que a gente não explica, ai ai...* os segredos da intimidade a dois... o veneno da falsídia... como não ter segredos com quem se ama? por onde começar?

traição... ciúme... tem um mundo de gente que não vê problema em trair. a traição em si é ganha-ganha... dois felizes, ninguém ferido... ignorar é bênção. o único senão é ser pego... é ser descoberto traindo & causar sofrimento... "tem de fazer bem feito"... o estranho, porém, é que traem & sentem ciúmes... têm pavor de serem traídos, virarem cornos... vigiam como cães farejadores. ora, ora, então reconhecem que a descoberta da traição lhes causaria dor & sofrimento *porque é ruim ser traído*, e não porque a traição *só é ruim* quando sua descoberta faz sofrer... e, não obstante, *traem*... correm um risco calculado, mas traem. imagine só com o anel... a festa! *não há mal maior na Criação do que o olho...* alma adúltera, corpo alforriado... era o Ancien Régime na vida a dois... o ideal de trair sem ser traído, risco zero de punição... bilateral? ah, o anel no amor... bem, ao menos *desse* imbróglio, avulso como ando, solto de amarras, por ora vou livre... não é comigo.

mas... *e se eu me interessar por alguém?* pode acontecer, por que não? como Gláucon, tenho um fraco por Eros... Platão ia zoar... não, impossível não é... mas estou lá na idade pra essas coisas?... e quem disse que existe idade *pra essas coisas?* essas coisas não têm idade... ninguém controla, ninguém domina... outro dia mesmo, no Colina's, que foi aquilo?... tive um vislumbre... uma graça, um raio do céu... estava acompanhada... puta azar!... mas posso encontrar alguém, claro que posso!... voltar a me apaixonar, amor à primeira vista, como a ****, fulminado pelo raio da promessa como por bala perdida... fatalidade aleatória... astros, química, genes, arquétipos, afinidade eletiva, outras vidas... o nome que se dê... o mistério da fagulha é insondável... o escape da partícula alucinada no coração.

dá perfeitamente pra imaginar... *surge alguém!* a sorte dá um empurrãozinho... descubro uma amiga comum... consigo falar com ela... o pulso acelera, a semente viceja. movido pelo desejo, driblo a timidez, arrisco alguns passos, sondo o terreno... mas o cerimonial da conquista nunca foi o meu forte... uma primeira abordagem, canhestra, dá em nada... o e-mail pra um almoço ou café foi polidamente recusado... nova investida, dias depois, & nova recusa... polida, mas firme... não rolou... que falta de tino o meu... reincidir no erro!... como pude ser tão afoito?... não disse nada... só pode ser alguém na linha... ou não foi com a minha cara... será que me acha velho? paciência... fim de jogo ou acabo nas malhas da contraindução... *uma experiência que dá errado inúmeras vezes deve ser repetida até que dê certo*... chega... comigo não.

então surge o anel — e agora, Giges? *e agora eu*, à mercê da chama púrpura do desejo, esperança selvagem renascida, o tresvario atiçado pela recusa... *tudo vale na guerra e no amor*... *è vero*... mas conquistar pela força é uma coisa... burra, grotesca, absolutamente impensável... já pelas armas da sedução... outra bem distinta... uns usam a lábia, outros a graça física... uns dão segurança, outros a vertigem do abismo... o poder & a fama fazem milagres... Orfeu o seu dom, a sereia o seu canto... uns a lisonja sutil, outros o manejo do dinheiro... não a compra aberta, coisa de amadores... mas tudo que ele proporciona de amável & aliciador... a lição de Casanova... o uso habilidoso das palavras & dinheiro... Gláucon não revela... como teria Giges, reles pastor, *seduzido* a rainha?... e isso a ponto dela virar cúmplice no assassinato do rei? artes & artimanhas da sedução... quem ousaria catalogá-las?... eles & elas & cada qual a seu modo... a ancestral peleja.

mas comigo seria diferente... o anel muda o jogo... ia cativar & seduzir pela *astúcia*... enfeitiçar a intimidade... render a psique. iria saber tudo que é possível saber sobre ela... as confidências trocadas com a melhor amiga quando supunham estar rigorosamente a sós... os hábitos & manias... os diários desde a adolescência... cores, perfumes & pratos prediletos... o fraco por certo tipo de chocolate... os desejos mais recônditos... o dia a dia no trabalho... o jeito de dormir & despertar... a paixão pela dança... gostos literários & musicais... o sonho de um quintal & uma Bernese. oculto na biosfera das sombras, eu seguiria cada passo seu, nada me escaparia... não pra vigiar & controlar, é claro, como no pesadelo *Every breath you take* do Sting, mas pra seduzir & encantar... atiçar a chama... avivar de mil maneiras & sutilezas o seu amor por mim... o sentimento é o que importa... até que ela se rendesse... até que ela fosse minha.

"Mas espera um pouco, meu caro, isso não tem como dar certo" — a Vânia na certa irá protestar, ouço a voz dela —, "*ninguém* neste mundo resiste ou sobrevive a uma devassa dessas... a completa destruição da privacidade... seria como o poder de ler todos os pensamentos uns dos outros... não ia restar pedra sobre pedra, nenhum casal & amizade, nenhum vínculo... imagine só um casamento... noivos ao pé do altar... o que estarão pensando & sentindo?... o padre!... o ex & a ex na fila dos cumprimentos, os padrinhos... ou então um jantar de família, um velório, a viúva inconsolável... que amor sobrevive a esse grau de exposição? ia queimar o filme na certa... não há paixão que resista... você na certa esfriaria, ia se decepcionar com ela ou pior... e digo mais... não só com ela, mas com qualquer uma cuja intimidade você violasse assim... entendemo-nos porque nos desconhecemos."

tudo certo, Vânia, só por um detalhe — *você não a conhece!* eu perdi a cabeça... quem passou por isso sabe o que é... e você, não esqueça, também passou... eu te vi assim, perdida de paixão pelo ****, não vá negar. é insano, eu sei, ficar transtornado... cego, surdo, mudo de paixão... concentrar toda a atenção & todo o valor do universo numa só pessoa... a atenção idólatra que é estar perdido de amor... *embrujado*... fora de si. pois saiba... não é que ela sobreviveu apenas... a devassa resplandeceu-a aos meus olhos... quanto mais descubro, quanto mais penetro na sua intimidade, mais encantado fico... ela é uma em cem milhões... ah! com que felicidade ficaria mil anos ao seu lado, esquecido de tudo & de mim mesmo, a contemplar seu rosto... basta-me vê-la & meu coração se ilumina...

onde ela está o tempo se redoura. você pode rir de mim como de um velho tonto, ter pena de mim como de um enfermo, mas é como me sinto... *reengano*, se quiser... é a verdade nua... e não troco por nada.

amor pegou... nada me resta, senão ir à luta. sim, sim, logo descobri... era óbvio... tinha boi na linha... daí talvez a recusa... hipótese otimista! vê-los juntos foi o inferno... nunca mais!... *desejo de morte ou de dor*... mas o traste com quem ela vinha esporadicamente saindo era um atorzinho de segunda... jeitoso mas ordinário, habitué de boate... *quanta pose!* tirá-lo do caminho foi brinquedo... nadar na corrente... não ia durar de qualquer modo... bastou um peteleco... mensagem de WhatsApp extraviada... brinco "esquecido" no lavabo... tiro & queda! o galãzinho foi à lona, alijado do páreo, sem deixar saudade. tentou ainda explicar-se, fabricar uma história... coisa de série de TV... só fez piorar... rompimento a seco, árido como cratera lunar... nem uma mísera lágrima.

campo livre... não me precipitar... deixo girar a roda da fortuna... o momento propício, a hora do bote, viria... *e veio!* o acaso sorriu... descobri que ela marcara de visitar a tia em Roma, caso de doença, viagem solo. hora de agir!

planejei cada detalhe... Piazza di Spagna, fim de tarde, antevéspera do retorno... a "coincidência feliz" do que tinha de ser... convidei-a para um café, as cartas na manga... marcamos de assistir *Pina Bausch a Roma* no Teatro Argentina... por acaso tinha um bilhete sobrando, meu amigo precisou antecipar a volta ao Brasil...

nada sério... *mas que sorte encontrar você!* depois do show, o jantar tête-à-tête na trattoria certa... cerquei-a de cuidados, mimos & atenções... o prosecco escolhido a dedo... o perfume matador... o meu surpreendente cabedal sobre a doença da tia... não havia de ser nada... tudo discreto... o requinte de despistar às vezes... senti que podia avançar, mas preferi conter-me... deixar o fogo arder. o reencontro em São Paulo sela o triunfo... a muralha desabrocha em abraço, a farpa em afago, mãos enlaçadas, o primeiro beijo, a fortaleza ao avesso... *veni, vidi, vici...* mestre Ovídio faria gosto... *no amor basta uma noite para fazer de um homem um deus...* ela era minha.

.

mas quem serei eu?... os fatos se precipitam... dias velozes... namoro fulminante, famílias alinhadas, casamento marcado... a fissura corrosiva da dúvida se abre em mim como uma ferida... *mas que amor afinal era aquele? que amor podia ser aquele...* filho da fraude & segredo... gerado pelo desespero sobre uma impossibilidade?

e se fosse eu, não ela, o seduzido... o manipulado & rendido pelas costas... o coração dedilhado em sigilo por mãos cínicas... tudo falso como um sorteio fraudado, assinatura forjada, diploma comprado... quem aceitaria ser tratado assim?... feito de imbecil?... não, ela não merece... a mulher da minha vida... vítima de uma farsa cretina... casar sem noção de como foi todo o tempo tapeada... a paródia de um amor... o minueto da lisonja decorosa... a intimidade violada sem dó... juntar-se a mim sem ideia do que se passou entre nós,

POSTSCRIPTUM: DESENREDO

de quem sou... por muito menos a rainha lídia obrigou Giges a apunhalar o rei & casar com ela... e eu?... o quê, nessa história?

deus do céu, como fui cretino! o descaro de mentir do começo ao fim... montar essa contrafação absurda... tornar-me o seu reflexo... segurar-lhe o espelho me anulando em sorrisos & lisonjas... fazer do nosso encontro uma farsa... não enxergar um palmo diante do nariz... e agora esse casamento!... ela nas nuvens, no sétimo céu... apaixonada por um impostor... a ferrugem mordaz da infâmia me lacera o espírito... a encrenca em que me meti... como sair?

o mal está feito... restam dois caminhos... ou se há de dizer tudo ou nada... confessar a verdade, custe o que custar... ou guardar o segredo pelo resto da vida... não! casar assim nem pensar!... calhordice, atroz covardia... condenar nossas vidas a lúgubre pantomina... viver na mentira... absoluta solidão a dois. ou então sair pelos fundos... ainda é tempo... desmanchar o noivado... inventar uma desculpa forte... doença ou depressão... ainda uma vez o impostor... ela vai sofrer o diabo, mas ao menos se livra do pesadelo em que entrou por minha culpa... a desgraça da marionete feliz. depois teria de mudar de cidade, sumir no mundo... largar mão da cretinice & aprender a lição... não dar mais bobeira com o anel... fazer o quê?

sim, sim, contar tudo é a coisa certa... não há outra saída... *amo*, preciso a coragem de confessar... dizer de uma vez como traí vergonhosamente a sua confiança & por fim a mim mesmo... como desejei-a a tal ponto & tão forte que fiquei cego pro demais... perdi o senso de limite, o anel subiu à cabeça, pus tudo a perder... como é tênue a linha entre o amor & o desatino... a paixão é mal sem cura... os deuses primeiro enlouquecem àqueles que querem destruir. o crime calado não se muda, bem sei... mas estamos de casamento marcado, não posso continuar mentindo... viver prisioneiro da farsa que tive o descaro de tramar... sei que me arrisco a perdê-la pra sempre, sei que não mereço, nunca me senti tão só... ajoelho & rogo perdão.

o que vem em seguida... quem ousará dizer? furiosa... *puta da vida* ela vai ficar com certeza... a humilhação, a raiva que sentirá de mim... aquele mesmo ódio que está a um fiozinho do amor, a um nada apenas da esperança selvagem de um grande & louco & definitivo amor... tudo falso! e se a revelação da farsa despertar o desejo de vingança... uma explosão de cólera & rancor como se todas as fúrias & tempestades do mundo se fizessem uma só?... o risco é real, não posso menosprezar... tenho de estar preparado... em último caso recorro ainda uma vez ao anel... ela nunca se mostrou violenta, longe disso... mas do que a raiva enfurecida não é capaz?

mas também pode ser que não... o tsunâmi da raiva pode se erguer & arrebentar em palavras... depois refluir... o tempo faz milagres... a sangria em algum momento estanca & esfria... ela some por uns dias ou semanas, magoada, desapontada comigo, jurando nunca mais me ver... mas depois aceita ao menos conversar... não, não é impossível... se me ama ou sente algo por mim, apesar de tudo, então pode ser que o choque não seja o fim. ela entende que só fiz o que fiz porque perdi a cabeça *por ela*... porque do meu jeito torto & desastrado me apaixonei... desejei-a acima de qualquer outra coisa no universo... mas mesmo que a raiva passe... mesmo que enfim me perdoe... como vai ser? como vai ficar?

agora ela sabe... eu não sou quem sou... eu esmaguei a pó o cristal da confiança... *eu tenho o anel*. como não vi isso antes? o anel desequilibra terrivelmente qualquer relação humana... quem toleraria viver com alguém panóptico... olhos ocultos, onipresentes mesmo na ausência... nenhuma privacidade possível... nunca a certeza de estar a sós? nem ela, nem eu, nem ninguém!... fora o perigo... e se tivermos uma briga feia depois da reconciliação... ela resolve pôr a boca no mundo... contar aos quatro ventos o segredo... Mega-Sena & tudo mais? se eu não suportei guardar sigilo, como esperar que ela o faça, ainda por cima com raiva? o amor é trocista... tratei-a como presa & fiquei preso a ela... o manipulador manietado... a escolha agora se impõe sem remédio... *ou ela*, se ainda me quiser, *ou o anel*.

taí... um belo desfecho... *ela me quis*. casamos como planejado & voltamos a Roma em lua de mel... Piazza di Spagna, meia-noite sem relógio... nosso pacto & eterno segredo... jogar fora o anel é pouco... Rousseau foi incauto, acabou vindo parar comigo... *destruí-lo*, isso sim!... derreter o ouro... estilhaçar a gema... enfiar os destroços num saquinho & despejar tudo no fundo do

Tibre... a subterrânea cumplicidade... a confiança renascida... humano & tentativo recomeço... *a cerimônia da destruição do anel.*

nossa, quase lá... quinze minutos até a rodoviária... como a Tietê é feia... o trânsito não está mau. chegando em casa, ponho por escrito... ver se faz sentido... pensar com calma... ver se para em pé.

Não é só o Giges-sem-lei... não importa quem seja... o anel condena quem o possui à mais tenebrosa & irremediável solidão... se o poder insula, o poder do anel insula absolutamente... adocicado talvez, mas nem por isso irreal... o *como* fará a diferença... mas que dirá a Vânia? que fugi pela tangente, na certa, como sempre faço... não deixa de ter razão... os Giges histórico & platônico reunidos em mim num idílio romântico com final feliz... uma fantasia ética... *viver como um deus entre os homens?* húbris e nêmesis... não termina bem.

Notas

PRIMEIRA PARTE

página
16 *"Recorde-se que a mulher"*: Heródoto, *As guerras persas*, livro 1, §8.

16 *o tabu da nudez*: sobre o tabu da nudez no mundo antigo e a diferença entre gregos e asiáticos, ver: Heródoto, *As guerras persas*, livro 1, §10; Tucídides, *A guerra do Peloponeso*, livro 1, §6; Williams, *Shame and necessity*, p. 78 e p. 82; e Allan Bloom, "The ladder of love", p. 89.

19 *iluminismo grego do século V a.C.*: minha interpretação da história da ética grega antiga até Platão baseia-se centralmente em: Dodds, *The Greeks and the irrational*, e "The religion of the ordinary man in classical Greece"; Dover, *Greek popular morality in the time of Plato and Aristotle*; Guthrie, *The sophists*; e Kahn, "Pre-Platonic ethics".

20 *segundo livro da* República: para uma análise passo a passo e interpretação minuciosa do desafio de Gláucon e Adimanto a Sócrates e do contexto argumentativo da fábula de Giges, ver Irwin, *"Republic* 2: questions about justice", pp. 164-85.

20 *"completa virtude em nossas relações"*: essa é a definição de justiça proposta por Aristóteles na *Ética a Nicômaco*, livro 5, cap. 1, 1129b-1130a.

20 *"a reputação, as honrarias"*: Platão, *República*, 366e.

23 *Narrar é selecionar*: adaptado de Gouldner, *Enter Plato*, p. 168.

24 *O princípio fundamental que norteia*: sobre a evolução da historiografia grega antiga e o contraste entre as abordagens de Heródoto e Tucídides em particular, ver: Collingwood, *The idea of history*, pp. 28-36; Zoja, *Growth & guilt*, p. 50 e pp. 93-4; Dodds, "The ancient concept of progress", p. 12; e Kahn, "Pre-Platonic ethics", p. 31.

24 *"a felicidade entre os homens"*: Heródoto, *As guerras persas*, livro 1, §5.

26 "*deuses flexíveis*": Homero, *Ilíada*, livro 9, 497-501: "Flexíveis até os deuses são. Com as suas preces, por meio de sacrifícios, votos aprazíveis, libações, gordura de vítimas, os homens tornam-nos propícios, quando algum saiu do seu caminho e errou". Os versos de Homero são citados por Gláucon em seu desafio a Sócrates no livro 2 da *República*, 364d-e.

26 "*herança da culpa*": sobre a crença na transmissão da culpa moral entre gerações na Grécia antiga, ver Dodds, *The Greeks and the irrational*, pp. 33-4.

26 *Ao gabar-se diante de Sólon*: o encontro (cronologicamente impossível, ver nota 34 na página 271 abaixo) entre Creso e Sólon e as desventuras do rei lídio são narrados por Heródoto em *As guerras persas*, livro 1, §29-94 (como será detalhado no capítulo 29, p. 197). Último rei da Lídia, Creso tornou-se célebre por sua proverbial riqueza oriunda das minas de ouro e do domínio sobre as rotas comerciais para os portos do mar Egeu; a ele se deve a introdução do ouro no mundo financeiro mediante a cunhagem das primeiras moedas feitas desse metal por volta de 560 a.C. Iludido por um oráculo ambíguo, Creso atacou os persas, foi derrotado, preso e humilhado por Ciro II.

29 *Como filho dileto e herdeiro*: sobre a relação de Platão com a cultura arcaica e o iluminismo do século V a.C., ver: Dodds, "Plato and the irrational"; Kahn, *Plato and the socratic dialogue*, esp. pp. 36-70; Lovejoy e Boas, *Primitivism and related ideas in antiquity*, pp. 155-68; e Williams, *Plato*.

30 *elementos de natureza mítica-religiosa*: a influência da filosofia matemática e religiosa pitagórica no platonismo (teoria das Formas e epistemologia), inclusive nos livros finais da *República*, foi examinada por Cornford no cap. 4, *Anamnesis* ("Recordação"), de *Principium sapientiae*; sobre os elementos religiosos e místicos na teoria platônica da alma e a crença na imortalidade, ver Guthrie, "Plato's views on the nature of the soul". A influência pitagórica, como pontua Aristóteles, leva Platão a um universo especulativo que transcende o pensamento estritamente socrático.

31 *a quem chamamos tiranos*: ver Nietzsche, *A gaia ciência*, §23, p. 74: "quando 'os costumes decaem' surgem aqueles seres chamados tiranos".

31 "*Toda emancipação do espírito*": Goethe, *Máximas e reflexões*, §504, p. 67.

31 *Cálicles, Crítia e Alcibíades*: a importante diferença de atitude entre os sofistas (intelectuais como Trasímaco, Górgias e Protágoras) e o antimoralismo radical dos três líderes políticos citados no texto é tratada em: Kahn, "Pre-Platonic ethics", p. 41; Dodds, "The sophistic movement

and the failure of Greek liberalism"; e Guthrie, *The sophists*, esp. pp. 101-7 (sobre Cálicles).

31 *"em cada um de nós"*: Platão, *República*, 572b. Vale lembrar aqui a impressionante passagem em que Platão parece fazer uma alusão à tragédia de Sófocles, *Édipo rei*: "[...] e quando a parte animal e selvagem, saciada de comida e bebida, se agita, repudia o sono e procura avançar e satisfazer os seus gostos. Sabes que nessas condições ela ousa fazer tudo, como se estivesse livre e forra de toda a vergonha e reflexão. Não hesita, no seu pensamento, em tentar unir-se à própria mãe, ou a qualquer homem, deus ou animal, em cometer qualquer assassínio, nem em se abster de alimento de espécie alguma" (571c-d). Ao comentar essa passagem em "Plato's theory of desire", Kahn a retrata como uma "antecipação do insight do édipo freudiano" e nota a afinidade entre o componente apetitivo da alma (*epithymetikon*) em Platão e o conceito de *id* em Freud (p. 83).

31 *"Platão está todo o tempo"*: Williams, *Plato*, p. 43; ver também *Shame and necessity*, p. 155.

33 *O historiador Nicolau de Damasco*: sobre as diferentes versões do assassinato de Candaules na historiografia antiga e os pontos de contato e de divergência entre os relatos de Xanthos e Heródoto, ver: Flower Smith, "The tale of Gyges and the king of Lydia", esp. pp. 278-80; e Danzig, "Rhetoric and the ring: Herodotus and Plato on the story of Gyges as a politically expedient tale".

34 *Ao contrário do que era sua prática*: como é o caso, por exemplo, em Heródoto, *As guerras persas*, livro 1, §95: "Aqui devo seguir aquelas autoridades persas cujo objetivo parece ser não o de engrandecer as conquistas de Ciro, mas relatar a simples verdade. Conheço, além disso, três versões em que a história de Ciro é contada, todas distintas da minha narrativa".

34 *Ele admite por vezes*: por exemplo: Heródoto, *As guerras persas*, livro 7, §152, e livro 2, §123: "Aqueles que creem que as lendas contadas pelos egípcios têm credibilidade são livres para aceitá-las como história. De minha parte, proponho-me a registrar fielmente ao longo de todo o trabalho as tradições das diferentes nações".

34 *é cronologicamente impossível*: a impossibilidade histórica do encontro era já reconhecida na Antiguidade. Sólon passou cerca de dez anos autoexilado em viagens fora de Atenas assim que foram promulgadas as reformas constitucionais. Creso assumiu o trono da Lídia em 560 a.C., ou seja, trinta anos após as reformas lideradas por Sólon e iniciadas por volta de 590 a.C. (ver *The Oxford classical dictionary*, p. 299 e p. 999).

36 "*é preferível ser vítima*": a frase não é literal de Sócrates, mas exprime a sua posição; ver, por exemplo, *Apologia*: "Prefiro morrer tendo falado à minha maneira a falar à sua maneira e permanecer vivo [...] A dificuldade, amigos, não é evitar a morte, mas evitar a injustiça, pois ela é mais veloz que a morte" (38-9). Ver também Guthrie, *The sophists*, p. 103.

36 *o gymnasium, por exemplo*: ver Allan Bloom, "The ladder of love", p. 89.

36 *gênio mitopoético de Platão*: o filólogo norte-americano Flower Smith aventa, no entanto, uma hipótese alternativa: tanto Platão como Heródoto teriam baseado os seus relatos sobre a figura de Giges numa fonte comum, originária do folclore lídio, porém adaptando-a, cada um a seu modo, tendo em vista os propósitos específicos de suas obras ("The tale of Gyges and the king of Lydia", pp. 267-82).

37 "*o comportamento é um espelho*": Goethe, *Afinidades eletivas*, p. 195.

SEGUNDA PARTE

página
41 Gedankenexperiment: embora o primeiro a empregar o termo tenha sido o físico e químico dinamarquês Hans Christian Orsted em 1812, foi apenas a partir do trabalho de Ernst Mach, no final do século XIX, que ele adquiriu a acepção hoje consagrada de "experimento mental", denotando a realização conjectural de um experimento que poderia (ou não) ser posteriormente efetuado em condições reais ou laboratório; ver Roy Sorensen, *Thought experiments*, p. 4: "[Mach] foi o pioneiro e o mais sistemático escritor sobre experimentos mentais (e, não por coincidência, mentor do jovem Albert Einstein)".

41 *paradoxo de Zeno*: "Ser refutado em todos os séculos depois de ter sido enunciado é o ápice do triunfo [...] Ninguém jamais tocou Zeno sem refutá-lo; e todo século pensa que vale a pena refutá-lo", declarou o filósofo inglês Alfred North Whitehead; segundo Roy Sorensen, no entanto, o paradoxo foi finalmente resolvido pelo matemático Georg Cantor no final do século XIX (*A brief history of the paradox*, p. 54 e p. 319).

41 *demonstração feita por Galileu*: adaptado de Hofstadter e Dennet, *The mind's I*, p. 458.

43 *violaria as leis da ótica*: como aponta Sorensen ao comentar a fábula de Giges em *Thought experiments*, p. 287.

NOTAS

44 *"se houver alguma sociedade"*: Adam Smith, *The theory of moral sentiments*, parte 2, seção 2, cap. 3, p. 86.

44 *"todos se beneficiam"*: Platão, *Protágoras*, 327b.

45 *"cada um de vós em separado tem a alma astuta"*: os versos de Sólon aparecem em *Early Greek thought*, p. 29, e Plutarco, "Solon", p. 142. A raposa como símbolo de astúcia ocorre em Hesíodo, no final do século VIII a.C., e depois no conhecido verso do poeta Arquíloco de Paros: "a raposa sabe muitas coisas, mas o ouriço sabe uma única grande coisa".

47 *"dirigir-se ao mercado"*: Platão, *República*, 360b-c.

48 *"loucura [...] rematada tolice"*: Platão, *República*, 360d.

48 *"para a maior parte dos homens"*: La Rochefoucauld, *Máximas*, §78.

48 *"Só um louco não desejará"*: Platão, *Protágoras*, 323b.

50 *"um crime bem-sucedido e feliz é chamado virtude"*: Sêneca, *Hercules furens* (verso 251), citado em Bacon, *The advancement of learning*, livro 2, cap. 22, §13, p. 166. Ou como dirá Juvenal: "Pelo mesmo crime um homem é enforcado e, o outro, coroado" (*Sátiras*, #13, verso 105).

50 *"o efeito que a justiça [...] a injustiça é o pior"*: Platão, *República*, 366e.

52 *"a justiça é, em si mesma"*: Platão, *República*, 612b.

54 *A principal inovação da* República: minha interpretação segue, em linhas gerais, a oferecida por Taylor, "Platonic ethics", pp. 63-71.

55 *Eles expressam a mesma força*: sobre a relação entre Eros e os três componentes da alma — o intelecto racional (*logistikon*), a combatividade (*thymos*) e os apetites do corpo (*epithymia*) —, ver a análise de Cornford em "The doctrine of Eros in Plato's *Symposium*", p. 71.

55 *A pessoa justa é aquela*: como observa Gregory Vlastos, Platão utiliza duas concepções de justiça no plano do indivíduo na *República*: uma noção *social* (uma conduta honesta e íntegra em relação aos demais) e uma *psicológica* (o ordenamento correto e harmonioso dos três componentes da alma); a primeira é aparente ao passo que a segunda, essencial: "o que um homem faz é, para Platão, apenas uma 'imagem' do que ele é; sua conduta 'externa' é apenas a manifestação da sua vida 'interna', que é a vida do homem 'real', sua alma" ("Justice and happiness in the *Republic*", p. 82).

56 *"temperamentos filosóficos"*: Platão, *República*, 491b-495b.

56 *proporção equilibrada*: na filosofia platônica, "a proporção é o grande princípio que mantém a vida e o universo coesos", observa Nettleship em *Lectures on* The Republic *of Plato*, p. 38.

58 *"A menos que os filósofos"*: Platão, *República*, 473c-d. Na chamada

"Sétima carta" (326), Platão conta como, ainda na juventude, chegou à tese dos reis-filósofos como solução para os problemas humanos a partir de sua experiência pessoal com a política em Atenas; segundo o classicista e tradutor inglês Francis Cornford, "A *República*, do início ao fim, explica e justifica essa tese" ("The unwritten philosophy", p. 37).

59 "*moldar o caráter da vida pública*": Platão, *República*, 500d. Sobre o tratamento dado às mulheres na *República* e a possibilidade de se tornarem guardiãs, ver nota 77 na página 277 abaixo.

59 *quase a metade da* República: como estima Koyré em *Discovering Plato*, p. 83.

59 *O exemplo mais drástico*: Platão, *República*, 540e-541a, e o comentário de Taylor, "Platonic ethics", p. 70. A separação compulsória entre pais e filhos, a partir dos sete anos de idade, visando uma educação de excelência em regime de internato e controlada pelas autoridades estatais, foi originalmente proposta no mundo grego pelo legislador espartano Licurgo, provável inspiração de Platão na *República*, não obstante as óbvias diferenças de currículo e ideal pedagógico; Licurgo via na educação infantil a principal matéria que um reformador das leis deveria implementar (ver Plutarco, "Lycurgus", pp. 76ss.).

60 *O nome dado a esse feliz convergir*: ver Platão, *Leis*, 653b, e Taylor, "Platonic ethics", p. 73. Um processo de aprendizagem moral semelhante a esse foi descrito e analisado por Quine em "On the nature of moral values", p. 57.

60 *Quanto aos guardiões*: as etapas e a sequência da educação dos guardiões segue Cornford, *República*, p. 250, e Nettleship, *Lectures on* The Republic *of Plato*, pp. 259-93.

61 "*pois se um sistema robusto*": Platão, *República*, 424a.

62 *O verdadeiro poeta*: adaptado de John Milton, *An apology for Smectymnuus*, p. 166: "*He who would not be frustrate of his hope to write well hereafter in laudable things, ought himself to be a true poem; that is, a composition and pattern of the best and honourablest things*".

64 "*O principal é que ninguém*": Platão, *Leis*, 942a-b. A passagem citada, é verdade, refere-se especificamente à disciplina requerida em expedições militares e à relação entre oficiais e seus comandados no exército, mas é preciso lembrar que: (a) Platão acrescenta que os mesmos princípios deveriam prevalecer também "na paz e desde a primeira infância" (942a); (b) todos os cidadãos plenos eram obrigados a submeter-se a uma educação militar e a prestar serviço no exército; e (c) no final da mesma

passagem, Platão parece claramente ampliar o escopo da recomendação para além da classe militar ao afirmar que "a anarquia deve ser completamente erradicada da vida de todos os homens" (942c). Sobre a polêmica envolvendo a tradução e interpretação do trecho citado, ver: Popper, *The open society and its enemies*, p. 103 e pp. 334-5; e Dodds, *The Greeks and the irrational*, p. 216 e p. 229. Agradeço a Maria Cecília Gomes dos Reis por me chamar a atenção para esse ponto. É nas *Leis* (950d e 952b-d) que Platão propõe ainda proibir as viagens ao estrangeiro para todas as pessoas abaixo de quarenta anos, de modo a evitar a contaminação por ideias e costumes perigosos à ordem pública; ao retornar do estrangeiro, como observa Dodds, os viajantes deveriam passar por uma espécie de quarentena intelectual até que fosse comprovada a imunidade ao contágio de ideias subversivas ("The sophistic movement and the failure of Greek liberalism", p. 98). Como bem sintetizou Nietzsche, "Platão pensava em fazer para todos os gregos o que Maomé fez depois para os árabes: estabelecer os grandes e pequenos usos e, em especial, o modo de vida cotidiano de cada um. Suas ideias eram *possíveis*, tão certamente como as de Maomé foram possíveis: afinal, ideias bem mais inacreditáveis, as do cristianismo, demonstraram ser possíveis!" (*Aurora*, §496, pp. 249-50).

66 "*Quem é tão firme*": Shakespeare, *Júlio César*, ato 1, cena 2, linha 309 (sobre o contexto da provocação de Cassius ao cooptar cúmplices para o regicídio de César, ver nota 115 na página 282 abaixo).

67 "*como ouro na fornalha*": Platão, *República*, 413e; os testes e provações dos guardiões estão descritos em 413b-e.

67 *Aos guardiões estavam vetadas*: Platão, *República*, 416d-e (propriedade privada) e 458a-459e (união sexual e procriação). Sobre o pensamento econômico de Platão e a interdição da posse de imóveis e outros bens, ver também o capítulo que lhe dedica Bonar em *Philosophy and political economy*, esp. pp. 21-9.

68 *cães de raça de alta estirpe*: a comparação entre o temperamento do guardião e o de um cão de guarda de "boa raça" aparece em Platão, *República*, 375a-e.

68 "*o conhecimento da Forma do bem*": para uma análise detalhada da "Forma do bem como supremo objeto de conhecimento" na *República*, ver Nettleship, *Lectures on* The Republic *of Plato*, pp. 212-37. Mesmo um defensor da filosofia política platônica como o classicista e tradutor inglês J.L. Ackrill admite que "em Platão a Forma do bem é invocada sem uma explicação suficiente, e pode parecer tão pouco esclarecedor referir-se ao

'conhecimento da Forma do bem' quanto apelar para o conhecimento dos psiquiatras [...] Platão, é claro, contrasta o político democrático existente, possuidor do tino necessário para dar ao povo o que ele imediatamente deseja, com o estadista-filósofo, possuidor do *conhecimento* daquilo que fará as pessoas felizes. O conteúdo desse conhecimento é deixado inconfortavelmente vago na *República*" ("What's wrong with Plato's *Republic*?", p. 241 e p. 250). Observação análoga fizera o scholar platônico A.E. Taylor: "A concepção da filosofia como o caminho da visão do Bem nos conduz à consideração da doutrina metafísica central da *República*, a doutrina da 'Forma do Bem'. Como é comum nos diálogos platônicos, quando as formas são mencionadas sua realidade não é explicada nem provada" (*Plato*, p. 285).

68 *saibam elas ou não*: ver, por exemplo, Platão, *República*, 590c-d: "É melhor para todos sujeitarem-se a um poder de sabedoria divina, de preferência albergando-o dentro de si, ou, na falta dele, imposto de fora, a fim de que todos, sob um único comando, possam ser iguais e unidos até onde for possível".

69 *nunca cometerá crime algum*: como deixa claro, por exemplo, a passagem em Platão, *República*, 442e-443a; sobre esse ponto, ver também o pertinente comentário em Taylor, "Platonic ethics", p. 70.

69 "*Suponha, por exemplo*": Platão, *República*, 442e.

70 *virtude cívica encarnada*: conforme a expressão utilizada por Koyré em *Discovering Plato*, p. 86.

70 *autorizado a mentir*: a prerrogativa da "nobre mentira" é defendida por Platão na *República*, 389b-c: "Se a alguém, portanto, compete mentir para os inimigos externos ou para os cidadãos, é aos governantes, em benefício da cidade; a ninguém mais compete esse privilégio. [...] Assim, se qualquer outro for pego não dizendo a verdade [...] os guardiões irão puni-lo por introduzir um costume tão fatal e subversivo à cidade como seria numa embarcação".

70 *O exemplo de "nobre mentira" oferecido*: ver Platão, *República*, 459c-d: "Pode acontecer que os nossos governantes precisem de usar mentiras frequentes e de dolos para benefício dos governados. [...] É preciso, de acordo com o que estabelecemos, que os homens superiores se encontrem com as mulheres superiores o maior número de vezes possível e, inversamente, os inferiores com as inferiores, e que se crie a descendência daqueles, e a destes não, se queremos que o rebanho alcance o mais alto grau de excelência, e que tudo isso se faça na ignorância de todos, exceto dos próprios governantes". O expediente empregado no caso seria o pseudossorteio: "tiragens à sorte

engenhosas, de modo que o homem inferior acuse, em cada união, a sorte, e não os governantes" (460a).

71 *"uma festa de camponeses"*: Platão, *República*, 421b.

71 *"o mais feliz entre os homens"*: Platão, *República*, 580b-c.

TERCEIRA PARTE

página

76 *bombardeio liberal*: a essa vertente pertencem, entre outros: Grote, *Plato and the other companions of Socrates* (1875); Crossman, *Plato today* (1937); Cassirer, *O mito do Estado*, cap. 6, "A República de Platão" (1946); Popper, *A sociedade aberta e seus inimigos*, v. 1, "O fascínio de Platão" (1945); e Ryle "Review of Popper's *Open society*" (1947). Em *Beliefs in action* (cap. 15), procurei mostrar o que há de errado e anacrônico na tentativa de imputar responsabilidade intelectual a Platão pelos desastres totalitários do século XX.

76 *"Jamais alimente a esperança"*: Marco Aurélio, *Meditações*, livro 9, §29. Discípulo do escravo liberto e filósofo estoico Epicteto (ver nota 164 na página 290 abaixo), Marco Aurélio defendia o dever sagrado da justiça e da benevolência e o princípio da fraternidade universal entre os homens, sem distinção entre civilizados e bárbaros, cidadãos livres e escravos; o seu estoicismo consistia principalmente numa atitude de firmeza e serenidade em face do medo da morte, dos infortúnios da vida e das injustiças sofridas.

76 *"Todos os planos de governo"*: Hume, "Idea of a perfect commonwealth", p. 514. As origens e a evolução da ideia de perfectibilidade humana são tratadas pelo filósofo australiano John Passmore em *A perfectibilidade do homem*.

77 *"A multidão jamais será filosófica"*: Platão, *República*, 494a. Sobre o caráter assumidamente aristocrático da cultura grega e da filosofia platônica em particular, ver Nietzsche, *A gaia ciência*, §18, pp. 68-9.

77 *Platão é pioneiro*: a possibilidade de as mulheres, desde que "dotadas de uma natureza capaz", tornarem-se guardiãs é explicitamente defendida por Platão na *República* (540c). Sobre o contraste entre Platão e Aristóteles no tocante à família e à condição da mulher e sobre o alegado "feminismo" de Platão, ver Williams, *Shame and necessity*, p. 123 e p. 207. A situação geral e a percepção da capacidade moral da mulher no mundo grego antigo são analisadas por Dover em *Greek popular morality in the time of Plato and Aristotle*, pp. 95-102.

78 Pureza de coração: embora atribuída por Pletsch a Nietzsche (sem indicação de fonte) em *Young Nietzsche* (p. 207), a origem provável da frase é o título da primeira parte ("Pureza de coração é querer uma só coisa") do livro *Discursos edificantes* de Kierkegaard publicado em 1847.

80 "*Toda alma desordenada*": Agostinho, *Confissões*, §12.

81 "*são provavelmente inatos*": Platão, *República*, 571b. A classificação platônica dos desejos e prazeres oriundos da parte apetitiva da alma é analisada em detalhe por Lorenz em *The beast within: appetitive desire in Plato and Aristotle*, esp. pp. 9-52.

81 "*a exuberância tropical*": Nagel, "Concealment and exposure", p. 2.

82 "*Assim como a vida em sociedade*": Nagel, "Concealment and exposure", p. 29. Ou como observara Hume: "Todos temos uma prodigiosa parcialidade em favor de nós mesmos; e, se sempre déssemos vazão a nossos sentimentos nesse particular, causaríamos a maior indignação uns aos outros, não somente pela presença imediata de um objeto de comparação tão desagradável, mas também pela contrariedade de nossos respectivos juízos" (*A treatise of human nature*, livro 3, parte 3, seção 2, p. 597).

82 *Instituído pelo papa Sirício*: embora os decretos canônicos tenham instituído a obrigatoriedade do celibato a partir do século IV, sua implementação efetiva só se deu séculos depois; o contexto religioso e intelectual dos decretos do papa Sirício instituindo o celibato são analisados por Peter Brown, *The body & society: men, women & sexual renunciation in early Christianity*, pp. 358-9. A recente avalanche de revelações sobre a prática da pedofilia pelo clero da Igreja Católica é comentada por Ryan e Jethá, *Sex at dawn*, pp. 3-4.

83 "*desejo sem ação*": Blake, "Proverbs of hell", p. 183.

83 "*quando se tenta perseguir*": Pascal, *Pensées*, §357.

83 "*é a de que corremos um grande risco*": Dodds, ensaio introdutório à sua edição e tradução de Eurípides, *Bacchae*, p. xlv. Considerada a última das grandes tragédias gregas, a trama de *As bacantes* gira em torno da repressão ao culto de Dionísio e aos rituais báquicos por Penteu, rei de Tebas; a punição e a morte violenta de Penteu por sua mãe, Agave, a qual não o reconhece em meio a um ritual e transe místico que ele procurava espionar escondido, se estendem à sua família e dinastia.

86 "*pois, sem amigos*": Aristóteles, *Ética a Nicômaco*, livro 8, cap. 1, 1155a4-8. Em *Aristotle and the philosophy of friendship*, Lorraine Pangle oferece uma análise do pensamento de Aristóteles sobre a amizade como o maior bem — "onde existe a amizade não há necessidade de justiça"

(1155a26-7) —, suas diferentes formas de expressão e sua relação com o tratamento do tema na história da filosofia antiga e moderna.

86 "*completa virtude em nossas relações*": essa é a definição de justiça proposta por Aristóteles na *Ética a Nicômaco*, livro 5, cap. 1, 1129b-1130a.

88 *soberba epistêmica*: minha crítica à húbris cognitiva dos guardiões segue a análise interpretativa proposta por Williams em *Shame and necessity*, pp. 99-100. O melhor exemplo de soberba epistêmica e "solipsismo motivacional" na *República* é provavelmente a passagem em que Sócrates pergunta: "Pode alguma coisa revelar uma mais vergonhosa falta de educação do que possuir tão pouca justiça em si mesmo que se torna preciso obtê-la de outros, os quais desse modo se tornam senhores e juízes sobre si?" (405b).

88 *um rival à altura*: o contraste entre o hipócrita social e o hipócrita interior retoma a análise desenvolvida no meu *Autoengano*, pp. 111-7.

89 "*Felipe II e Isabel, a Católica*": Lecki, *History of European morals from Augustus to Charlemagne*, v. 1, p. 251. Isabel de Castela e seu marido, Fernando de Aragão, foram os arquitetos da Inquisição espanhola no final do século XV e da política de perseguição racial — "*limpieza de sangre*" — que levou à expulsão de centenas de milhares de judeus e mouriscos da península Ibérica. O rei Felipe II, monarca absoluto do Império espanhol na segunda metade do século XVI, notabilizou-se pela frieza e determinação com que perseguiu seus objetivos, descartou aliados e eliminou inimigos, inclusive por meio de falsas acusações de heresia, sempre justificando seus crimes e o irrestrito apoio à máquina da Inquisição com elaborados pretextos teológicos e razões de Estado do Reino de Deus. Marcado por um zelo irretocável e temperamento ascético, Felipe II costumava passar horas ajoelhado diante de santos e relíquias católicas (ver Kamem, *A Inquisição na Espanha*, esp. p. 146, e Grimm, *The reformation era*, esp. p. 22). A recorrência histórica da relação entre a busca intransigente de "pureza moral" e a prática da perseguição violenta dos "heréticos" foi examinada por Barrington Moore, Jr., em *Moral purity and persecution in history*.

89 *trai a lição socrática*: "Uma característica essencial de Sócrates", afirma Cornford, "é sua clara percepção do que pode, e do que não pode, ser conhecido, e do perigo de se pretender um conhecimento cujas bases nunca foram examinadas" (*Before and after Socrates*, p. 31); o *locus classicus* da humildade cognitiva socrática aparece em *Apologia*, 20-3; sobre o perigo daqueles que imaginam saber o que não sabem, ver também o diálogo *Primeiro Alcibíades* (117-8). O filósofo chinês Confúcio, contemporâneo de Sócrates, expressa um ponto de vista semelhante: "Devo ensinar-lhe, Tzu-lu, no que consiste o conhecimento? Quando você sabe alguma coisa, reconhecer que

sabe; e quando você não sabe alguma coisa, reconhecer que não sabe. Isso é conhecimento" (*Analectos*, livro 2, §17).

90 *Está ela então justificada* [...]?: é o que sugere, entre outros, o economista liberal inglês Alfred Marshall: "Não há princípio econômico geral que sustente a noção de que a indústria florescerá melhor, ou a vida será a mais feliz e saudável, quando a cada homem é permitido cuidar dos seus interesses como ele pensa ser melhor. Nenhum pensador de monta jamais negou que, se os governantes de um povo são incomensuravelmente superiores aos seus súditos em conhecimento e discernimento, existem muitas direções nas quais o povo pode ser forçado contra a sua vontade para o seu próprio bem" (*Industry and trade*, p. 736).

90 *"nenhuma sociedade"*: Mill, *Principles of political economy*, livro 2, cap. 1, §3: "Abrir mão do controle sobre suas próprias ações em troca de conforto ou afluência, ou renunciar à liberdade em prol da igualdade, seria privar [as pessoas] de um dos traços mais elevados da natureza humana". O argumento clássico em defesa da liberdade individual como valor central da existência foi desenvolvido por Mill no ensaio *On liberty*: "Que tão poucos atualmente ousem ser excêntricos assinala o principal perigo da nossa época" (p. 67). Em "John Stuart Mill and the ends of life", Isaiah Berlin, o filósofo e historiador de ideias russo radicado na Inglaterra, oferece uma análise e balanço do ensaio de Mill por ocasião do centenário de sua publicação.

91 *"o mais selvagem e profundo"*: segundo a expressão do líder trabalhista e jornalista inglês Richard Crossman em *Plato today*, p. 132; sobre o ataque liberal a Platão, ver nota 76 na página 277 acima.

92 *o sarcasmo de Sócrates*: Platão, *República*, 474d-475a.

93 *"Todos os homens"*: Adam Smith, *The theory of moral sentiments*, parte 2, seção 2, cap. 3, p. 89.

95 *"A mais segura caracterização"*: Whitehead, *Process and reality*, p. 39. Bem outra, todavia, era a opinião de Voltaire. "Quem quer que tenha lido Locke", escreveu ele, "está fadado a considerar Platão um fraseador refinado e nada mais" (citado em Passmore, *A perfectibilidade do homem*, p. 410).

QUARTA PARTE

página
99 *Mas a atitude dos viventes*: como aponta e elabora Nagel no capítulo sobre a morte em *The view from nowhere*, pp. 228-9.

101 *"que ela estava farta de você"*: Fontenelle, *Nouveaux dialogues*, p. 181. Em *A gaia ciência*, Nietzsche se refere aos diálogos de Fontenelle como "imortais" (§94).

101 *"Que tolo fui eu"*: Fontenelle, *Nouveaux dialogues*, p. 182.

102 *"Ser indiscreto por conta"*: Fontenelle, *Nouveaux dialogues*, p. 183.

102 *Daí a tentação de aliciar Giges*: como fundamento dessa hipótese, ver a análise de Hume sobre o papel da simpatia na psicologia moral citada na nota 217 da página 297 abaixo.

102 *Se o orgulho é a convicção*: adaptado de Fernando Pessoa, *Obras em prosa*, p. 312.

103 *"estou certo de que nunca"*: Fontenelle, *Nouveaux dialogues*, p. 183.

103 *"Confesso que teria mortificado"*: Fontenelle, *Nouveaux dialogues*, p. 184.

103 *"Quando o orgulho"*: Fontenelle, *Nouveaux dialogues*, p. 184.

106 *Quem era o antigo dono do anel?*: uma enigmática e isolada referência ao lendário rei Midas (assim como Giges, originário da Lídia) feita por Plínio, o Velho — "Quanto ao anel de Midas, o qual, ao ser girado, ninguém era capaz de ver quem o portava" (*História natural* 33:8) —, sugere que ele possa ter sido o antigo dono do anel (ver Flower Smith, "The tale of Gyges and the king of Lydia", pp. 273-4).

107 *"um deus entre os homens"*: Platão, *República*, 360c; a passagem e o contexto em que ela aparece são examinados na página 47.

107 *A distinção entre physis*: sobre a origem e a evolução do contraste entre *physis* e *nómos* no pensamento grego antigo, ver: Guthrie, *The sophists*, cap. 4 ("The 'nomos'-'physis' antithesis in morals and politics"); e Lovejoy e Boas, *Primitivism and related ideas in antiquity*, pp. 107-8. Como sintetiza Aristóteles: "As ações justas e corretas investigadas pela ciência política são caracterizadas por tanta diversidade e variabilidade que acredita-se que elas existem somente pela convenção ou costume [*nómos*] e não pela natureza [*physis*]" (*Ética a Nicômaco*, livro 1, cap. 3, 1094b14).

109 *"A natureza é dominada"*: a máxima "Natura non nisi parendo vincitur" apareceu originalmente no tratado *Novum organum* de Francis Bacon (livro 1, §129, p. 119), e sintetiza o projeto de transformar a ciência em fonte de poder sobre o mundo natural visando a melhoria e o resgate da condição humana.

111 *"o solene sentimento da morte"*: Carlos Drummond de Andrade, "A máquina do mundo", p. 507.

112 *"os efeitos de uma carreira"*: Butler, *The analogy of religion*, p. 106.

113 *Sobre Platão, assinala Plutarco*: Plutarco, "Cicero", pp. 203-4.

113 *Cícero morreu decapitado*: o assassinato de Cícero foi descrito em detalhe por Plutarco em sua biografia do estadista nas *Vidas paralelas* ("Cicero", pp. 222-3). Como notam os editores na introdução à edição inglesa de *De officiis*, Cícero sugeriu certa vez ao irmão que o período do seu consulado na República romana era a realização do sonho de Platão do rei-filósofo (Griffin e Atkins, p. xi).

114 *"O vantajoso", ele afirma*: Cícero, *On duties*, §35, pp. 112-3.

114 *"É a compreensão falha dos homens"*: Cícero, *On duties*, §36, p. 113.

115 *as reverberações do regicídio*: César e Cícero foram aliados políticos durante quase todo o período republicano de Roma; sobre o filósofo, César chegou a escrever: "Você conquistou maior glória do que o louro triunfal, pois trata-se de maior realização haver expandido as fronteiras do gênio romano que as do Império romano" (citado por Griffin e Atkins na introdução ao *De officiis*, p. ix). Ao contrário do que Shakespeare dá a entender em *Júlio César*, onde Cícero figura como cúmplice do assassinato, emprestando o verniz de sua reputação moral e sabedoria às ações dos conspiradores liderados por Brutus e Cassius, não há evidência do envolvimento direto de Cícero no crime. No *De officiis*, contudo, Cícero justifica em retrospecto o crime como tiranicídio e repetidamente acusa César por sua ambição ditatorial, demagogia, rapacidade e tratamento abusivo dos cidadãos (p. xii).

115 *"há ignomínia na própria hesitação"*: Cícero, *On duties*, §37, p. 113.

115 *"a estória de Giges"*: Cícero, *On duties*, §38, p. 113.

116 *"se ninguém pudesse vir a saber"*: Cícero, *On duties*, §39, p. 114.

116 *"se eles afirmam em resposta"*: Cícero, *On duties*, §39, pp. 114-5.

117 *O princípio básico subjacente*: sobre a influência do estoicismo grego na ética ciceroniana, ver Julia Annas, *The morality of happiness*, esp. parte II ("Justification and the appeal to nature"), e Nietzsche, *Além do bem e do mal*, §9: "Vocês querem viver 'conforme a natureza'? Ó nobres estoicos, que palavras enganadoras! [...] Seu orgulho quer prescrever e incorporar à natureza, até à natureza, a sua moral, o seu ideal, vocês exigem que ela seja natureza 'conforme a Stoa', e gostariam que toda existência existisse apenas segundo sua própria imagem" (p. 15). As diversas funções e acepções do termo *natura* na obra de Cícero foram examinadas em detalhe por Lovejoy e Boas em *Primitivism and related ideas in antiquity*, pp. 243-59.

118 *"os homens subvertem"*: Cícero, *On duties*, §28, p. 110, e §31, p. 111.

119 *"Aos intelectuais que viram políticos"*: Nietzsche, *Human, all too human*, v. 1, §469, p. 170. A discrepância entre as palavras e as ações de

NOTAS

Cícero levou Montaigne a declará-lo "o homem mais vaidoso do mundo" ("Do domínio da própria vontade", p. 464).

121 *não raro infundada*: a intrincada e invariavelmente conflituosa relação de Rousseau com seus pares, amigos e colaboradores é descrita e analisada em detalhe por Cranston em sua monumental trilogia biográfica do autor das *Confissões*. Sobre a amizade e posterior desentendimento e ruptura entre Hume e Rousseau, ver também Rasmussen, *The infidel and the professor*, pp. 133-45.

121 "*um preceito tão fácil* [...] *os motivos básicos*": Rousseau, *Reveries*, p. 63 e p. 94. Quando Hume sugeriu a Rousseau, durante a viagem que fizeram juntos de Paris a Londres no final de 1765, que ele escrevesse suas memórias, Rousseau respondeu que já havia começado a fazê-lo; em carta à condessa de Boufflers, amiga comum de ambos, escrita poucos dias após o desembarque na Inglaterra, Hume observou: "Eu acredito que ele [Rousseau] tem seriamente a intenção de pintar o seu próprio retrato em suas cores verdadeiras, mas acredito ao mesmo tempo que ninguém se conhece menos a si mesmo" (*The letters of David Hume*, ed. Greig, v. 2, p. 2). O contraste entre as *Confissões* e os *Devaneios* e o reconhecimento, por parte de Rousseau, da superficialidade da sua busca pelo autoconhecimento no primeiro foram analisados por Williams em *Truth and truthfulness*, pp. 172-80.

122 "*Eis-me aqui, sozinho*": Rousseau, *Reveries*, p. 27.

122 "*Se eu tivesse possuído*": Rousseau, *Reveries*, pp. 101-2.

123 "*Apto a satisfazer meus desejos*": Rousseau, *Reveries*, p. 102.

123 "*talvez em momentos*": Rousseau, *Reveries*, p. 102.

124 "*meu amor ardente por tudo*": Rousseau, *Confissões*, citado em Cranston, *The solitary self*, p. 182.

124 "*Existe um só ponto* [...] *Seria mostrar*": Rousseau, *Reveries*, pp. 102-3.

124 "*Tudo considerado*": Rousseau, *Reveries*, p. 103.

125 "*consagrar a vida à verdade*": Rousseau, *Reveries*, p. 63; ver também Cranston, *The solitary self*, p. 181

125 "*Os nossos malfeitos*": La Rochefoucauld, *Máximas*, §196.

126 "*Tudo que comunicamos*": Simmel, *Soziologie*, citado em Nagel, "Concealment and exposure", p. 4.

127 *o gênero literário* diário íntimo: a comparação entre a autobiografia confessional e o diário íntimo como gêneros literários na história da filosofia baseia-se em Rée, *Philosophical tales*, p. 14.

128 "*Estas páginas* [...] *O meu projeto*": Rousseau, *Reveries*, p. 32 e pp. 33-4.

130 *"escrevo somente para mim mesmo"*: Dostoiévski, *Memórias do subsolo*, p. 53. "Mas é possível que sejais crédulos a ponto de imaginar que eu vá publicar e ainda vos dar a ler tudo isto?", indaga o narrador das *Memórias*. "Confissões como as que pretendo começar a expor não se imprimem e não se dão a ler [...] agora quero justamente verificar: é possível ser absolutamente franco, pelo menos consigo mesmo, e não temer a verdade integral?" (pp. 52-3).

130 *em resposta a um desafio*: o desafio de Poe aparece no caderno de anotações (postumamente publicado como *Marginalia*, disponível na internet) em que o poeta e ensaísta norte-americano se permitia registrar, sem nenhum tipo de autocensura, os pensamentos e devaneios suscitados por suas leituras; foi num desses registros, datado de janeiro de 1848, que ele escreveu que algum "homem ambicioso" deveria tomar a si o desafio de escrever um livro a ser chamado "My heart laid bare" ("Meu coração a nu"), o qual, se viesse a fazer jus ao título, seria tão audacioso que "o papel estremeceria e arderia em fogo a cada toque da caneta em chamas [...] Nenhum homem ousa escrevê-lo. Nenhum homem jamais ousará escrevê-lo. Nenhum homem consegue escrevê-lo, mesmo que ouse". E foi justamente esse o desafio que Baudelaire, grande admirador e biógrafo de Poe, tomou a si e se propôs enfrentar em *Mon coeur mis à nu*; escritos em Bruxelas, em meados dos anos 1860, os fragmentos do livro (inacabado) foram postumamente publicados, em 1887. Em carta à mãe datada de 1º de abril de 1863, Baudelaire anuncia o projeto de escrever *Meu coração a nu*: "[...] um livro que penso já há dois anos [...] e onde amontoarei todas as minhas iras. Ah! se esse livro alguma vez vir a luz do dia, as *Confissões* de Jean-Jacques [Rousseau], comparadas com ele, parecerão tímidas" (*Poesia e prosa*, p. 499).

130 *"Toda a minha vida"*: Rousseau, citado por Peter France na introdução à sua tradução das *Reveries*, p. 12.

QUINTA PARTE

página
135 *O pudor da nudez*: "Em contraste com a maioria dos comentadores gregos e sírios", avalia Peter Brown, "Agostinho identifica esse momento [a queda] como um instante de vergonha sexual claramente sentida [...] Assim que fizeram suas próprias vontades independentes da vontade de Deus, partes de Adão e Eva se tornaram resistentes à sua própria vontade consciente. Os seus corpos foram tocados por um sentido

de alienação perturbador, na forma de sensações sexuais que fugiam do seu controle" (*The body & society*, p. 416). A força do pudor da nudez no Antigo Testamento reaparece no episódio em que Noé, após o dilúvio, foi flagrado bêbado e nu em sua tenda pelo filho caçula. Em vez de ocultar a "indecência", Cam relatou a nudez do pai aos seus dois irmãos que estavam do lado de fora. Quando Noé desperta da embriaguez e descobre o ocorrido, ele amaldiçoa Canaã, filho de Cam, e condena-o a tornar-se servo dos irmãos mais velhos de Cam (Gênesis, 20-25). Agradeço a Marcos Pompéia por me chamar a atenção para essa passagem.

137 "*Os volumes de intérpretes*": Locke, *An essay concerning human understanding*, livro 3, cap. 9, §23, pp. 489-90. Em *Beliefs in action* (parte 2) procurei classificar e examinar a ocorrência e a centralidade dos mal-entendidos, espontâneos ou não, na história das ideias filosóficas e econômicas.

138 *evangelhos sinópticos*: os evangelhos segundo Mateus, Marcos e Lucas (em contraste com o de João) guardam profunda semelhança entre si e foram chamados "sinópticos" devido à prática de imprimi-los em colunas paralelas de modo a exibir com maior clareza a sua unidade temática, narrativa e terminológica, não obstante as ocasionais divergências ("o problema sinóptico"); segundo os especialistas, o grau de parentesco entre os três evangelhos sugere que um ou dois deles podem ter usado o outro como fonte ou que todos derivam de uma fonte comum (*Oxford study Bible*, pp. 1264-5).

138 *Sermão da Montanha*: a primeira de cinco grandes falas de Jesus no evangelho segundo Mateus, escrito em torno do ano 90. Embora por muito tempo tratados como uma só pessoa, o Mateus evangelista (provavelmente um judeu sírio, cuja língua materna era o grego) não se confunde com o Mateus apóstolo, coletor de impostos e contemporâneo de Jesus (sobre a relação entre os dois Mateus, ver a esclarecedora introdução de Lourenço à sua tradução do evangelho, pp. 53-7, e Calvocoressi, *Who's who in the Bible*, pp. 157-8).

140 *autor do Eclesiástico*: a autoria do Eclesiástico (literalmente "Livro da Igreja", devido a sua ampla utilização nos templos cristãos, embora não nas sinagogas), escrito em hebraico no século II a.C., é atribuída a Jesus filho de Sirach e pertence à tradição judaica dos livros da sabedoria.

141 Lei de talião: *lex talionis* (latim *talis*: "tal, igual"), lei de talião ou lei da retaliação: o costume ou instituto jurídico da inflicção a uma pessoa do mesmo dano que haja causado a outrem. Ao comentar Mateus (5:44), o tradutor e helenista Frederico Lourenço afirma a "novidade absoluta da mensagem de Jesus" ao rejeitar a lei de talião e preconizar o dever de amar os inimigos (*Bíblia*, p. 77, nota 5,44). A observação, contudo, é apenas em

parte verdadeira. No diálogo platônico *Crito*, Sócrates enuncia com clareza o princípio ético de não retribuir com outra injúria a injúria sofrida: "Portanto não devemos infligir injúria por injúria, como a maioria acredita [...] portanto não devemos tratar homem algum injustamente como retribuição, ou causar-lhe dano, não importa o que possamos sofrer em suas mãos" (49b-c). Ao comentar essa passagem, Guthrie associa as figuras de Sócrates e Jesus como líderes éticos e observa: "A fim de apreciar o caráter revolucionário da ética socrática, é preciso lembrar o quão profundamente enraizada na moralidade grega era a doutrina de que 'o perpetrador deve sofrer', o que fazia da exigência de retribuição ou vingança não apenas um direito mas, com frequência, um dever religioso" (*The sophists*, p. 113).

142 *"Sede perfeitos"*: sigo aqui, excepcionalmente, a tradução comumente usada nas versões católicas e protestantes do Novo Testamento, em lugar da oferecida por Lourenço: "Pois vós sereis realizados, tal como realizado é o vosso pai celeste".

143 *Matusalém, avô de Noé*: em hebraico, "homem do dardo"; aos 187 anos concebeu Lameque, pai de Noé. O progressivo declínio da longevidade humana desde as primeiras gerações depois da queda, segundo a tradição bíblica, simbolizava os desdobramentos do pecado original.

143 *"no fundo, houve apenas um cristão"*: Nietzsche, *O Anticristo*, §39, p. 45.

147 *"A fé torna abençoado"*: evangelho segundo Marcos (16:16). O cristianismo, assim como o platonismo, afirma a convergência entre ética e felicidade ou, em termos cristãos, a virtude e a bem-aventurança. Sobre esse ponto, entretanto, o reparo feito por Nietzsche é certeiro: "A virtude dá felicidade e uma espécie de beatitude somente àqueles que têm fé em sua virtude — e não àquelas almas mais sutis, cuja virtude consiste em profunda desconfiança de si mesmas e de toda virtude. Afinal, portanto, também aqui 'a fé salva' — *não* a virtude, note-se bem!" (*A gaia ciência*, §214, p. 175).

147 *"quando o valor moral"*: Kant, *Fundamentação da metafísica dos costumes*, p. 119. A semelhança com a passagem da segunda carta de Paulo aos Coríntios é inequívoca: "Assim, fixamos os olhos, não naquilo que se vê, mas no que não se vê, pois o que se vê é transitório, mas o que não se vê é eterno" (4:18).

148 *"moral da pureza sem leis"*: Hegel, *El espíritu del cristianismo y su destino*, p. 46 e p. 40. Os paralelos e contrastes entre as éticas cristã e kantiana nesse ensaio do jovem Hegel têm como pano de fundo um extenso comentário crítico-exegético do Sermão da Montanha.

148 *"a oposição permanece"*: Hegel, *El espíritu del cristianismo y su*

destino, p. 41. O contexto do ensaio de Hegel é examinado por Pinkard em *Hegel*: "A grande divisão kantiana entre as 'inclinações' (oriundas do eu natural) e a 'vontade racional' meramente projeta a dominação a outro plano ao invés de superá-la. O 'espírito' do cristianismo, por outro lado, foi entendido [por Hegel] em termos do amor, o qual supostamente transcenderia tanto a obediência servil dos judeus [uma subserviência autoimposta a um Deus opressivo e todo-poderoso] como o rígido moralismo de Kant" (pp. 140-4); o caráter trágico do cristianismo, segundo a interpretação de Hegel, reside no fato de que sua lógica interna de evolução termina por recriar a relação alienada da religião como um poder hostil e opressivo, algo que a pura interioridade de Jesus e a "religião do amor" prometiam superar (p. 143).

148 incômodo *senso de dever*: entre os exemplos dados por Kant está a ajuda ao próximo. Se uma pessoa, mesmo sem motivo de vaidade ou interesse e movida somente pelo "íntimo prazer em espalhar alegria à sua volta", ajudar o próximo, o seu ato não tem "nenhum verdadeiro valor moral"; mas, se ela for indiferente à sorte dos demais, uma vez que "a desgraça alheia não lhe concerne", e, ainda assim, ajudá-lo "simplesmente por dever", então, *e só então*, "é que ela teria o seu autêntico valor moral" (*Fundamentação*, p. 113). Na Sexta Caminhada dos *Devaneios*, Rousseau refletiu: "Não existe virtude em seguir a sua inclinação e ceder ao gosto de fazer o bem quando se está disposto a isso; a virtude consiste em subordinar suas inclinações ao chamado do dever, e disso eu tenho sido menos capaz do que qualquer homem vivo" (p. 96). Ao exigir que "o dever seja sempre incômodo", observa Nietzsche, "[Kant] ensina expressamente que devemos ser insensíveis ao sofrimento alheio, para que nossa beneficência tenha valor moral — o que Schopenhauer, muito irritado, [...] chama de *a insipidez kantiana*" (*Aurora*, §339, p. 199, e §132, p. 102). Ao contrário das éticas platônica e cristã, portanto, a kantiana não sustenta a tese da *necessária* convergência entre ética e felicidade. A noção kantiana de felicidade e sua relação com a "lei moral" são tratadas de forma cuidadosa por Paul Guyer em *Kant on freedom, law, and happiness*.

150 *caridade sob sigilo de anonimato*: em *Alchemies of the mind*, Jon Elster define "o princípio da incerteza da virtude": o simples fato de que chegamos a ter ciência de uma ação aparentemente virtuosa sugere que ela pode não ter sido fruto da virtude (p. 93). O princípio, como ele assinala, inspira-se em Montaigne: "Quanto mais brilhante me parece um feito a que assisto, tanto mais o rebaixo, desconfiado de que se executou em vista da reputação

a ser auferida e não em consequência da grandeza de alma do autor. Exibido assim em público, perde metade de seu valor" (*Ensaios*, p. 464).

150   *não elimina o fantasma do* orgulho: "Aqueles que dão esmolas em segredo", observa Lovejoy, "talvez ganhem mais em incremento de autoaprovação do que perdem por meio da repressão do desejo de angariar aprovação [...] o indivíduo se estima a si próprio ainda mais devido ao fato de que não se preocupa — ou acredita não preocupar-se — com a estima dos demais" (*Reflections on human nature*, p. 101); ver também Hegel, *El espíritu del cristianismo*, p. 46. Ou, como sintetiza Machado de Assis em *Memórias póstumas*: "Por que é que uma mulher bonita olha muitas vezes para o espelho, senão porque se acha bonita, e porque isso lhe dá certa superioridade sobre uma multidão de outras mulheres [...]? A consciência é a mesma coisa; remira-se a miúdo, quando se acha bela" (p. 199).

152   "*nunca ninguém esteve*": Agostinho, *Cidade de Deus*, livro 8, cap. 5, §1 (citado em Hirschberger, *História da filosofia na Antiguidade*, p. 116). A inspiração platônica do cristianismo também transparece, com forte viés místico, na obra de Orígenes de Alexandria, teólogo e filósofo patrístico do século III (ver Brown, *The body & society*, pp. 171-4). É no prólogo de *Além do bem e do mal* que Nietzsche faz a conhecida afirmação segundo a qual "o cristianismo é platonismo para o 'povo'" (p. 8).

153   "*a igualdade* das almas": como observa Nietzsche, "Paulo [o apóstolo] não teve maior elogio para seu Salvador do que dizer que ele *abriu* a todos o acesso à imortalidade" (*Aurora*, §72, p. 57).

153   *carta do apóstolo Paulo aos Efésios*: embora a autoria da carta seja objeto de controvérsia entre os especialistas, não parece haver dúvida quanto ao caráter fielmente paulino do cristianismo nela expresso (como sugere Wayne Meeks na introdução à carta em *The writings of St. Paul*, pp. 121-3).

156   *segundo a melhor exegética*: sobre a exegética da noção paulina de "carne" e "corpo" — e a opção pela interpretação agostiniana em relação à de Jerônimo e Ambrósio —, ver Brown, *The body & society*, pp. 418-9. Em "The domesticated apostle", o teólogo inglês Maurice Wiles oferece um balanço da exegética patrística das cartas de Paulo do século I até Agostinho.

157   "*Quando chegará a plena paz*": Agostinho, *Enarratio in Psalmum*, citado em Brown, *The body & society*, p. 424.

157   "*pois a consumação*": Agostinho, *De bono coniugali*, citado em Brown, *The body & society*, p. 404; ver também *Cidade de Deus*, livro 14, cap. 28 ("Da natureza das duas cidades, a terrena e a celestial").

158 *"Falando em termos gerais"*: Hume, *A treatise of human nature*, livro 1, parte 4, seção 7, p. 272.

159 *O cristianismo reúne dois vetores*: adaptado de Pascal, *Pensées*, §537.

159 *"existem somente dois tipos"*: Pascal, *Pensées*, §534: "*Il n'y a que deux sortes d'hommes: les uns justes, que se croient pécheurs; les autres pécheurs, qui si croient justes*". O segundo tipo foi bem retratado por Mark Twain (pseudônimo do escritor estadunidense Samuel L. Clemens): "Existe um modo de descobrir se um homem é honesto: pergunte a ele; se ele disser sim, sabemos que é trapaceiro" (citado em Pinker, *Como a mente funciona*, p. 445).

161 *"Se a falta de alguns prazeres"*: Tertuliano, "Carta aos mártires", citado em Battin, *The death debate*, p. 59.

161 *o atalho da morte pela fé*: era o que recomendava, entre outros, Valério, bispo de Cimiez, na França, no século III: "O homem sábio apressará com ardor o caminho do martírio, pois ele enxerga que abrir mão da vida presente é parte da conquista da vida eterna" (citado em Battin, *The death debate*, p. 59). Em *O valor do amanhã* (pp. 72-4), procurei examinar a lógica das trocas intertemporais em situações nas quais a recompensa futura esperada é infinita.

161 pace *Nietzsche*: assim como a de Platão, a filosofia de Nietzsche é assumidamente aristocrática, isto é, refratária aos valores democráticos e igualitários. A massa da humanidade, a seus olhos, carece de qualquer valor ou dignidade essenciais; ela existe a fim de produzir os meios de vida e garantir a reprodução da espécie humana — e nada mais; o valor e a dignidade estão reservados aos "exemplares mais elevados" ou "nobres", ou seja, artistas, líderes políticos e filósofos de qualquer período histórico, criadores de obras imortais. Como ele sustenta em *O Anticristo*, "o veneno da doutrina dos 'direitos *iguais* para todos' foi disseminado fundamentalmente pelo cristianismo. [...] E não subestimemos a fatalidade que do cristianismo se insinuou para a política! Hoje ninguém mais tem coragem para direitos especiais, para direitos de senhor, para um *páthos da distância* [...] A igualdade das almas perante Deus', essa falsidade, esse pretexto para os rancores de todos os espíritos baixos, esse explosivo de conceito que afinal se tornou revolução, ideia moderna e princípio declinante de toda organização social — é dinamite *cristã*" (§43, p. 50, e §62, p. 79). Para Nietzsche, como para Heráclito (#29), "uma coisa preferem os melhores a tudo: a glória eterna às coisas perecíveis; mas a massa empanturra-se como o gado". Ver também *The will to power*, §55: "Devemos pensar as massas de modo tão pouco sentimental como pensamos a natureza: elas preservam a espécie" (p. 399).

162 *portal da intransigência*: a intolerância não se restringe às correntes mais radicais do cristianismo (como aquela referida na nota 89 na página 279 acima). "Os hereges devem ser tolerados?", pergunta Tomás de Aquino no segundo livro da *Suma teológica*; depois de considerar — e descartar — várias alternativas, sempre com base em textos bíblicos, ele afinal conclui: "A heresia é um pecado pelo qual eles merecem não somente ser excluídos da Igreja pela excomunhão, mas também eliminados do mundo pela morte [...]. Depois da primeira e da segunda advertências, como o apóstolo recomenda [epístola de Paulo a Tito, 3:10], se ele ainda teima, a Igreja perde a esperança de que se converta e passa a cuidar da salvação dos demais pela sua excomunhão e exclusão da Igreja e, além disso, entrega-o ao tribunal secular para que seja exterminado do mundo pela morte" (parte 2, questão 11, §3). Sobre essa perturbadora passagem, o filósofo norte-americano Walter Kaufmann comenta: "A semelhança com o livro 10 das *Leis* de Platão é impressionante; mas o que era neste a especulação de um homem idoso sem autoridade, torna-se aqui a prática aceita de uma Igreja enormemente poderosa e que domina a vida e o pensamento de milhões" (*Critique of religion and philosophy*, pp. 149-50).

163 *"chegada do tempo"*: Agostinho, *Confissões*, livro 10, seção 31.

163 *"pecado da lascívia musical"*: Agostinho, *Confissões*, livro 10, seção 33. Expressão da vontade cindida em consequência da queda, "o mal da lascívia" se manifesta de forma aguda na experiência do sexo: "Mas mesmo aqueles que se deleitam nesse prazer não são movidos por sua vontade; mas às vezes essa lascívia os importuna apesar deles mesmos, e por vezes falha quando desejam senti-la, de modo que embora a lascívia sacuda a mente ela não agita o corpo" (*Cidade de Deus*, livro 14, §16).

164 *"O ideal humano da continência"*: Clemente de Alexandria, *Stromateis*, citado em Brown, *The body & society*, p. 31. O ideal clássico e pré-cristão da continência das paixões corporais tem raízes no ascetismo da escola pitagórica no século VI a.C. e pode ser ilustrado pela recomendação do filósofo estoico Epicteto, no seu *Manual*, de que gastar o tempo em "muito exercício, muita comida e bebida, muita evacuação dos intestinos e muita copulação" demonstra apenas "um sinal de falta de refinamento [...] todas essas coisas devem ser feitas com brevidade, de modo a deixar toda a atenção dedicada à mente" (*Encheiridion*, p. 527).

165 *"a natureza pode ser expelida"*: Horácio, *Epistulae*, livro 1, #10, linha 24.

NOTAS

SEXTA PARTE

página
171 "*repelões da consciência*": Machado de Assis, *Memórias póstumas de Brás Cubas*, cap. 51, p. 85.

171 a lei da equivalência das janelas: Machado de Assis, *Brás Cubas*, cap. 51, p. 86.

172 "*embrulho misterioso*": Machado de Assis, *Brás Cubas*, cap. 52, p. 86.

172 "*Crime é que não podia ser*": Machado de Assis, *Brás Cubas*, cap. 52, p. 88. A minuciosa análise da racionalização no episódio do "embrulho misterioso" guarda forte parentesco com o episódio análogo da apropriação da esmola entregue por Natividade aos cuidados de Nóbrega, o "irmão das almas", em *Esaú e Jacó*: "Os dous mil-réis, dizia outra voz menos débil, eram naturalmente dele [Nóbrega], que, em primeiro lugar, também tinha alma, e, em segundo lugar, não recebera nunca tão grande esmola. Quem quer dar tanto vai à igreja ou compra uma vela, não põe assim uma nota na bacia das esmolas pequenas. [...] não sei como poderia transcrever para o papel um rumor surdo e outro menos surdo, um atrás do outro e todos confusos para o fim, até que o segundo ficou só: 'não tirou a nota a ninguém... a dona é que a pôs na bacia por sua mão... também ele era alma...'". De volta à rua após o embolso do donativo na sacristia, Nóbrega depara um mendigo com o chapéu estendido e neste deposita, "rápido, às escondidas, como quer o Evangelho", dois míseros vinténs (cap. 3, p. 28).

173 "*A franqueza é a primeira virtude*": Machado de Assis, *Brás Cubas*, cap. 24, p. 50.

173 "*confessar lisamente*": Machado de Assis, *Brás Cubas*, cap. 24, p. 50.

175 "*Ah! trapézio dos meus pecados*": Machado de Assis, *Brás Cubas*, cap. 17, p. 38.

176 "*desejamos vermo-nos*": Ariely, *The (honest) truth about dishonesty*, p. 27. Agradeço a Hélio Schwartsman pela indicação desse livro.

176 "*como garantir os benefícios*": Ariely, *The (honest) truth about dishonesty*, p. 27. Segundo Ariely, entretanto, a "flexibilidade cognitiva" envolvida na racionalização da trapaça seria uma habilidade humana capaz de assegurar a boa autoimagem "na medida em que trapaceamos por somente um pouquinho [*as long as we cheat by only a little bit*]" (p. 27). Não me parece ser esse o caso. Como o exemplo de Brás Cubas sugere e como argumentarei mais à frente (pp. 186), é plausível supor que a arte do autoengano se torne cada vez mais sofisticada e sutil à medida que aumenta o benefício da trapaça.

177 *A presunção de confiança*: como procurei mostrar em *Vícios privados, benefícios públicos?* (pp. 185-90), o grande pioneiro no reconhecimento do papel central da confiança na economia foi o jornalista escocês e especialista em direito comercial John Macdonell, autor de uma coletânea de ensaios publicada em 1871: "Para começar com a educação moral, e para apreciar sua influência sobre a riqueza pela magnitude das consequências da sua ausência, considere o que ocorreria se os homens fossem bem menos confiáveis do que são — se os trabalhadores cumprissem suas tarefas apenas sob estrita vigilância, se os patrões fossem escorregadios em suas promessas e os clientes estivessem sempre prontos a trapacear e atrasar suas dívidas —, se aquilo que um moralista chamou de 'fé na vida comum' fosse menos prevalecente. Ou, para tornar a importância da educação moral ainda mais patente, suponha que esse estado de coisas fosse geral, qual a consequência? O comércio abandonaria o nosso litoral [britânico] com mais certeza do que se ele fosse devastado pela guerra. Se isso fosse levado ao limite extremo, como supomos, esse carnaval de vício dissolveria a própria sociedade [...] Essa fé na vida comum, que pode ser vista em cada ação, é o ligamento da sociedade [...] Nações nas quais existe pouco dessa fé na vida comum estão consequentemente fadadas a um desenvolvimento lento da riqueza" (*A survey of political economy*, pp. 57-8). Ver também Pangle, *Aristotle and the philosophy of friendship*, p. 47; Rue, *By the grace of guile*, pp. 152-5; e Elster, *The cement of society*, pp. 264-9.

179 *Um abrangente experimento*: Cohn, Maréchal, Tannenbaum e Zünd, "Civic honesty around the globe", pp. 70-3.

182 *preocupação com o bem-estar alheio*: a fim de separar os componentes específicos do altruísmo e da autoimagem no âmbito da motivação psicológica, os autores do experimento realizaram uma variação nas carteiras contendo 13,45 dólares: em algumas delas foi introduzida uma chave, além dos demais itens. A presença da chave aumentou em 9,2% em média a taxa de devolução das carteiras. Como a chave só tem valor para o "dono" da carteira, o aumento da devolução indicaria uma preocupação genuína com o bem-estar alheio.

184 *O procedimento correto*: além do problema apontado, há a questão da enorme diferença institucional nos mercados de trabalho dos diferentes países. Naqueles com elevada informalidade, como é o caso de boa parte dos países que participaram na pesquisa, a amostra utilizada no experimento (toda ela composta de trabalhadores formais) é menos representativa da população como um todo, uma vez que a situação de emprego formal — e os

NOTAS

requisitos do processo de recrutamento para esses empregos — é uma condição restrita a uma parcela relativamente favorecida da força de trabalho.

188 *A primeira loteria estatal inglesa*: sobre a criação e percalços desse experimento lotérico, ver: Ashton, *A history of English lotteries*, pp. 4-16; Woodhall, "The British state lotteries"; e Brenner e Brenner, *Gambling and speculation*, p. 10.

188 *um documento oficial*: reproduzido em Ashton, *A history of English lotteries*, p. 10.

189 *O banqueiro renascentista Cosimo de Medici*: conforme o relato feito por Parks em *Medici money*, p. 128.

190 *"Os que não conheceram o Ancien Régime"*: François Guizot, *Memoirs pour servir a l'histoire de nous temps*, p. 6 (consultado na internet). Em sua resenha das memórias do político e diplomata francês Talleyrand, nascido em 1719, Lord Acton comenta: "Já em idade avançada, costumava dizer que a vida nada tinha de mais recomendável que a que levara em Paris na juventude. Nas *Memórias*, fala de uma queda do refinamento e de um declínio daquilo que existira antes da aproximação da Revolução" (*Ensaios*, p. 740); ver também Willey, *The eighteenth-century background*, pp. 44-5.

190 *"É impossível que as leis"*: Sade, *La nouvelle Justine, ou les malheurs de la vertu*, cap. 16, p. 8 (disponível na internet). Como observa Dostoiévski, a partir de sua experiência como presidiário na Sibéria, "nada irrita mais os presos — como, aliás, todos os subordinados — do que expressões semelhantes ["Sou o czar, sou Deus!"] da parte de um superior. Esta petulância, esta falsa certeza de impunidade, faz nascer o ódio no homem mais submisso e impele-o a cometer atos extremos" (*Recordações da casa dos mortos*, p. 111).

191 *"A razão"*, pondera Aristóteles: *Ética a Nicômaco*, livro 9, cap. 8, 1169a15.

191 *um vasto experimento de impunidade*: Fisman e Miguel, "Cultures of corruption: evidence from diplomatic parking tickets", pp. 1-39, e "Corruption, norms, and legal enforcement: evidence from diplomatic parking tickets", pp. 1020-48.

193 *"de modos previsíveis"*: Stigler, "Economics or ethics?", p. 306.

193 *"a teoria do autointeresse sairá vencedora"*: Stigler, "Economics or ethics?", p. 323. Em *Sobre ética e economia*, o economista Amartya Sen faz referência ao prognóstico hipotético de Stigler e contesta sua conclusão: "Stigler não revela em que fundamentou sua previsão além de sua crença de que esse resultado 'é o predominante encontrado pelos economistas não apenas em uma grande variedade de fenômenos econômicos, mas igualmente

em suas investigações sobre o comportamento conjugal, reprodutivo, criminoso, religioso e outros comportamentos sociais'. Porém, o fato é que foram feitos pouquíssimos testes empíricos desse tipo [...]. Embora as afirmações de convicção sejam abundantes, raras são as constatações de fatos reais" (pp. 33-4). Os dois trabalhos empíricos examinados neste capítulo sugerem fortemente que o prognóstico de Stigler não se sustenta.

193 *"Os diplomatas", afirmam os autores*: Fisman e Miguel, "Cultures of corruption: evidence from diplomatic parking tickets", p. 2.

SÉTIMA PARTE

página
197 *nenhum mortal pode ser chamado feliz*: Heródoto, *As guerras persas*, livro 1, §29-94 (ver nota 26 na página 270 acima). O alerta de Sólon (§32 e §86) é discutido por Aristóteles na *Ética a Nicômaco*, livro 1, cap. 10, 1100a9-1101b7, e aparece nos versos derradeiros do coro no *Édipo rei* de Sófocles: "Olhe para os últimos dias sempre. Não considere nenhum mortal feliz até que tenha transposto o limite final da sua vida a salvo da dor" (linhas 1529-30).

199 *"Falando em termos gerais"*: Freud, "Moral sexual 'civilizada' e doença nervosa moderna", p. 31.

199 *"Imaginemos", propõe ele*: Freud, *O futuro de uma ilusão*, pp. 245-6. O mesmo argumento reaparece em *O mal-estar na civilização*: "Os homens não são criaturas gentis que desejam ser amadas e que, no máximo, podem defender-se quando atacadas; pelo contrário, são criaturas entre cujos dotes instintivos deve-se levar em conta uma poderosa quota de agressividade. [...] Em circunstâncias que lhe são favoráveis, quando as forças mentais contrárias que normalmente a inibem se encontram fora de ação, [a agressividade] também se manifesta espontaneamente e revela o homem como uma besta selvagem, a quem a consideração para com sua própria espécie é algo estranho" (p. 71).

200 *"Cada qual teria os mesmos desejos"*: Freud, *O futuro de uma ilusão*, p. 246.

201 *"O medo e eu somos gêmeos"*: a frase consta da breve autobiografia escrita por Hobbes em latim no fim da vida (ver Rogow, *Thomas Hobbes*, p. 17).

201 *"pactos sem a espada"*: Hobbes, *Leviathan*, parte 2, cap. 17, p. 109. A origem do termo "leviatã" é o Livro de Jó (40-41) no Antigo Testamento.

NOTAS

Como punição pelo pecado da soberba, Deus rebaixa Jó evocando as figuras de dois monstros aterradores: Beemot e Leviatã; depois de descrever os traços terríveis do monstro marinho ("o terror habita ao redor dos seus dentes"), Deus pergunta a Jó: "Porventura poderás tirar com anzol o Leviatã, e ligarás tua língua com uma corda? [...] Porventura fará ele concertos contigo, e recebê-lo-ás tu por escravo para sempre? [...] Põe a tua mão sobre ele: lembra-te da guerra, e não continues mais a falar [...] Não há poder sobre a terra que se lhe compare, pois foi feito para que não temesse a nenhum. Todo o alto vê, ele é o rei de todos os filhos da soberba". O nome Beemot foi utilizado por Hobbes como título de um livro sobre a guerra civil inglesa publicado a partir de 1642. As alusões à Bíblia não são gratuitas. A necessidade de pôr fim às disputas religiosas foi talvez a principal motivação de Hobbes como filósofo político; estima-se que pouco mais da metade das páginas do *Leviathan* lidam diretamente com temas religiosos (ver Rogow, *Thomas Hobbes*, p. 64 e p. 163).

201 "*ele se arma*": Hobbes, *Leviathan*, pp. 82-3. Essa passagem repete, com pequenas variações, a colocação originalmente feita em *De cive* (ver Rogow, *Thomas Hobbes*, p. 138). Se os homens fossem justos, observa Gláucon, "não andaríamos a guardar-nos uns aos outros para não praticarmos injustiças" (*República*, 367a).

202 "*perpétua contenda por prestígio*": Hobbes, *Leviathan*, parte 1, cap. 11, p. 64.

202 "*seja qual for o objeto do desejo*": Hobbes, *Leviathan*, parte 1, cap. 6, p. 32.

202 "*é o progresso contínuo do desejo*": Hobbes, *Leviathan*, parte 1, cap. 11, p. 63.

203 provocou *o retrocesso moral*: em *Vícios privados, benefícios públicos?* procurei reconstruir a história da ideia de que existe um descompasso entre as conquistas externas da civilização, de um lado, e o amadurecimento moral dos homens, de outro; entre os adeptos da tese do "neolítico moral", Rousseau ocupa um lugar extremo ao sugerir que, para além do descompasso, é no próprio avanço do processo civilizatório que devemos buscar *a causa* do desfiguramento da natureza humana (pp. 27-59).

203 "*ele sabe como viver apenas*": Rousseau, *Discourse on the origin of inequality*, p. 187. A semelhança da passagem citada com os versos de Lucrécio em *De rerum natura* (livro 5, linhas 1131-4) é patente, como aponta Nichols, Jr., em *Epicurean political philosophy* (pp. 199-200).

203 *"de modo que após prolongados"*: Rousseau, *Discourse on the origin of inequality*, p. 199.

204 *"fez o homem bom e feliz"*: Rousseau, citado em Cranston, *The solitary self*, p. 184; ver também o *Discourse on the origin of inequality*, p. 197, e a epígrafe desse livro, adaptada da *Política* de Aristóteles: "O que é natural precisa ser investigado não em seres que são depravados, mas naqueles que são bons de acordo com a natureza" (1254a35-37).

205 *Hobbes e Rousseau face à paternidade*: sobre a vida amorosa de Hobbes (ou sua ausência) e a alegação (não comprovada) de que ele teria tido uma filha ilegítima com uma mulher não identificada, ver Rogow, *Thomas Hobbes*, pp. 131-2; as relações de Rousseau com Thérèse Levasseur (mãe dos seus cinco filhos) e a decisão de "confessar" o abandono após a denúncia feita por Voltaire num panfleto anônimo de 1764 são tratadas em detalhe por Cranston em *The solitary self*, pp. 180-4.

205 *"pensei que me conduzia"*: Rousseau, *The confessions*, livro 8, p. 367.

207 *"Quanto mais civilizados"*: Kant, citado em Davenport-Hines, *The pursuit of oblivion*, p. 35; o mesmo tema foi elaborado por Kant em "Idea for a universal history with a cosmopolitan purpose", §7, p. 49.

207 *ele é o* canalha astuto: inspirado na figura do *"sensible knave"* elaborada por Hume em *An enquiry concerning the principles of morals*, seção 9, parte 2, §232-3, pp. 282-3, e discutida e analisada por Gauthier em "Three against justice: the foole, the sensible knave and the Lydian sheperd", pp. 17-22.

209 *A canalhice astuciosa só vinga*: como observa, entre outros, Mandeville no ensaio sobre a origem da virtude moral (*The fable of the bees*, v. 1, p. 48); ver também Macdonell, *A survey of political economy*, p. 59: "a canalhice só pode ser lucrativa quando a honestidade é a regra geral"; e Elster, *The cement of society*, p. 269.

211 *o universo da ética se reduz*: em *Being good*, o filósofo inglês Simon Blackburn examina criticamente sete ameaças à realidade da ética: (i) a morte de Deus; (ii) relativismo; (iii) egoísmo; (iv) teoria evolucionária; (v) determinismo e futilidade; (vi) exigências irrazoáveis; e (vii) falsa consciência (pp. 9-55).

211 *"a lógica", como resume Charles Peirce*: Peirce, citado em Bambrough, *Moral scepticism and moral knowledge*, p. 105.

211 *"Aos olhos do vil"*: Shakespeare, *Rei Lear*, ato 6, cena 2, linhas 37-8. Ao comentar essas linhas, o filósofo inglês Colin McGinn afirma: "Por quê? É porque, diz Albany, a pessoa vil só prova da sua própria natureza. A pessoa vil [...] está tão tomada por sua própria maldade que a virtude só pode lhe

parecer repulsiva. [...] É por isso que, como Iago, as pessoas más sempre buscam descartar a bondade como hipocrisia ou desonestidade ou egoísmo oculto ou fraqueza — é uma afronta à sua própria existência" (*Shakeaspeare's philosophy*, p. 130). É o que também dizia o historiador romano Tácito: "A glória e a virtude têm em comum o seguinte: irritar os perversos, porque revelam a eles, com extrema clareza, a infinita distância que os separa das pessoas de bem" (*Anais*, livro 4, cap. 33). Em "Catão, o jovem", Montaigne oferece uma reflexão semelhante contra os detratores da virtude do político romano: "Nosso século é tão viciado que não somente não pratica a virtude como ainda não a concebe sequer. [...] São o lucro, a glória, o hábito e o medo que nos levam a praticá-los [atos virtuosos]" (*Ensaios*, p. 116).

213 "*coragem para ser gente*": Fernando Pessoa/Álvaro de Campos, "Ode marítima" (*Obra poética*, p. 327).

214 "*a ânsia das coisas mais cruéis*": Fernando Pessoa/Álvaro de Campos, "Ode marítima" (*Obra poética*, p. 327).

216 "*por mais egoísta que se suponha*": Adam Smith, *The theory of moral sentiments*, parte 1, seção 1, cap. 1, p. 9.

217 "*Consinta que todos os poderes*": Hume, *A treatise of human nature*, livro 2, parte 2, seção 5, p. 363. "A completa solidão", ele observa, "é, talvez, a maior punição que podemos sofrer. Todo prazer elanguesce quando desfrutado sem companhia, e toda dor se torna mais cruel e intolerável. Quaisquer que sejam as outras paixões que possam nos mover — orgulho, ambição, avareza, curiosidade, vingança ou luxúria —, a alma ou princípio que a todas anima é a simpatia; e nem teriam força alguma se abstraíssemos dos pensamentos e sentimentos alheios" (p. 363). Outra não foi, talvez, a motivação do rei Candaules quando decidiu expor a rainha nua aos olhos de seu confidente Giges.

218 "*pois, sem amigos*": Aristóteles, *Ética a Nicômaco*, livro 8, cap. 1, 1155a4-8; ver nota 86 na página 278 acima.

218 "*Dentre aquilo que a sabedoria*": Epicuro, *Máximas principais*, #27, p. 116.

218 *A amizade dissolve as fronteiras*: sobre filosofia da amizade em Aristóteles, Epicuro e na filosofia moderna, especialmente Francis Bacon e Montaigne, ver Pangle, *Aristotle and the philosophy of friendship*; David Konstan, *A amizade no mundo clássico*.

219 "*a obtenção da glória*": conforme os evangelhos de Mateus (4:8-9) e de Lucas (4:5-6).

219 "*É o visto o que vê*": Fernando Pessoa, *Obra poética*, p. 681.

220 "*o homem no fundo é um animal*": Schopenhauer, "On ethics", §114, p. 211.

222 "*cada um pilota o seu próprio*": verso do poeta romano (século I d.C.) Lucanus, *Pharsalia*, livro 1, linha 499.

227 *Há coisas que não revelaria a todos*: adaptado de Dostoiévski, *Memórias do subsolo*, p. 52.

230 "*o poder tende a corromper*": a frase aparece em carta de Lord Acton ao historiador do papado católico no período da Reforma Protestante, Mandell Creighton, datada de 5 de abril de 1887 (*Ensaios*, p. 683). A origem da reflexão, porém, remonta à crítica implícita de Kant a Platão em *Paz perpétua*: "Não se deve esperar que os reis filosofem ou que os filósofos se tornem reis; nem isso seria, entretanto, de desejar, uma vez que a posse do poder inevitavelmente corrompe a livre capacidade de julgar da razão" (*Kant's political writings*, p. 115).

230 "*hei de subir ao bastião*": o verso de Píndaro (#213) é citado por Adimanto na *República*, 365b. Ou como dirá Horácio: "Por meios honestos se você conseguir, mas por quaisquer meios faça dinheiro" (*Epistulae*, livro 1, #1, linhas 65-6).

Bibliografia

ACKRILL, J.L. "What's wrong with Plato's *Republic?*". In: *Essays on Plato and Aristotle*. Oxford, 1997.

ACTON, Lord. "Correspondência Acton-Creighton" [1887] e "Memórias de Talleyrand" [1891]. In: *Ensaios: uma antologia*. Trad. J. de O. Brízida. Rio de Janeiro, 2014.

AGOSTINHO DE HIPPO [345-430 d.C.]. *Confessions*. Trad. R.S. Pine-Coffin. Harmondsworth, 1961.

ANDRADE, C. Drummond de. "A máquina do mundo". In: *Fazendeiro do ar e poesia até agora*. Rio de Janeiro, 1955.

ANNAS, J. *The morality of happiness*. Oxford, 1993.

AQUINO, T. de [1225-74]. *The summa theologica*. Trad. D.J. Sullivan. V. 2. Chicago, 1952.

ARIELY, D. *The (honest) truth about dishonesty*. Nova York, 2012.

ARISTÓTELES [384-322 a.C.]. *The politics of Aristotle*. Trad. E. Baker. Oxford, 1946.

_____. *The Nicomachean ethics*. Trad. D. Ross. Oxford, 1980.

ASHTON, J. *A history of English lotteries*. Londres, 1893.

ASSIS, J. M. Machado de. *Memórias póstumas de Brás Cubas* [1881]. São Paulo, 1997.

_____. *Esaú e Jacó* [1904]. Rio de Janeiro, 2005.

BACON, F. *The advancement of learning* [1605]. Ed. A. Johnston. Oxford, 1974.

_____. *The new organon and related writings* [1620]. Ed. F.H. Anderson. Indianápolis, 1960.

BAMBROUGH, R. *Moral scepticism and moral knowledge*. Londres, 1979.

BARRINGTON MOORE, Jr. *Moral purity and persecution in history.* Princeton, 2000.
BATTIN, M.P. *The death debate: ethical issues in suicide.* Nova Jersey, 1996.
BAUDELAIRE, C. [1821-67]. *Poesia e prosa.* Ed. I. Barroso. Rio de Janeiro, 1995.
BERLIN, I. "John Stuart Mill and the ends of life". In: *Four essays on liberty.* Oxford, 1969.
Bíblia: Novo Testamento. Os quatro Evangelhos. Trad. F. Lourenço. São Paulo, 2017.
Bíblia: Novo Testamento. Apóstolos, Epístolas, Apocalipse. Trad. F. Lourenço. São Paulo, 2018.
BLACKBURN, S. *Being good: a short introduction to ethics.* Oxford, 2001.
BLAKE, W. "Proverbs of hell" [1789]. In: *The complete poems.* Ed. A. Ostriker. Harmondsworth, 1977.
BLOOM, A. "The ladder of love". In: *Plato's* Symposium. Trad. S. Bernardete. Chicago, 1993.
BONAR, J. *Philosophy and political economy in some of their historical relations.* Londres, 1922.
BRENNER, R., e BRENNER, G. *Gambling and speculation: a theory, a history and a future of some human decisions.* Cambridge, 1990.
BROWN, P. *The body & society: men, women & sexual renunciation in early Christianity.* Nova York, 1988.
BUTLER, J. *The analogy of religion, natural and revealed, to the constitution and course of nature* [1736]. Londres, 1889.

CALVOCORESSI, P. *Who's who in the Bible.* Londres, 1987.
CASSIRER, E. *O mito do Estado.* Trad. A. Cabral. Rio de Janeiro, 1976.
CÍCERO [103-146 a.C.]. *On duties.* Trad. M. Atkins. Cambridge, 1991.
COHN, A., MARÉCHAL, M. A., TANNENBAUM, D., e ZÜND, C. L. "Civic honesty around the globe". *Science* 365 (2019), 70-3.
COLLINGWOOD, R.G. *The idea of history.* Oxford, 1961.
CONFÚCIO [551-479 a.C.]. *The analects.* Trad. A. Waley. Nova York, 1989.
CORNFORD, F.M. *Before and after Socrates.* Cambridge, 1932.
_____. *Principium sapientiae: a study of the origins of Greek philosophical thought.* Ed. W.K.C. Guthrie. Cambridge, 1952.
_____. "The unwritten philosophy" e "The doctrine of Eros in Plato's *Symposium*". In: *The unwritten philosophy.* Ed. W.K.C. Guthrie. Cambridge, 1967.

CRANSTON, M. *The early life and work of Jean-Jacques Rousseau: 1712-1754.* Londres, 1983.

_____. *The noble savage: Jean-Jacques Rousseau 1754-1762.* Chicago, 1991.

_____. *The solitary self: Jean-Jacques Rousseau in exile and adversity.* Chicago, 1997.

CROSSMAN, R.H.S. *Plato today.* Londres, 1937.

DANZIG, G. "Rhetoric and the ring: Herodotus and Plato on the story of Gyges as a politically expedient tale". *Greece & Rome* 55 (2008), 169-92.

DAVENPORT-HINES, R. *The pursuit of oblivion.* Londres, 2001.

DODDS, E.R. *The Greeks and the irrational.* Berkeley, 1951.

_____. "Introduction". In: *Euripides Bacchae.* Trad. E.R. Dodds. Oxford, 1960.

_____. "The ancient concept of progress", "Euripides the irrationalist", "The sophistic movement and the failure of Greek liberalism", "The religion of the ordinary man in classical Greece" e "Plato and the irrational". In: *The ancient concept of progress and other essays.* Oxford, 1973.

DOSTOIÉVSKI, F. *Recordações da casa dos mortos* [1862]. Trad. F. P. Rodrigues. Lisboa, 1972.

_____. *Memórias do subsolo* [1864]. Trad. B. Schnaiderman. São Paulo, 2000.

DOVER, K.J. *Greek popular morality in the time of Plato and Aristotle.* Indianápolis, 1994.

ELSTER, J. *The cement of society: a study of social order.* Cambridge, 1989.

_____. *Alchemies of the mind: rationality and the emotions.* Cambridge, 1999.

EPICTETO [c. 55-135 d.C.]. *The Encheiridion, or manual.* In: *Epictetus.* Trad. W.A. Oldfather. V. 2. Cambridge, Mass., 1978.

EPICURO [342-270 a.C.]. *Máximas principais.* In: *Epicuro: cartas & máximas.* Trad. M. C. L. G. dos Reis. São Paulo, 2020.

FISMAN, R., e MIGUEL, E. "Cultures of corruption: evidence from diplomatic parking tickets". NBER Working Paper Series # 12312 (2006).

_____ "Corruption, norms, and legal enforcement: evidence from diplomatic parking tickets". *Journal of Political Economy* 115 (2007), 1020-48.

FONTENELLE, B. L. B. de. *Nouveaux dialogues des morts* [1683]. Ed. Jean Dagen. Paris, 1971.

FREUD, S. *O mal-estar na civilização.* In: *Pequena coleção das obras de Freud.* Trad. J. O. de A. Abreu. Rio de Janeiro, 1974.

_____. "Moral sexual 'civilizada' e doença nervosa moderna". In: *Pequena coleção das obras de Freud.* Trad. M. A. M. Rego. Rio de Janeiro, 1976.

_____. *O futuro de uma ilusão.* In: *Freud: obras completas 1926-1929.* Trad. P. C. de Souza. São Paulo, 2014.

GAUTHIER, D. "Three against justice: the foole, the sensible knave, and the Lydian sheperd". *Midwest Studies in Philosophy* 7 (1982), 11-29.

GIANNETTI, E. *Beliefs in action: economic philosophy and social change.* Cambridge, 1991.

_____. *Vícios privados, benefícios públicos?* São Paulo, 2007.

_____. *Autoengano.* São Paulo, 2007.

_____. *O valor do amanhã: ensaio sobre a filosofia dos juros.* São Paulo, 2012.

GOETHE, J. W. von. *Elective affinities* [1809]. Trad. D. Constantine. Oxford, 1994.

_____. *Maxims and reflections* [1826]. Trad. E. Stopp. Londres, 1998.

GOFFMAN, E. *The presentation of self in everyday life.* Londres, 1990.

GOULDNER, A.W. *Enter Plato.* Londres, 1967.

GRIMM, H. *The reformation era: 1500-1650.* Nova York, 1965.

GUTHRIE, W.K.C. "Plato's views on the nature of the soul". In: *Plato: ethics, politics, and philosophy of art and religion.* Ed. G. Vlastos. Nova York, 1971.

_____. *The sophists.* Cambridge, 1971.

GUYER, P. *Kant on freedom, law, and happiness.* Cambridge, 2000.

HEBBEL, F. "Giges e seu anel: tragédia em cinco atos" [1854]. In: *Tragédias.* Trad. C. A. Nunes. São Paulo, 1964.

HEGEL, G. W. F. *El espíritu del cristianismo y su destino* [1798]. Trad. A. Llanos. Buenos Aires, 1970.

HERÓDOTO [c. 484-c. 420]. *The Persian wars.* Trad. G. Rawlinson. Nova York, 1942.

HIRSCHBERGER, J. *História da filosofia na Antiguidade.* Trad. A. Correia. São Paulo, 1957.

HOBBES, T. *Leviathan, or the matter, forme and power of a commonwealth ecclesiasticall and civil* [1651]. Ed. M. Oakeshott. Oxford, 1955.

HOFSTADTER, D.R., e DENNET, D.C. *The mind's I: fantasies and reflections on self and soul.* Nova York, 2000.

HOLLIS, M. *Invitation to philosophy.* Oxford, 1985.

BIBLIOGRAFIA

HORÁCIO, Q. [65-8 a.C.]. *Satires and epistles*. Trad. N. Rudd. Harmondsworth, 1979.

HUME, D. *A treatise of human nature* [1739]. Ed. L.A. Selby-Bigge. Oxford, 1978.

_____. *An enquiry concerning the principles of morals* [1751]. Ed. L.A. Selby-Bigge. Oxford, 1975.

_____. "Idea of a perfect commonwealth" e "The sceptic". In: *Essays moral, political and literary* [1756]. Ed. E.F. Miller. Indianápolis, 1985.

_____. *The letters of David Hume*. Ed. J.Y.T. Greig. V. 2. Oxford, 1932.

IRWIN, T.H. "*Republic* 2: questions about justice". In: *Plato: ethics, politics, religion, and the soul*. Ed. G. Fire. Oxford, 1999.

KAHN, C.H. "Plato's theory of desire". *Review of Metaphysics* 41 (1987), 77-103.

_____. *Plato and the socratic dialogue: the philosophical use of a literary form*. Cambridge, 1996.

_____. "Pre-Platonic ethics". In: *Ethics: companions to ancient thought*. Ed. S. Everson. Cambridge, 1998.

KAMEM, H. *A Inquisição na Espanha*. Trad. L. G. de Carvalho. Rio de Janeiro, 1966.

KANT, I. "Idea for a universal history with a cosmopolitan purpose" [1784] e "Perpetual peace: a philosophical sketch" [1795]. In: *Kant's political writings*. Trad. H. Reiss. Cambridge, 1970.

_____. *Fundamentação da metafísica dos costumes* [1785]. In: *Os pensadores: Kant (II)*. Trad. P. Quintela. São Paulo, 1980.

KAUFMANN, W. *Critique of religion and philosophy*. Princeton, 1958.

KLITGAARD, R. "On culture and corruption". BSG Working Paper Series # 20 (2017).

KONSTAN, D. *A amizade no mundo clássico*. Trad. M. E. Fiker. São Paulo, 2005.

KOYRÉ, A. *Discovering Plato*. Nova York, 1945.

LA ROCHEFOUCAULD, Duque de. *Maxims* [1665]. Trad. L. Tancock. Harmondsworth, 1967.

LEBRUN, G. *Pascal*. São Paulo, 1983.

_____. "A dialética pacificadora". In: *A filosofia e sua história*. Eds. C. A. R. de Moura, M. L. M. O. Cacciola e M. Kawano. São Paulo, 2006.

LECKY, W.E.H. *History of European morals from Augustus to Charlemagne.* V. 1. Londres, 1890.

LOCKE, J. *An essay concerning human understanding* [1689]. Ed. P. Nidditch. Oxford, 1975.

LORENZ, H. *The beast within: appetitive desire in Plato and Aristotle.* Oxford, 2006.

LOVEJOY, A.O. *Reflections on human nature.* Baltimore, 1961.

_____ e BOAS, G. *Primitivism and related ideas in antiquity.* Baltimore, 1935.

MACDONELL, J. *A survey of political economy.* Edimburgo, 1871.

MANDEVILLE, B. de. "An enquiry into the origin of moral virtue". In: *The fable of the bees; or private vices, publick benefits* [1714]. Ed. F.B. Kaye. V. 1. Oxford, 1924.

MARCO AURÉLIO [121-180 d.C.]. *Meditations.* Trad. M. Staniforth. Harmondsworth, 1964.

MARSHALL, A. *Industry and trade: a study of industrial technique and business organization.* Londres, 1919.

MCGINN, C. *Shakeaspeare's philosophy.* Nova York, 2007.

MEEKS, W. Introdução à "Carta aos Efésios". In: *The writings of St. Paul.* Ed. W. Meeks. Nova York, 1972.

MENEZES, L. M. "O anel de Gyges". *Investigação Filosófica* 3 (2012), 1-11.

_____. "Poderia a narrativa do Gyges de Platão ser uma ficção baseada em Heródoto?". *Trans/Form/Ação* 36 (2013), 9-22.

MILL, J.S. *Principles of political economy, with some of their applications to social philosophy* [1848]. Londres, 1883.

_____. *On liberty and other writings* [1859]. Ed. S. Collini. Cambridge, 1989.

MILTON, J. *An apology for Smectymnuus* [1642]. In: *The prose works of John Milton.* Ed. R.W. Griswold. V. 1. Filadélfia, 1847.

MONTAIGNE, M. de. "Do domínio da própria vontade" e "Catão, o jovem". In: *Ensaios* [1592]. Trad. Sérgio Milliet. São Paulo, 1972.

NAGEL, T. *The view from nowhere.* Oxford, 1986.

_____. "Concealment and exposure". In: *Concealment and desire & other essays.* Oxford, 2002.

NETTLESHIP, R.L. *Lectures on* The Republic *of Plato.* Londres, 1964.

NICHOLS, Jr., J. *Epicurean political philosophy: the* De rerum natura *of Lucretius.* Ithaca, 1976.

BIBLIOGRAFIA

NIETZSCHE, F. *Human, all too human: a book for free spirits* [1878]. Trad. R.J. Hollingdale. V. 1. Cambridge, 1986.

_____. *Aurora: reflexões sobre os preconceitos morais* [1881]. Trad. P. C. de Souza. São Paulo, 2004.

_____. *A gaia ciência* [1882]. Trad. P. C. de Souza. São Paulo, 2001.

_____. *Além do bem e do mal: prelúdio a uma filosofia do futuro* [1886]. Trad. P. C. de Souza. São Paulo, 1992.

_____. *O Anticristo: maldição ao cristianismo* [1888]. Trad. P. C. de Souza. São Paulo, 2007.

_____. *The will to power* [1883-88]. Trad. W. Kaufmann. Nova York, 1967.

NOZICK, R. *The examined life: philosophical meditations.* Nova York, 1989.

Oxford classical dictionary. Eds. N.G.L. Hammond e H.H. Scullard. Oxford, 1970.

Oxford study Bible. Eds. N.J. Suggs, K.D. Sakenfeld e J.R. Mueller. Nova York, 1992.

PANGLE, L.S. *Aristotle and the philosophy of friendship.* Cambridge, 2003.

PARKS, T. *Medici money: banking, metaphysics and art in fifteenth-century Florence.* Londres, 2005.

PASCAL. *Pensées and other writings* [1670]. Trad. H. Levi. Oxford, 1995.

PASSMORE, J. *A perfectibilidade do homem.* Trad. J. Correia. Rio de Janeiro, 2004.

PESSOA, F. *Obras em prosa.* Rio de Janeiro, 1986.

_____/Álvaro de Campos. "Ode marítima". In: *Obra poética.* Rio de Janeiro, 1976.

PINKARD, T. *Hegel: a biography.* Cambridge, 2000.

PINKER, S. *Como a mente funciona.* Trad. L. T. Motta. São Paulo, 1997.

PLATÃO [428-348 a.C.]. *The laws.* Trad. A.E. Taylor. Londres, 1934.

_____. *The apology.* Trad. R.W. Livingstone. Oxford, 1938.

_____. *The Republic.* Trad. F.M. Cornford. Oxford, 1941.

_____. *Protagoras.* Trad. C.C.W. Taylor. Oxford, 1976.

_____. *A República.* Trad. M. H. da R. Pereira. Lisboa, 1996.

PLETSCH, C. *Young Nietzsche: becoming a genius.* Nova York, 1991.

PLUTARCO [*c.* 50-*c.* 125 d.C.]. "Solon", "Lycurgus" e "Cicero". In: *Plutarch's lives.* V. 1 e 3. Trad. J. Dryden. Londres, 1910.

POPPER, K. *The open society and its enemies: the spell of Plato*. V. 1. Nova York, 1963.

QUINE, W.V. "On the nature of moral values". In: *Theories and things*. Cambridge, Mass., 1981.

RASMUSSEN, D.C. *The infidel and the professor: David Hume, Adam Smith, and the friendship that shaped modern thought*. Princeton, 2017.

RÉE, J. *Philosophical tales: an essay on philosophy and literature*. Londres, 1987.

ROGOW, A.A. *Thomas Hobbes: radical in the service of reaction*. Nova York, 1986.

ROUSSEAU, J.-J. *Discourse on the origin and foundations of inequality among men* [1755]. Trad. V. Gourevitch. Cambridge, 1997.

_____. *The confessions* [1769]. Trad. J.B. Kopito. Nova York, 2014.

_____. *Reveries of the solitary walker* [1782]. Trad. P. France. Londres, 1979.

RUE, L. *By the grace of guile: the role of deception in natural history and human affairs*. Oxford, 1994.

RYAN, C., e JETHÁ, C. *Sex at dawn: how we mate, why we stray, and what it means for modern relationships*. Nova York, 2010.

SCHOPENHAUER, A. "On ethics". In: *Parerga and paralipomena: short philosophical essays* [1851]. Trad. E.F.J. Payne. V. 2. Oxford, 1974.

SEN, A. *Sobre ética e economia*. Trad. L. T. Motta. São Paulo, 1999.

SHAKESPEARE, W. *Julius Cesar* [1599]. Ed. T.S. Dorsch. Londres, 1965.

_____. *Rei Lear* [1606]. In: *Teatro completo*. Trad. B. Heliodora. V. 1. Rio de Janeiro, 2006.

SMITH, A. *The theory of moral sentiments* [1790]. Eds. D.D. Raphael e A.L. Macfie. Oxford, 1976.

SMITH, K. Flower. "The tale of Gyges and the king of Lydia". *The American Journal of Philology* 23 (1902), 261-82.

SÓLON [640-558 a.C.]. In: *Early Greek political thought from Homer to the sophists*. Eds. M. Gagarin e P. Woodruff. Cambridge, 1995.

SORENSEN, R.A. *Thought experiments*. Oxford, 1992.

_____. *A brief history of the paradox: philosophy and the labyrinths of the mind*. Oxford, 2003.

SPENCE, E.H. "Plato's ring of corruption". In: *Greek research in Australia:*

proceedings of the sixth biennial international conference of Greek studies. Eds. E. Close, M. Tsianikas e G. Couvalis. Adelaide, 2007.

STIGLER, G. "Economics or ethics?". In: *The essence of Stigler.* Eds. K.R. Leube e T.G. Moore. Stanford, 1986.

TAYLOR, A.E. *Plato: the man and his work.* Londres, 1926.

TAYLOR, C.C.W. "Platonic ethics". In: *Ethics: companions to ancient thought.* Ed. S. Everson. Cambridge, 1998.

TUCÍDIDES [460-400 a.C.]. *The Peloponnesian war.* Trad. B. Jowett. Nova York, 1942.

VLASTOS, G. "Justice and happiness in the *Republic*". In: *Plato: ethics, politics, and philosophy of art and religion.* Ed. G. Vlastos. Nova York, 1971.

WESTACOTT, E. "Does surveillance make us morally better?". *Philosophy Now* 79 (2010), 6-9.

WHITEHEAD, A.N. *Process and reality: an essay in cosmology.* Eds. D.R. Griffin e D.W. Sherburne. Nova York, 1978.

WILES, M. "The domesticated apostle". In: *The writings of St. Paul.* Ed. W. Meeks. Nova York, 1972.

WILLEY, B. *The eighteenth-century background: studies on the idea of nature in the thought of the period.* Londres, 1965.

WILLIAMS, B. *Shame and necessity.* Berkeley, 1993.

_____. *Plato.* Londres, 1998.

_____. *Truth and truthfulness: an essay in genealogy.* Princeton, 2002.

WOODHALL, R. "The British state lotteries". *History Today* 14 (1964), 497-504.

ZOJA, L. *Growth & guilt: psychology and the limits of development.* Trad. H. Martin. Londres, 1995.

Índice onomástico

Abraão, 138
Ackrill, J.L., 275*n*
Acton, Lord, 293*n*, 298*n*
Adão e Eva, 135-6, 143, 284*n*
Adimanto, 46-7, 50, 52, 71-2, 269*n*, 298*n*
Agostinho, Santo, 80-1, 152, 157, 163, 278*n*, 284*n*, 288*n*, 290*n*
Alcibíades, 31, 270*n*
Ambrósio, Santo, 288*n*
Annas, J., 282*n*
Apolo, 17, 197
Aquiles, 41
Ariadne, 24
Ariely, Dan, 291*n*, 176
Aristóteles, 86, 191, 218, 269*n*, 270*n*, 278*n*, 279*n*, 281*n*, 293*n*, 294*n*, 296*n*, 297*n*
Arquíloco de Paros, 273*n*
Ashton, J., 293*n*
Assis, Machado de, 173, 288*n*, 291
Autoengano (Giannetti), 236

Bacantes, As (Eurípides), 83
Bacon, Francis, 109, 273*n*, 281, 281*n*, 297, 297*n*
Baudelaire, Charles, 130, 284*n*

Berlin, Isaiah, 280*n*
Blackburn, Simon, 296*n*
Blake, William, 83
Bloom, A., 269, 272
Boas, G., 270*n*, 281*n*, 282*n*
Bonar, J., 275*n*
Boufflers, condessa de, 283*n*
Brás Cubas (personagem), 171-6, 211
Brenner, G., 293*n*
Brenner, R., 293*n*
Brown, Peter, 278*n*, 284*n*, 288*n*, 290*n*
Brutus, 66, 282*n*
Buarque, Chico, 244
Buda, 138
Butler, Joseph, 112

Cálicles, 31, 270*n*, 271*n*
Calígula, 210
Calvocoressi, P., 285*n*
Cam (filho de Noé), 285*n*
Canaã (filho de Cam), 285*n*
Candaules, 15, 17-8, 25, 33-6, 99-104, 271*n*, 297*n*
Cantor, Georg, 272*n*
Casanova, Giacomo, 260
Cassirer, E., 277*n*
Cassius, 66, 275*n*, 282*n*

Catão, 210
Catilina, 119
César, Júlio, 66, 114-5, 119, 275n, 282n
Chopin, Frédéric, 254
Cícero, 113-9, 123, 254, 257, 282n, 283n
Cidade de Deus, A (Agostinho), 152, 157, 288n, 290n
Ciro II, imperador, 197
Clemente de Alexandria, 164, 290n
Cleópatra, 33
Cohn, A., 292n
Collingwood, R.G., 269n
Confissões (Rousseau), 121-4, 205, 283n, 284n, 296n
Confúcio, 279n
Coríntios, Carta de Paulo aos, 286n
Cornford, Francis, 270n, 273n, 274n, 279n
Cranston, M., 283n, 296n
Creighton, Mandell, 298n
Creso, 18, 26, 34, 36, 197, 270n
Crime e castigo (Dostoiévski), 125
Crítia, 31, 270n
Crossman, Richard, 280n

Danzig, G., 271n
Davi, rei, 138
De officiis (Cícero), 113-4, 118-9, 282n
Demócrito, 19, 28
Dennet, D.C., 272n
Devaneios do caminhante solitário, Os (Rousseau), 120-2, 125-8, 130-1, 239, 283n, 287n
Diálogos dos mortos (Luciano de Samosata), 99, 173
Dionísio I, rei, 64

Directa e Cum in unum (papa Sirício), 82
Dodds, E.R., 83, 269n, 270n, 275n
Domiciano, 89
Dostoiévski, Fiódor, 125, 130, 284n, 293n, 298n
Dover, K.J., 269n, 277n
Drummond de Andrade, Carlos, 281n

Eclesiástico, Livro do, 141, 285n
"Economia ou ética?" (Stigler), 193
Efésios, Carta de Paulo aos, 153-4, 288n
Einstein, Albert, 272n
Elizabeth I, rainha, 188
Elster, Jon, 287n
Epicteto, 277n, 290n
Epicuro, 218, 297n
Eros, 55, 92, 258, 273n
Espírito do cristianismo e seu destino, O (Hegel), 147, 286n, 287n
Eugênio IV, papa, 189
Eurípides, 19, 28, 83, 278n
"Expor e ocultar" (Nagel), 81-2

Fausto (Marlowe), 243
Felicidade (Giannetti), 236
Felipe II, rei, 89, 279n
Fernando de Aragão, rei, 279n
Fisman, R., 293n, 294n
Fontenelle, Bernard de, 100, 103-4, 173
Freud, Sigmund, 199-200, 207, 212, 271n, 294n
Futuro de uma ilusão, O (Freud), 199, 294n

ÍNDICE ONOMÁSTICO

Galileu Galilei, 41-2, 272n
Gandhi, Mahatma, 210
Gauthier, D., 296n
Gênesis, Livro de, 135
Genghis Khan, 210
Gláucon, 7-8, 20-1, 29, 46-50, 52-4, 59, 62, 65, 68, 72, 92-3, 96, 107, 173, 198, 200, 207, 258, 260, 269n, 270n, 295n
Goethe, Johann Wolfgang von, 31, 243, 270n, 272n
Górgias, 270n
Gouldner, A.W., 269n
Gramsci, Antonio, 245
Grimm, H., 279n
Grote, G., 277n
Guerras persas, As (Heródoto), 15, 35, 269n, 270n, 271n, 294n
Guizot, François, 293n
Guthrie, W.K.C., 269n, 270n, 271n, 272n, 281n, 286n
Guyer, Paul, 287

Hegel, Georg Wilhelm Friedrich, 147-8, 246, 248, 286n, 287n, 288n
Heráclida, dinastia, 15, 25
Heráclito, 289n
Heródoto, 15-6, 23-6, 28, 30, 33-6, 42, 47, 83, 100, 104, 113, 197, 269n, 270n, 271n, 272n, 294n
Hesíodo, 23, 52, 273n
Hilferding, Rudolf, 245
Hipócrates, 28
Hitler, Adolf, 210, 255, 257
Hobbes, Thomas, 201-3, 205, 212-3, 253, 294n, 295n, 296n
Hofstadter, D.R., 272n
Homero, 23, 52, 131, 270n

Horácio, 290n, 298n
Hume, David, 76, 158, 162, 217, 277n, 278n, 281n, 283n, 289n, 296n, 297n

Irwin, T.H., 269n
Isabel, a Católica, rainha, 89, 279n

Jeremias, Livro de, 136
Jerônimo, São, 288n
Jesus Cristo, 27, 47, 137-47, 149-51, 153-5, 160-1, 163-4, 170, 219, 285n, 286n, 287n
Jesus filho de Sirach, 285n
Jethá, C., 278n
João, Evangelho de, 285n
Júlio César (Shakespeare), 66, 275, 282n
Justine ou os infortúnios da virtude (Sade), 190
Juvenal, 125, 273n

Kahn, C.H., 269n, 270n, 271n
Kamem, H., 279n
Kant, Immanuel, 8, 77, 147-9, 166, 184, 207, 222, 227, 254, 286n, 287n, 296n, 298n
Kaufmann, Walter, 290n
Kierkegaard, Søren, 278n
Koyré, A., 274n, 276n

La Rochefoucauld, François de, 48, 125
Lameque, 286n
Lecki, William, 89
Leis, As (Platão), 32, 64-5, 274n, 290n
Lênin, Vladimir, 245

Levasseur, Thérèse, 296n
Leviatã (Hobbes), 201-2, 212, 294n, 295n
Licurgo, 274n
Locke, John, 137, 280n, 285n
Lorenz, H., 278n
Lourenço, Frederico, 285n
Lovejoy, A.O., 270n, 281n, 282n, 288n
Lucanus, 298n
Lucas, Evangelho de, 138, 141, 159-60, 169-71, 173-4, 182, 185, 285n, 297n
Luciano de Samosata, 99, 173
Lucrécio, 295n
Lukács, György, 245
Luther King, Martin, 210

Macdonell, John, 292n
Mach, Ernst, 41, 272n
Mandeville, B. de, 296n
Mann, Thomas, 243
Maomé, 275n
Marco Antônio, 33
Marco Aurélio, 76, 277n
Marcos, Evangelho de, 138, 145, 153, 164, 285n, 286n
Maréchal, M. A., 292n
Maria, Santa, 163, 227
Marlowe, Christopher, 243
Marshall, Alfred, 280n
Marx, Karl, 247, 252
Mateus (apóstolo), 285n
Mateus, Evangelho de, 138-42, 144, 146-7, 149-50, 163, 285n, 297n
Matusalém, 143, 286n
McGinn, C., 296n
Medici, Cosimo de, 189

Meeks, Wayne, 288n
Mefistófeles (personagem), 243
Memórias póstumas de Brás Cubas (Machado de Assis), 171-6, 211, 288n, 291n
Mercado das crenças, O (Giannetti), 10
Mermnada, dinastia, 26, 197
Meu coração a nu (Baudelaire), 130, 284n
Midas, 18, 186, 281n
Miguel, E., 293n, 294n
Mill, John Stuart, 90-1, 252, 280n
Milton, John, 62, 274n
Mobutu Sese Seko, 210
Montaigne, Michel de, 128, 130, 283n, 287n, 297n
Moore Jr., B., 279n

Nagel, Thomas, 81-2, 278n, 280n, 283n
Napoleão Bonaparte, 190
Nero, 89, 119, 257
Nettleship, R.L., 273n, 274n, 275n
Nichols Jr., J., 295n
Nicolau de Damasco, 33, 271n
Nietzsche, Friedrich, 31, 119, 143, 161, 257, 270n, 274n, 275n, 278n, 281n, 282n, 286n, 287n, 288n, 289n
Noé, 143, 285n, 286n
Novos diálogos dos mortos (Fontenelle), 100, 173

Orfeu, 260
Orígenes de Alexandria, 288n
Orsted, Hans Christian, 272n
Ovídio, 263

ÍNDICE ONOMÁSTICO

Pangle, Lorraine, 278n, 292n, 297n
Parks, T., 293n
Pascal, Blaise, 83, 159, 170, 176, 225, 278n, 289n
Passmore, John, 277n
Paulo, São, 149, 153, 156, 161, 286n, 288n, 290n
Pedro, São, 163
Peirce, Charles, 211, 296n
Penélope, 191
Pessoa, Fernando, 243, 281n, 297n
Píndaro, 298n
Pinkard, T., 287n
Plácida, dona (personagem), 173, 175
Platão, 7, 9, 19-20, 22, 28-9, 31, 35-6, 42, 45, 47, 50-2, 54, 59-60, 62-5, 72, 75-7, 79-81, 84-5, 87-92, 95-6, 107, 113, 115-6, 149, 153, 155, 157, 197-8, 204-5, 248, 257-8, 269n, 270n, 271n, 272n, 273n, 274n, 275n, 277n, 280n, 282n, 289n, 290n, 298n
Pletsch, C., 278n
Plínio, o Velho, 281n
Plutarco, 113, 273n, 274n, 281n, 282n
Poe, Edgar Allan, 130, 284n
Popper, K., 277n
Protágoras, 44, 49, 270n, 273n

"Quando o Carnaval chegar" (canção), 244
Quine, W.V., 274n

Raimunda, dona, 169-70, 174, 185, 211
Raskólnikov (personagem), 125
Rasmussen, D.C., 283n

Rée, J., 283n
República, A (Platão), 7, 10, 20, 22, 32-3, 35, 42, 47, 52, 54, 58-9, 62-4, 66, 68, 70, 72, 75-6, 84, 86, 91, 96, 106, 113, 117, 146, 152, 198, 201, 204-5, 269n, 271n, 273n, 274n, 275n, 276n, 277n, 279n, 298n
Riobaldo (personagem), 243
Rogow, A.A., 294n, 295n, 296n
Romanos, Carta de Paulo aos, 156
Rousseau, Jean-Jacques, 9, 120-31, 149, 201, 203-5, 212, 221, 226, 239, 250, 252, 257, 266, 283n, 284n, 287n, 295n, 296n
Ryan, C., 278n
Ryle, G., 277n

Sade, Marquês de, 190
Satã, 219
Schopenhauer, Arthur, 31, 287n, 298n
Sen, Amartya, 293n
Sêneca, 50, 119, 257
Sermão da Montanha (Jesus Cristo), 135-42, 144, 146-7, 152, 165, 285n, 286n
Shakespeare, William, 66, 275n, 282n, 296n
Simmel, Georg, 126
Singer, Peter, 254
Sirach, 285n
Sirício, papa, 82, 278n
Sísifo, 24
Smith, Adam, 44, 93, 216, 273n, 280n, 297n
Smith, Flower, 271n, 272n, 281
Sócrates, 19-21, 28-31, 46-7, 50-2,

313

54, 56, 58-9, 61-2, 68-71, 92,
138, 151, 198, 269n, 270n, 272n,
279n, 280n, 286n
Sófocles, 271n, 294n
Sólon, 26, 34, 45, 197, 270n, 271n,
273n, 294n
Sorensen, Roy, 272n
Stálin,Ióssif, 257
Stigler, George, 193, 293n, 294n

Tácito, 297n
Talleyrand, Charles Maurice de, 293n
Tannenbaum, D., 292n
Tântalo, 24
Taylor, A.E., 276n
Taylor, C.C.W., 274n, 276n
Teoria dos sentimentos morais (Smith), 216, 273n
Teresa de Ávila, Santa, 210
Tertuliano, 161
Tomás de Aquino, São, 290n
Torah, 139
Trasímaco, 270n
Trótski, Leon, 245
Tucídides, 19, 28, 269n
Twain, Mark, 289n

Ulisses, 127

Valério, bispo de Cimiez, 289n
Verdade (honesta) sobre a desonestidade, A (Ariely), 175-6
Verneuil (personagem), 190
Vícios privados, benefícios públicos? (Giannetti), 292n, 295n
Virgem Maria, 163, 227
Vlastos, Gregory, 273n
Voltaire, 280n, 296n

Whitehead, Alfred, 95, 272n, 280n
Wiles, Maurice, 288n
Willey, B., 293n
Williams, Bernard, 31-2, 269n, 270n, 271n, 277n, 279n, 283n
Woodhall, R., 293n

Xanthos, 33, 271n

Zeno, 41, 272n
Zeus, 113
Zoja, L., 269n
Zünd, C. L., 292n

1ª EDIÇÃO [2020] 4 reimpressões

ESTA OBRA FOI COMPOSTA PELA SPRESS EM ADOBE CASLON
E IMPRESSA EM OFSETE PELA GRÁFICA BARTIRA SOBRE PAPEL PÓLEN BOLD
DA SUZANO S.A. PARA A EDITORA SCHWARCZ EM ABRIL 2023

A marca FSC® é a garantia de que a madeira utilizada na fabricação do papel deste livro provém de florestas que foram gerenciadas de maneira ambientalmente correta, socialmente justa e economicamente viável, além de outras fontes de origem controlada.